The theme of the Bible
Jesus Christ

개정증보판

성경의 주제 예수 그리스도

| 이문희 지음 |

쿰란출판사

성경의 주제 예수 그리스도

| 머리말 |

오늘날 수많은 사람들이 신앙생활을 하고 있지만, 정작 말씀을 바로 깨닫지 못하고 곡해하여 잘못된 길로 나아가고 있는 모습을 보게 됩니다.

이로 인하여 하나님을 믿으면서도 향방을 모른 채 허공을 치듯이 하나님의 뜻과는 전혀 상관없는 삶을 살아갑니다. 자신이 바른 길을 걸어가고 있는지 아니면 잘못된 길을 가고 있는지조차 분간하지 못하고 살아가는 이들을 바라볼 때, 가슴이 너무나도 아프고 안타깝기 그지없습니다. 그러한 신앙생활의 최후가 결국은 멸망이라는 것도 알지 못하고, 그냥 그렇게 습관처럼 종교인의 한 사람으로 살아가는 모습이 더욱 그러합니다.

사도 바울은 2000여 년 전에 "내가 떠난 후에 흉악한 이리가 너희에게 들어와서 그 양떼를 아끼지 아니하며 또한 너희 중에서도 제자들을 끌어 자기를 좇게 하려고 어그러진 말을 하는 사람들이 일어날 줄을 내가 아노니"(행 20:29-30)라고 예언하였습니다.

이 예언의 말씀은 지금 이미 이루어져 오늘날 교회에 흉악한 이리가 들어와서 어그러진 말을 하는 사람들이 많이 일어난 것을 보게 됩니다.

사도시대에도 바울은 이미 이것을 알고 그들에게 삼 년이나 밤낮 쉬지 않고 눈물로 훈계하였는데(행 20:31), 2000여 년이 지난 지금은 두말할 나위 없이 훨씬 더 활개를 치며 흉악한 이리가 들어와서 어그러진 말을 하여 하나님의 말씀을 올바르게 깨닫지 못하도록 하고 있습니다. 그리하여 많은 이들을 잘못된 길로 인도하여 결국 영생을 얻지 못하도록 하고 있다는 사실을 똑바로 직시해야만 할 것입니다.

또 사도 바울은 "때가 이르리니 사람이 바른 교훈을 받지 아니하며 귀가 가려워서 자기의 사욕을 좇을 스승을 많이 두고 또 그 귀를 진리에서 돌이켜 허탄한 이야기를 좇으리라"(딤후 4:3-4)고 예언하였습니다. 2000여 년이 흐른 지금 이 예언의 말씀도 이미 우리들에게 이루어져 많은 사람들이 바른 교훈을 받지 아니하며, 자기의 사욕을 좇을 스승을 많이 두고 그 귀를 진리에서 돌이켜 허탄한 이야기를 좇고 있는 것을 바라보게 됩니다. 여기에서도 분명히 알 수 있는 사실은 바른 교훈을 받아 진리를 좇아야만 될 것을 가르쳐 주고 있다는 것입니다.

"좁은 문으로 들어가라 멸망으로 인도하는 문은 크고 그 길이 넓어 그리로 들어가는 자가 많고 생명으로 인도하는 문은 좁고 길이 협착하여 찾는 이가 적음이니라"(마 7:13-14).

하나님의 바른 교훈을 받아 순종하여 살아가는 것은 성령의 진리로 인도하는 삶이며, 좁고 길이 협착하여 찾는 이가 적은 생명으로 인도하는 좁은 문과 같습니다. 그러나 바른 교훈을 받지 않는 것은 하나님의 말씀과 전혀 상관없이 자기 자신의 뜻대로, 자기 마음대로 사는 것을 의미합니다. 즉 자기의 사욕을 좇아 사는 것을 뜻합니다. 자기의 사욕을 좇아 사는 것은 쉽고 힘들지가 않습니다. 크고 그 길이 넓어 그리로 들어가는 자가 많아 멸망으로 인도하는 문과 같습니다.

"수고하고 무거운 짐 진 자들아 다 내게로 오라 내가 너희를 쉬게 하리라 나는 마음이 온유하고 겸손하니 나의 멍에를 메고 내게 배우라 그러면 너희 마음이 쉼을 얻으리니 이는 내 멍에는 쉽고 내 짐은 가벼움이라 하시니라"(마 11:28-30).

여기에서도 "나의 멍에를 메고 내게 배우라"고 말씀하고 있습니다. 하나님을 믿는 자들은 반드시 하나님의 멍에를 메고 따를 것을 가르쳐 주고 있습니다.

> "내 짐은 가벼움이라 하시니라"(마 11:30).
> "너희가 짐을 서로 지라 그리하여 그리스도의 법을 성취하라"(갈 6:2).
> "각각 자기의 짐을 질 것임이니라"(갈 6:5).

여기에서도 내 짐은 무거운 것이 아니라 가벼우므로 자기의 짐을 지고 그리스도의 법을 성취할 것을 가르쳐 주고 있습니다.

> "내 백성이 두 가지 악을 행하였나니 곧 생수의 근원되는 나를 버린 것과 스스로 웅덩이를 판 것인데 그것은 물을 저축지 못할 터진 웅덩이니라"(렘 2:13).

오늘날도 이와 마찬가지로 하나님의 백성들이 두 가지 악을 행하고 있는 것을 보게 됩니다.

첫째는, 생명의 말씀의 근원되는 하나님을 버린 것입니다. 여기서 하나님을 버린다는 것은 생수의 근원도 함께 버린 것이 됩니다. 즉 생수의 근원이 되는 말씀을 버린 것은 결국 하나님을 버린 것과 마찬가지라는 뜻입니다.

둘째는, 하나님의 생명의 말씀이 자라서 아름다운 열매를 맺어야 하는데, 터진 웅덩이를 파서 물을 저축지 못함으로 말씀이 잘 자랄 수가 없어 온전히 결실치 못한다는 것입니다.

> "네가 말하기를 나는 부자라 부요하여 부족한 것이 없다 하나 네 곤고한 것과 가련한 것과 가난한 것과 눈먼 것과 벌거벗은 것을 알지 못하도다"(계 3:17).

이 말씀은 라오디게아 교회에 보낸 편지입니다. 오늘날 교회의 모습이 바로 라오디게아 교회와 같은 것을 볼 수 있습니다. 앞서 예레미야가 말한 대로 하나님의 백성들이 두 가지 악을 행하였듯이, 이와 마찬가지로 라오디게아 교회도 하나님의 생명의 말씀을 버린 것과 생명의 말씀을 저축지 못할 터진 웅덩이를 판 것을 보게 됩니다.

이로 인하여 그 교회의 모습은 "곤고한 것과 가련한 것과 가난한 것과 눈먼 것과 벌거벗은 것을" 보여주고 있습니다. 이는 하나님의 나라에 합당하지 않습니다. 성경은 이들에게 “내 입에서 너를 토하여 내치리라”(계 3:16)고 엄중히 경고하고 있습니다. 특히 자기의 벌거벗은 수치를 드러내 보이는 ‘벌거벗은 자’는 부끄러워서라도 하나님의 나라에 있을 수도 없을 뿐만 아니라 하나님 나라에도 합당하지 않아 하나님의 입에서 토하여 내쳐질 것입니다.

이와 같은 라오디게아 교회에게 성령님은 “흰 옷을 사서 입어 벌거벗은 수치를 보이지 않게 하고……회개하라……이기는 그에게는 내가 내 보좌에 함께 앉게 하여 주기를 내가 이기고 아버지 보좌에 함께 앉은 것과 같이 하리라”(계 3:18-21)고 말씀하고 있습니다.

하나님의 말씀은 진리입니다. 이 말씀 그대로 이루어질 것입니다. 이렇게 놀랍고 큰 말씀을 보고도 자기와 아무런 상관없는 듯이 간과한다면 정말 큰 일이 아닐 수 없습니다.

사도 바울은 빌립보 교회에 “항상 복종하여 두렵고 떨림으로 너희 구원을 이루라”(빌 2:12)고 말씀하고 있습니다.

이와 같이 오늘날도 마찬가지로 항상 복종하여 두렵고 떨림으로 구원을 이루어야 하는 것입니다.

"너희는 여호와의 책을 자세히 읽어 보라 이것들이 하나도 빠진 것이 없고 하나도 그 짝이 없는 것이 없으리니 이는 여호와의 입이 이를 명하셨고 그의 신이 이것들을 모으셨음이라"(사 34:16).

이 말씀처럼 하나님의 말씀은 짝이 있습니다. 그 짝은 언약의 말씀과 언약의 피입니다. 언약의 말씀은 우리에게 생명을 주는 하나님의 생명의 말씀을 뜻합니다. 이 말씀은 하나님의 자녀들이 먹을 영적인 생명의 양식입니다. 이 생명의 양식을 먹음으로써 생명을 얻을 수가 있습니다. 이 언약의 말씀을 버림으로써 앞서 예레미야가 지적한 바와 같이 하나님의 백성들이 두 가지 악을 행하게 된 것입니다. 이와 같이 오늘날도 마찬가지로 같은 전철을 밟고 있는 것을 바라볼 때에 정말 마음이 아프고 답답하기가 그지없습니다.

언약의 피는 곧 예수님의 십자가의 보혈을 말합니다. 그 피를 믿음으로 구속, 곧 죄 사함을 받음으로써 구원을 얻어 하나님의 자녀가 됩니다.

이와 같이 하나님의 백성들이 두 가지 악을 행하여 하나님의 말씀을 버림으로써, 이 땅에 영적인 기근과 기갈이 임할 것을 구약의 선지자들도 이미 예언하였습니다.

> "주 여호와께서 가라사대 보라 날이 이를지라 내가 기근을 땅에 보내리니 양식이 없어 주림이 아니며 물이 없어 갈함이 아니요 여호와의 말씀을 듣지 못한 기갈이라"(암 8:11).

이 예언의 말씀이 이미 오늘날 우리들에게 임한 것을 보게 됩니다. 하나님의 백성들이 두 가지 악을 행함으로 인하여 하나님의 말씀을 듣지 못하여 영적 기근과 기갈에 허덕이며 기진맥진하는 모습이 너무나도 곤고하고 가련하게 보입니다.

이렇게 하나님의 말씀을 듣지 못하여 영적인 기근과 기갈로 인하여 기진맥진하고 허덕이며 방황하는 이들에게, 오늘날 하나님 말씀의 방향을 올바르게 안내할 수 있는 교과서적인 지침서와 나침반이 필수 불가결한 것을 뼈저리게 느끼게 되었습니다.

또한 멸망을 향해 달려가고 있는 그들에게 생명의 구원의 손길을 뻗치지 않는다면 하나님께서 그 피 값을 저의 손에서 찾게 되고, 하나님의 청지기로서의 맡은 바 소명과 임무를 다하지 못한 저로서는 유구무언일 수밖에 없으리라는 생각이 들었을 때에, 정말 두렵고 떨리지 않을 수 없었습니다.

> "슬프고 아프다 내 마음속이 아프고 내 마음이 답답하여 잠잠할 수 없으니 이는 나의 심령 네가 나팔소리와 전쟁의 경보를 들음이로다"(렘 4:19).

예레미야는 하나님께서 택하신 백성들이 하나님을 버리고 우상을 섬기고 죄악을 행함으로 인하여, 하나님의 진노와 심판을 받아 너무나도 크고 엄청난 재앙과 멸망이 임할 것을 생각할 때에 마음이 답답하여 잠잠할 수 없었습니다. 그와 같이 저의 마음도 오늘날 많은 사람들이 하나님을 믿는다고 하지만 하나님의 말씀을 버리고 잘못된 길로 걸어감으로 인하여 장차 그들에게 임할 환난과 고통과 멸망을 생각할 때에, 더 늦기 전에 하루라도 빨리 바른 길로 이끌어야겠다는 마음으로 막중한 책임감을 가지고 이 글을 쓰게 되었습니다.

이제 이 책이 많은 사람들을 옳은 길로 인도하여, 예수 그리스도를 바로 앎으로써 영생을 얻을 수 있도록 바른 방향을 제시하는, 하나님의 지침서와 나침반으로서 조금이나마 일조가 되기를 바랍니다.

"또 가라사대 너희가 무엇을 듣는가 스스로 삼가라 너희의 헤아리는 그 헤아림으로 너희가 헤아림을 받을 것이요 또 더 받으리니 있는 자는 받을 것이요 없는 자는 그 있는 것까지 빼앗기리라"(막 4:24-25).

이 말씀처럼 하나님의 말씀을 받을 때에 자세히 꼼꼼하게 따져서 보석을 캐듯이 조심스럽게 받아야 할 것입니다. 그럴 때에 하나님의 말씀을 더 받을 수가 있는 것입니다. 하나님의 말씀을 아무런 생각 없이 함부로 경솔하게 받아서는 절대 안 될 것입니다. 왜냐하면 그것은 우리들에게 생명을 얻게 하든지, 아니면 사망에 이르게 하든지 하는 중대한 문제가 달려 있기 때문입니다.

"베뢰아 사람은 데살로니가에 있는 사람보다 더 신사적이어서 간절한 마음으로 말씀을 받고 이것이 그러한가 하여 날마다 성경을 상고하므로 그 중에 믿는 사람이 많고 또 헬라의 귀부인과 남자가 적지 아니하나"(행 17:11-12).

베뢰아 사람은 간절한 마음으로 말씀을 받고 이것이 그러한가 하여 날마다 성경을 상고하므로 그중에 믿는 사람이 많았습니다.

이와 같이 이 책을 읽는 독자들도 베뢰아 사람과 같이 간절한 마음으로 말씀을 받아 이것이 정말 그러한지 날마다 성경을 상고하므로, 성경의 주제이신 예수 그리스도를 바로 앎으로 영생을 얻으시기를 하나님께 간절히 소원하여 봅니다.

끝으로 이 책을 집필함에 있어서, 하나님의 계시로 저에게 주신 하나님의 말씀을 가지고 글을 썼음을 밝혀둡니다.

이는 모세가 신 광야 가데스의 므리바 물가에서 이스라엘 자손 중 하나님에게 범죄하여 하나님의 거룩함을 이스라엘 자손 중에서 나타내지 아니한 연고로, 하나님께서 이스라엘 자손에게 주는 땅 곧 가나안 땅에 들어가지 못한 것을 거울삼아, 저는 이와 같은 전철을 밟지 않도록 모든 영광을 하나님에게 돌림으로써 하나님께 죄를 범하지 않기 위하여 밝혀둠을 양해하시기 바랍니다.

또한 이 책을 집필함에 있어서 구도자보다 영원한 화목 제물인 예수 그리스도의 십자가의 피를 믿음으로 말미암아 구속, 곧 죄 사함 받아 이미 구원을 얻은 성도들에게 더 치중하여 글을 썼음을 밝힙니다.

오늘날은 예수님이 십자가에 영원한 화목 제물로 바쳐 백성(성도)의 죄를 구속하시려고 부활 승천하셔서 영원한 대제사장이 되셔서 새 언약을 세우셨습니다.

그런 후 약 2000년이 흘렀습니다. 캄캄한 한밤중입니다. 캄캄한 한밤중이기 때문에 거짓 목자들이 활개를 쳐 하나님의 말씀을 어지럽게 하여 눈을 멀게 하여 큰 혼란과 어려움에 빠지게 하는 것을 보게 됩니다.

그래서 하나님의 말씀이 무엇을 말씀하는지 조금이나마 도움이 되고자 이번에 수정, 보완하여 출간하였음을 인사 말씀 올립니다.

예수 그리스도를 바로 앎으로 영생(요 17:3) 얻을 수 있기를 간절히 기도드립니다.

주후 2024년 7월

그리스도 안에서 이문희 형제 배상

| 목차 |

성경

하나님의 말씀을 상고하면 할수록 성경은 곧 영생에 대한 기록인 것을 분명히 알 수 있습니다. 이 영생은 예수 그리스도를 뜻합니다. 예수 그리스도는 참 하나님이시며 영생이십니다.

성경은 예수 그리스도에 대하여 이렇게 증거하고 있습니다.

> "너희가 성경에서 영생을 얻는 줄 생각하고 성경을 상고하거니와 이 성경이 곧 내게 대하여 증거하는 것이로다"(요 5:39).
>
> "또 아는 것은 하나님의 아들이 이르러 우리에게 지각을 주사 우리로 참된 자를 알게 하신 것과 또한 우리가 참된 자 곧 그의 아들 예수 그리스도 안에 있는 것이니 그는 참 하나님이시요 영생이시라"(요일 5:20).

바로 이 예수 그리스도를 아는 것이 영생입니다.

"영생은 곧 유일하신 참 하나님과 그의 보내신 자 예수 그리스도를 아는 것이니이다"(요 17:3).

또한 예수 그리스도는 하나님의 능력이요 하나님의 지혜입니다. 여호와를 경외함이 지혜의 근본입니다. 여기서 지혜의 근본은 예수 그리스도를 뜻하며, 예수 그리스도는 영생을 말합니다. 따라서 예수 그리스도를 믿음으로 말미암아 영생을 얻는 이것이 바로 여호와 하나님을 경외하는 것이며, 하나님의 뜻인 것입니다. 또한 이것은 바로 하나님의 능력이며, 하나님의 지혜입니다.

"오직 부르심을 입은 자들에게는 유대인이나 헬라인이나 그리스도는 하나님의 능력이요 하나님의 지혜니라"(고전 1:24).
"여호와를 경외함이 곧 지혜의 근본이라 그 계명을 지키는 자는 다 좋은 지각이 있나니 여호와를 찬송함이 영원히 있으리로다"(시 111:10).

예수 그리스도는 하나님께로서 나와서 우리에게 지혜와 의로움과 거룩함과 구속함이 되셨습니다. 바로 이와 같은 예수 그리스도 안에 있는 지혜와 의로움과 거룩함과 구속함에 대한 내용들을 반드시 알지 않으면 안 되는 것입니다. 만약 예수 그리스도 안에 있는 내용들을 알지 못하고 예수님을 믿는다면 그 믿음은 옳지 않고 잘못된 것입니다. 또한 그 믿음에 대하여 바로 아는 것이 아닙니다. 여기서 '구속함'은 우리가 예수님의 십자가의 보혈로 구원을 받을 때에 구속함, 곧 죄 사함을 의미하는 것입니다. 즉 구속함 곧 죄 사함은 말씀의 초보로서 어린아이에 불과한 것입니다(히 5:12-13). 앞으로 장래에 말씀 안에서 자라 그리스도 안에 있는 지혜에 이르렀을 때에 장성한 자가 될 수 있는 것입니다. 그래서 어린아이에서 장성한 자로 성장하려면 아직도 멀었다는 것입니다.

> "너희는 하나님께로부터 나서 그리스도 예수 안에 있고 예수는 하나님께로서 나와서 우리에게 지혜와 의로움과 거룩함과 구속함이 되셨으니"(고전 1:30).

특히 아래 말씀은 성경이 예수 그리스도에 대하여 기록되어 있음을 단적으로 잘 표현해 주고 있습니다.

성경은 능히 우리로 하여금 그리스도 예수 안에 있는 믿음으로 말미암아 구원에 이르는 지혜가 있게 합니다. 바로 이 지혜는 하나님의 말씀의 교훈과 책망과 바르게 함과 의로 교육하여 유익하게 하는 것을 의미합니다. 이는 하나님의 사람(구원받은 성도)을 온전케 하며 모든 선한 일을 행하기에 온전케 합니다. 여기서 그리스도 예수 안에 있는 믿음으로 말미암아 구원에 이르는 지혜는 곧 예수 그리스도를 뜻합니다. 따라서 예수 그리스도를 믿음으로 말미암아 영생을 얻게 하려 함은 곧 하나님의 말씀으로 교훈과 책망과 바르게 함과 의로 교육하여 하나님의 사람(구원받은 성도)을 온전케 하며 모든 선한 일을 행하기에 온전케 하려 함인 것입니다.

즉 구원받은 성도가 그리스도 안에서 새로운 피조물로서 하나님의 종이 되어 성령의 인도하심으로 말씀을 좇아 순종하므로 온전케 되며 거룩함에 이르는 열매를 얻는 것을 뜻합니다.

이같이 거룩함에 이르는 열매는 곧 그리스도 예수 우리 주 안에 있는 영생을 의미하며, 이 영생은 하나님께서 은혜로 우리에게 내려 주시는 것입니다. 이와 같이 하나님의 말씀이 우리를 거룩하게 하므로 거룩한 '하나님의 말씀'이라고도 부르며, 또한 우리들에게 영원한 생명을 주시기 때문에 '생명의 말씀'이라고도 부릅니다. 이렇게 부르는 그 이유가 바로 여기에 있습니다. 바로 이와 같은 하나님의 말씀은 곧 예수 그리스도에 잘 나타나 있습니다. 그러므로 예수 그리스도를 아는 것이 영생이며 또한 성경의 주제인 것입니다.

"또 네가 어려서부터 성경을 알았나니 성경은 능히 너로 하여금 그리스도 예수 안에 있는 믿음으로 말미암아 구원에 이르는 지혜가 있게 하느니라 모든 성경은 하나님의 감동으로 된 것으로 교훈과 책망과 바르게 함과 의로 교육하기에 유익하니 이는 하나님의 사람으로 온전케 하며 모든 선한 일을 행하기에 온전케 하려 함이니라"(딤후 3:15-17).

"그러나 이제는 너희가 죄에게서 해방되고 하나님께 종이 되어 거룩함에 이르는 열매를 얻었으니 이 마지막은 영생이라 죄의 삯은 사망이요 하나님의 은사는 그리스도 예수 우리 주 안에 있는 영생이니라"(롬 6:22-23).

이와 같이 거룩한 하나님의 말씀, 곧 생명의 말씀이 영생인 것입니다. 바로 이와 같은 하나님의 말씀이 곧 예수 그리스도를 뜻하는 것입니다.

"머리에 있는 보배로운 기름이 수염 곧 아론의 수염에 흘러서 그 옷깃까지 내림 같고 헐몬의 이슬이 시온의 산들에 내림 같도다 거기서 여호와께서 복을 명하셨나니 곧 영생이로다"(시 133:2-3).

또한 예수 그리스도는 하나님의 비밀이며, 그 안에는 지혜와 지식의 모든 보화가 감추어져 있습니다. 이 보화는 곧 보배를 뜻하며,

이 보배는 곧 예수 그리스도를 말합니다. 그러므로 하나님의 비밀은 예수 그리스도이며, 예수 그리스도는 곧 하나님의 보배이며 영생입니다.

> "이는 저희로 마음에 위안을 받고 사랑 안에서 연합하여 원만한 이해의 모든 부요에 이르러 하나님의 비밀인 그리스도를 깨닫게 하려 함이라 그 안에는 지혜와 지식의 모든 보화가 감취어 있느니라"(골 2:2-3).

사실 본서를 집필함에 있어서 인간의 말이나 표현으로써 독자들에게 이해와 설득을 하려고 하기보다, 하나님의 말씀을 통해 그분의 음성을 직접 듣도록 본서의 방향을 정하고 글을 썼습니다. 요컨대 "하나님의 말씀은 살았고 운동력이 있어 좌우에 날선 어떤 검보다도 예리하여 혼과 영과 및 관절과 골수를 찔러 쪼개기까지 하며 또 마음의 생각과 뜻을 감찰"(히 4:12)하기 때문입니다. 따라서 가급적이면 하나님의 말씀을 직접 상고하는 것이 말씀을 깨닫는 데 더 바람직하다는 것을 알고, 각 주제마다 하나님의 말씀을 인용하여, 이 책이 전달하고자 하는 메시지를 이해할 수 있도록 집필하였음을 양지하시기 바랍니다.

"하나님의 미련한 것이 사람보다 지혜 있고 하나님의 약한 것이 사람보다 강하니라"(고전 1:25).
"그러나 무엇이든지 내게 유익하던 것을 내가 그리스도를 위하여 다 해로 여길 뿐더러 또한 모든 것을 해로 여김은 내 주 그리스도 예수를 아는 지식이 가장 고상함을 인함이라"(빌 3:7-8).

이 보배에 대하여 이해를 돕기 위하여 하나님의 말씀을 더 살펴보도록 하겠습니다.

"우리가 이 보배를 질그릇에 가졌으니 이는 능력의 심히 큰 것이 하나님께 있고 우리에게 있지 아니함을 알게 하려 함이라"(고후 4:7).

우리는 예수님의 피로 죄 사함 받아 구원 얻을 때에 이 보배를 질그릇에 가졌습니다. 이 질그릇이 깨어지면 보배도 함께 흘러 결국 없어지고 말 것입니다. 이는 능력의 심히 큰 것이 하나님께 있고 우리에게 있지 않기 때문입니다. 이와 같이 구원의 능력과 권능이 하나님께 있고 우리에게 있지 않다는 사실을 분명히 알아야만 합니다.

그런데 오늘날 많은 사람들은 구원에 대하여 자신이 마치 하나님인 양, 하나님의 자리에 앉아서 자기 생각대로 쉽게 해석하고 말하는 모습을 보게 됩니다. 이것은 라오디게아 교회 성도들과 같이 실상은 가난하고 곤고하며 눈먼 자이나, 그들의 생각으로는 '나는 부자라 부요하여 부족한 것이 없다'라고 잘못 알고 착각하기 때문인 것입니다.

"너의 시대에 평안함이 있으며 구원과 지혜와 지식이 풍성할 것이니 여호와를 경외함이 너의 보배니라"(사 33:6).

구원과 지혜와 지식이 풍성하므로 예수 그리스도를 알 수가 있는 것입니다. 예수 그리스도를 앎으로 여호와를 경외하게 되며, 여호와를 경외함으로써 영생을 얻을 수가 있는 것입니다. 바로 이것이 우리의 보배인 것입니다.

"그러므로 믿는 너희에게는 보배이나 믿지 아니하는 자에게는 건축자들의 버린 그 돌이 모퉁이의 머릿돌이 되고"(벧전 2:7).

이 말씀에서 예수 그리스도를 믿는 것은 곧 예수 그리스도를 아는 것을 뜻합니다. 이와 같이 예수 그리스도를 아는 자에게는 바로 그것이 보배가 됩니다. 그러나 예수 그리스도를 믿지 아니하는 자 곧 예수 그리스도를 알지 못하는 자에게는 건축자들의 버린 그 돌이 모퉁이의 머릿돌이 되는 것입니다.

> "사람에게는 버린 바가 되었으나 하나님께는 택하심을 입은 보배로운 산 돌이신 예수에게 나아와"(벧전 2:4).

이 말씀 가운데 "하나님께는 택하심을 입은 보배로운 산 돌이신 예수"의 뜻은, 우리에게 영생 곧 보배를 주기 때문에 보배로운 산 돌이신 예수를 의미하는 것입니다.

> "경에 기록하였으되 보라 내가 택한 보배롭고 요긴한 모퉁이 돌을 시온에 두노니 저를 믿는 자는 부끄러움을 당치 아니하리라 하였으니 그러므로 믿는 너희에게는 보배이나 믿지 아니하는 자에게는 건축자들의 버린 그 돌이 모퉁이의 머릿돌이 되고"(벧전 2:6-7).

이 말씀에서도 "내가 택한 보배롭고 요긴한 모퉁잇돌"의 뜻은 예수 그리스도를 의미하며, 우리에게 영생 곧 보배를 주기 때문에 보배롭고 요긴한 모퉁잇돌로 표현하고 있는 것입니다. 그래서 믿는 우리에게는 보배가 되지만 믿지 아니하는 자에게는 건축자들의 버린 그 돌이 오히려 모퉁이의 머릿돌이 되는 것입니다.

> "예수 그리스도의 종과 사도인 시몬 베드로는 우리 하나님과 구주 예수 그리스도의 의를 힘입어 동일하게 보배로운 믿음을 우리와 같이 받은 자들에게 편지하노니"(벧후 1:1).

이 말씀 가운데 "우리 하나님과 구주 예수 그리스도의 의를 힘입어 동일하게 보배로운 믿음"의 뜻은, 영생 곧 보배를 의미하기 때문에 보배로운 믿음이라고도 표현하고 있는 것입니다.

하나님은 이와 같은 보배롭고 지극히 큰 약속을 우리에게 주셨습니다. 이 약속으로 말미암아 우리가 정욕을 인하여 세상에서 썩어질 것을 피하여 신의 성품에 참예하는 자가 반드시 되어야만 하는 것입니다.

> "이로써 그 보배롭고 지극히 큰 약속을 우리에게 주사 이 약속으로 말미암아 너희로 정욕을 인하여 세상에서 썩어질 것을 피하여 신의 성품에 참예하는 자가 되게 하려 하셨으니"(벧후 1:4).

이와 같이 예수 그리스도는 하나님의 지혜요, 영생이요, 하나님의 보배요, 하나님의 비밀인 것입니다.

바꾸어 말하면 이 예수 그리스도는 하나님의 지혜이며, 하나님의 지혜는 곧 영생이고, 영생은 곧 하나님의 보배인 것을 하나님의 말씀에서 발견할 수가 있습니다. 이것이 바로 하나님의 비밀입니다.

그러므로 성경의 주제는 영생 곧 예수 그리스도이십니다. 예수 그리스도를 믿음으로 말미암아 영생을 얻게 되는 것입니다.

> "하나님이 세상을 이처럼 사랑하사 독생자를 주셨으니 이는 저를 믿는 자마다 멸망치 않고 영생을 얻게 하려 하심이니라"(요 3:16).

이와 같이 크고 놀라운 하나님의 비밀인 예수 그리스도를 믿기 위해서는 먼저 그에 대하여 반드시 알아야만 합니다. 이 예수 그리스도에 대하여 바로 알지 못한다면 옳게 믿고 싶어도 바로 믿을 수가 없습니다.

그런데 아이러니하게도 오늘날 많은 사람들은 예수 그리스도에 대하여 잘 알지 못하면서도 잘 알고 있는 것처럼 예수 그리스도의 믿음에 대하여 너무나도 쉽게 얘기하는 것을 보게 됩니다.

신앙인에게 있어서 예수 그리스도를 바로 알아야 하는 것은 필수 불가결한 것입니다. 왜냐하면 예수 그리스도를 바로 알아야만 올바른 믿음을 가질 수 있기 때문입니다.

이제 여러분 모두가 이와 같은 하나님의 말씀을 깊이 살펴봄으로써 영생, 곧 예수 그리스도에 대하여 참으로 바로 알아 가는 계기가 되기를 바랍니다.

"또 가라사대 너희가 무엇을 듣는가 스스로 삼가라 너희의 헤아리는 그 헤아림으로 너희가 헤아림을 받을 것이요 또 더 받으리니" (막 4:24).

하나님의 책

하나님의 책은 인간의 글이 아닙니다. 아주 높은 하늘에 계신 하나님의 글입니다. 인간의 문장구조나 형식을 따른 것이 아니라, 이것을 초월하여 전혀 다르고 독특한 하나님의 방식으로 기록되었습니다. 그래서 하늘과 땅 사이의 거리만큼이나 아주 많은 차이가 납니다. 하나님은 우리 인간을 만드셨습니다. 우리를 만드신 하나님은 우리 위에 계시며, 우리보다 훨씬 더 뛰어나신 분입니다.

그 하나님의 지혜와 지식으로 기록된 책을 우리 인간의 두뇌와 지혜와 지식과 학식으로 알려 한다면, 그것은 너무나 크나큰 착오에 빠질 수밖에 없을 것이며, 패망의 길로 들어설 수밖에 없을 것입니다.

또한 하나님의 책은 인간의 글이 아니기 때문에 인간의 방법이나 수단으로 이해하고 알려고 해서는 안 됩니다. 즉 인간의 학문, 문장 구조, 문단, 문맥으로 그 내용을 분석하여 이해하고 알려고 해서는 안 된다는 것입니다. 만약 인간의 방법이나 수단으로 말씀을 풀어 알려고 한다면 바로 곡해를 하고 말 것입니다. 이것은 하나님이 더 잘 알고 계신다는 사실을 결코 잊어서는 안 될 것입니다.

"하나님의 지혜에 있어서는 이 세상이 자기 지혜로 하나님을 알지 못하는 고로 하나님께서 전도의 미련한 것으로 믿는 자들을 구원하시기를 기뻐하셨도다"(고전 1:21).

이 말씀과 같이 하나님의 지혜에 있어서는 이 세상이 자기 지혜로 하나님을 알지 못하기 때문에, 하나님께서 전도의 미련한 것으로 믿는 자들을 구원하시기를 기뻐하셨습니다. 여기서 이 세상이 자기 지혜로 알지 못하는 하나님의 지혜는 곧 예수 그리스도를 말합니다(고전 1:24).

이 예수 그리스도를 아는 것이 바로 영생입니다(요 17:3). 그러므로 영생을 얻기 위해서는 예수 그리스도를 알지 않으면 안 되는 것입니다. 이 예수 그리스도를 알기 위하여 에베소서 4장 11-16절 말씀을 상고해 보도록 하겠습니다.

“그가 혹은 사도로, 혹은 선지자로, 혹은 복음 전하는 자로, 혹은 목사와 교사로 주셨으니 이는 성도를 온전케 하며 봉사의 일을 하게 하며 그리스도의 몸을 세우려 하심이라 우리가 다 하나님의 아들을 믿는 것과 아는 일에 하나가 되어 온전한 사람을 이루어 그리스도의 장성한 분량이 충만한 데까지 이르리니 이는 우리가 이제부터 어린아이가 되지 아니하여 사람의 궤술과 간사한 유혹에 빠져 모든 교훈의 풍조에 밀려 요동치 않게 하려 함이라 오직 사랑 안에서 참된 것을 하여 범사에 그에게까지 자랄지라 그는 머리니 곧 그리스도라 그에게서 온 몸이 각 마디를 통하여 도움을 입음으로 연락하고 상합하여 각 지체의 분량대로 역사하여 그 몸을 자라게 하며 사랑 안에서 스스로 세우느니라”(엡 4:11-16).

이 말씀을 통해 하나님께서 교회에 은사를 내리신 이유는, 성도를 온전케 하며 봉사의 일을 하게 하며 그리스도의 몸을 세우려 하심인 것을 알게 됩니다.

이렇듯 사도 시대에는 사도와 선지자들을 통하여 성도를 온전케 하여, 봉사의 일을 하게 하며, 그리스도의 몸을 세우려는 하나님의 말씀이 교회에 바르게 전해졌던 것을 알 수 있습니다.

이로 인하여 13절의 말씀처럼 “다 하나님의 아들을 믿는 것과 아는 일에 하나가 되어 온전한 사람을 이루어 그리스도의 장성한 분량이 충만한 데까지 이르도록" 하나님의 말씀이 바로 전하여진 것을 알 수 있습니다.

여기서 "그리스도의 장성한 분량이 충만한 데까지 이르는 것"은, 곧 예수 그리스도를 아는 것을 의미하므로 영생을 뜻하는 것입니다.

또한 "온전한 사람을 이루어 그리스도의 장성한 분량이 충만한 데까지 이르는 것"은 곧 온전한 사람을 이루는 것이 바로 그리스도의 장성한 분량이 충만한 데까지 이르는 것임을 의미합니다. 다시 말하면 온전한 사람을 이루는 것이 곧 영생을 얻는 것임을 의미합니다.

그리고 15절의 말씀인 "오직 사랑 안에서 참된 것을 하여 범사에 그에게까지 자랄지라 그는 머리니 곧 그리스도라"의 뜻은, 곧 예수 그리스도를 아는 것을 의미하므로 영생을 뜻합니다.

성경 말씀도 그리스도 예수 안에 있는 믿음으로 말미암아 구원에 이르는 지혜가 있게 하며, 모든 성경은 하나님의 감동으로 된 것으로 교훈과 책망과 바르게 함과 의로 교육하기에 유익하므로 이는 하나님의 사람으로 온전케 하며, 모든 선한 일을 행하기에 온전케 하려는 것에 대하여 쓰여져 있는 것입니다.

이처럼 사도 시대에는 예수 그리스도와 온전함에 대하여 곧 영생에 대하여 말씀이 바르게 전해진 것을 알 수 있습니다. 다시 말하면 하나님의 말씀을 온전히 이루려는 것에 대하여 전한 것을 알 수 있습니다.

이에 성경 말씀도 그리스도 예수 안에 있는 믿음으로 말미암아 구원에 이르는 지혜가 있게 하며, 모든 성경은 하나님의 감동으로 된 것으로 교훈과 책망과 바르게 함과 의로 교육하기에 유익하므로 이는 하나님의 사람으로 온전케 하며, 모든 선한 일을 행하기에 온전케 하려는 것에 대하여 기록되어 있는 것입니다.

> "또 네가 어려서부터 성경을 알았나니 성경은 능히 너로 하여금 그리스도 예수 안에 있는 믿음으로 말미암아 구원에 이르는 지혜가 있게 하느니라 모든 성경은 하나님의 감동으로 된 것으로 교훈과 책망과 바르게 함과 의로 교육하기에 유익하니 이는 하나님의 사람으로 온전케 하며 모든 선한 일을 행하기에 온전케 하려 함이니라"(딤후 3:15-17).

사도 바울도 교회의 일꾼 된 것은 하나님께서 주신 직분을 따라 하나님의 말씀을 이루려는 것이었습니다. 그래서 하나님의 모든 지혜로 각 사람을 그리스도 안에서 완전한 자로 세우려고 힘을 다하여 가르쳤던 것입니다.

> "내가 교회 일꾼 된 것은 하나님이 너희를 위하여 내게 주신 경륜

을 따라 하나님의 말씀을 이루려 함이니라 이 비밀은 만세와 만대로부터 옴으로 감취었던 것인데 이제는 그의 성도들에게 나타났고 하나님이 그들로 하여금 이 비밀의 영광이 이방인 가운데 어떻게 풍성한 것을 알게 하려 하심이라 이 비밀은 너희 안에 계신 그리스도시니 곧 영광의 소망이니라 우리가 그를 전파하여 각 사람을 권하고 모든 지혜로 각 사람을 가르침은 각 사람을 그리스도 안에서 완전한 자로 세우려 함이니 이를 위하여 나도 내 속에서 능력으로 역사하시는 이의 역사를 따라 힘을 다하여 수고하노라"(골 1:25-29).

그러나 오늘날의 교회는 라오디게아 교회와 같은 육신적인 교회로 전락하여, 어린아이가 되어 사람의 궤술과 간사한 유혹에 빠져 모든 교훈의 풍조에 밀려 요동하는 모습입니다. 이러한 현상을 바라볼 때에 마음이 답답하고 안타깝기 그지없습니다.

우리가 처음 전도의 미련한 것으로 예수 그리스도를 영접하고 구원받을 당시에는 믿음의 싹이 난 것에 불과하기 때문에, 그 믿음이 자라서 장성한 분량에 이르렀을 때에 비로소 하나님의 지혜인 예수 그리스도를 알 수가 있는 것입니다. 바로 이 예수 그리스도가 곧 영생입니다.

그래서 하나님의 미련한 것이 사람보다 지혜 있고 하나님의 약한 것이 사람보다 강한 것입니다.

> “하나님의 미련한 것이 사람보다 지혜 있고 하나님의 약한 것이 사람보다 강하니라”(고전 1:25).

이와 같이 하나님의 지혜는 깊고, 그 지식은 부요하므로 그의 판단은 측량치 못할 것이고 그의 길은 찾지 못할 것입니다.

> “깊도다 하나님의 지혜와 지식의 부요함이여, 그의 판단은 측량치 못할 것이며 그의 길은 찾지 못할 것이로다”(롬 11:33).

이 지혜에 대하여 계속해서 하나님의 말씀을 살펴봄으로써 본문을 이해하는 데 도움을 얻고자 합니다.

> “그러나 우리가 온전한 자들 중에서 지혜를 말하노니 이는 이 세상의 지혜가 아니요 또 이 세상의 없어질 관원의 지혜도 아니요 오직 비밀한 가운데 있는 하나님의 지혜를 말하는 것이니 곧 감취었던 것인데 하나님이 우리의 영광을 위하사 만세 전에 미리 정하신 것이라 이 지혜는 이 세대의 관원이 하나도 알지 못하였나니 만일 알았더면 영광의 주를 십자가에 못 박지 아니하였으리라 기

록된 바 하나님이 자기를 사랑하는 자들을 위하여 예비하신 모든 것은 눈으로 보지 못하고 귀로도 듣지 못하고 사람의 마음으로도 생각지 못하였다 함과 같으니라"(고전 2:6-9).

하나님의 감취었던 지혜는 이 세상의 지혜가 아니므로 눈으로 보지 못하고 귀로도 듣지 못하고 사람의 마음으로도 생각지 못하는 것입니다.

그러면 어떤 자들이 하나님의 지혜를 알 수 있을까요? 그 해답은 위의 말씀 가운데 있는 '온전한 자들과 하나님을 사랑하는 자들'이 하나님의 지혜를 받음으로써 알 수가 있다는 것입니다.

여기서 '온전한 자들과 하나님을 사랑하는 자들'은 과연 어떤 자를 말할까요?

아래의 말씀을 보면 알 수 있듯이 '하나님의 계명을 가지고 지키는 자가 바로 하나님을 사랑하는 자'입니다. 이와 같이 '하나님을 사랑하는 자'가 위에서 말하는 '온전한 자들과 하나님을 사랑하는 자들'을 가리키고 있는 것을 알 수 있습니다. 여기서 '온전한 자'는 '하나님의 계명을 가지고 지키는 자' 곧 '하나님을 사랑하는 자'를 의미합니다.

"내 아버지께서 모든 것을 내게 주셨으니 아버지 외에는 아들을

> 아는 자가 없고 아들과 또 아들의 소원대로 계시를 받는 자 외에는 아버지를 아는 자가 없느니라"(마 11:27).

이 말씀과 같이 "아들과 또 아들의 소원대로 계시를 받는 자 외에는 아버지를 아는 자가 없다"는 것입니다. 즉 "아들과 또 아들의 소원대로 계시를 받는 자만이 아버지를 안다"는 것입니다.

여기서 아버지는 하나님을 말합니다. 하나님은 곧 하나님의 말씀을 의미합니다(요 1:1). 다시 말하면 아들과 또 아들의 소원대로 계시를 받는 자만이 하나님 곧 하나님의 말씀을 안다는 것입니다.

> "나의 계명을 가지고 지키는 자라야 나를 사랑하는 자니 나를 사랑하는 자는 내 아버지께 사랑을 받을 것이요 나도 그를 사랑하여 그에게 나를 나타내리라"(요 14:21).

이 말씀은 유월절 전날, 곧 잡히시기 전날 다락방에서 예수님께서 열두 제자와 함께 저녁 잡수시던 자리에서 하신 말씀입니다. 즉 십자가에 못 박혀 돌아가시기 전의 유언과 같은 말씀입니다. 예수님의 말씀은 진리입니다. 예수님은 거짓이 없으신 분입니다. 이 말씀 그대로 이루어질 것입니다.

"나를 사랑하는 자는 내 아버지께 사랑을 받을 것이요 나도 그를 사랑하여 그에게 나를 나타내리라"는 말씀은 예수님의 소원인 것을 알 수가 있습니다.

앞의 마태복음 11장 27절을 보면 예수님의 소원은 "자기를 사랑하는 자에게 예수님도 그를 사랑하여 그에게 자기를 나타내는 것"임을 알 수가 있습니다. 즉 앞의 구절에서 말하는 '계시'가 바로 이것을 뜻하는 것임을 알 수 있습니다.

"형제들아 내가 너희에게 알게 하노니 내가 전한 복음이 사람의 뜻을 따라 된 것이 아니라 이는 내가 사람에게서 받은 것도 아니요 배운 것도 아니요 오직 예수 그리스도의 계시로 말미암은 것이라"(갈 1:11-12).

이 말씀에서도 사도 바울의 전한 복음이 사람에게서 받은 것도 아니요 배운 것도 아니요 오직 예수 그리스도의 계시로 알게 된 것임을 알 수 있습니다.

위의 말씀에서 알 수 있듯이 하나님을 사랑하는 자는 자기를 깨끗하게 하는 자입니다. 이와 같은 자는 아래 말씀과 같이 하나님께서 귀히 쓰는 그릇이 될 것입니다.

"그러므로 누구든지 이런 것에서 자기를 깨끗하게 하면 귀히 쓰는 그릇이 되어 거룩하고 주인의 쓰심에 합당하며 모든 선한 일에 예비함이 되리라"(딤후 2:21).

그 외에 지혜에 관한 말씀을 더 살펴보도록 하겠습니다.

"너는 무릇 마음에 지혜 있는 자 곧 내가 지혜로운 영으로 채운 자들에게 말하여 아론의 옷을 지어 그를 거룩하게 하여 내게 제사장 직분을 행하게 하라"(출 28:3).

이 말씀에서도 "마음에 지혜 있는 자 곧 하나님께서 지혜로운 영으로 채운 자들"을 가리키고 있습니다.

"브살렐과 오홀리압과 및 마음이 지혜로운 사람 곧 여호와께서 지혜와 총명을 부으사 성소에 쓸 모든 일을 할 줄 알게 하심을 입은 자들은 여호와의 무릇 명하신 대로 할 것이니라"(출 36:1).

여기서도 "마음이 지혜로운 사람 곧 여호와께서 지혜와 총명을 부으신 자"를 가리키고 있는 것을 알 수가 있습니다.

이런 자들이 지식에 넘치는 그리스도의 사랑을 앎으로 그 지식의 넓이와 길이와 높이와 깊이를 알 수 있으며, 또한 이로 인하여 하나님의 지혜를 알 수가 있는 것입니다.

> "믿음으로 말미암아 그리스도께서 너희 마음에 계시게 하옵시고 너희가 사랑 가운데서 뿌리가 박히고 터가 굳어져서 능히 모든 성도와 함께 지식에 넘치는 그리스도의 사랑을 알아 그 넓이와 길이와 높이와 깊이가 어떠함을 깨달아 하나님의 모든 충만하신 것으로 너희에게 충만하게 하시기를 구하노라"(엡 3:17-19).

참 하나님

"태초에 말씀이 계시니라 이 말씀이 하나님과 함께 계셨으니 이 말씀은 곧 하나님이시니라 그가 태초에 하나님과 함께 계셨고 만물이 그로 말미암아 지은 바 되었으니 지은 것이 하나도 그가 없이는 된 것이 없느니라 그 안에 생명이 있었으니 이 생명은 사람들의 빛이라 빛이 어두움에 비취되 어두움이 깨닫지 못하더라…… 참 빛 곧 세상에 와서 각 사람에게 비취는 빛이 있었나니 그가 세상에 계셨으며 세상은 그로 말미암아 지은 바 되었으되 세상이 그를 알지 못하였고 자기 땅에 오매 자기 백성이 영접지 아니하였으나……말씀이 육신이 되어 우리 가운데 거하시매 우리가 그 영광을 보니 아버지의 독생자의 영광이요 은혜와 진리가 충만하더라 요한이 그에 대하여 증거하여 외쳐 가로되 내가 전에 말하기를 내 뒤에 오시는 이가 나보다 앞선 것은 나보다 먼저 계심이니라 한 것이 이 사람을 가리킴이라 하니라……율법은 모세로 말미암아 주신 것이요 은혜와 진리는 예수 그리스도로 말미암아 온 것이라 본래 하나님을 본 사람이 없으되 아버지 품속에 있는 독생하신 하나님이 나타내셨느니라"(요 1:1-18).

"태초부터 있는 생명의 말씀에 관하여는 우리가 들은 바요 눈으로 본 바요 주목하고 우리 손으로 만진 바라 이 생명이 나타내신 바 된지라 이 영원한 생명을 우리가 보았고 증거하여 너희에게 전하노니 이는 아버지와 함께 계시다가 우리에게 나타내신 바 된 자니라"(요일 1:1-2).

이 말씀 가운데 "태초에 말씀이 계시니라 이 말씀이 하나님과 함께 계셨으니 이 말씀은 곧 하나님이시니라"(요 1:1) 하신 말씀에서 알 수 있듯이 '태초의 말씀이 곧 하나님이다'라는 것입니다. 여기서 태초의 말씀은 곧 언약의 피와 언약의 말씀을 의미합니다. 이 언약의 피와 언약의 말씀을 이해한다면 참 하나님을 알 수가 있는 것입니다. 참 하나님을 이해한다면 영생도 알 수가 있습니다.

이 말씀이 육신이 되어 이 땅에 오셨습니다. 즉 예수님은 마리아를 통하여 성령으로 잉태되어 이 세상에 오셨습니다(눅 1:35). 성령은 진리의 영입니다(요일 5:7). 하나님의 말씀도 진리입니다(요 17:17). 그러므로 예수님은 말씀으로 이 땅에 오셨습니다. 바로 이분이 예수 그리스도입니다. 예수 그리스도가 바로 아버지 품속에 있는 독생하신 하나님이라는 것입니다. 이는 예수 그리스도가 곧 아버지 하나님임을 나타내 주고 있는 것입니다. 요한복음 17장 17절의 '아버지의 말씀'이 이를 더 명확히 증명하여 주고 있습니다. 왜냐하면 태초의 말씀이 곧 아버지의 말씀이라는 것입니다. 이 아버지의 말씀이 육신이 되어 이 땅에 오셨고 그가 바로 예수 그리스도라는 것입니다.

> "저희를 진리로 거룩하게 하옵소서 아버지의 말씀은 진리니이다" (요 17:17).

바로 아버지 하나님이 곧 참 하나님이며, 참 하나님은 곧 예수 그리스도인 것을 알 수 있습니다.

바로 이와 같은 참 하나님에 대하여 이해를 돕기 위하여 하나님의 말씀을 살펴보도록 하겠습니다.

> "참된 자 곧 그의 아들 예수 그리스도 안에 있는 것이니 그는 참 하나님이시요 영생이시라"(요일 5:20).

예수 그리스도는 참된 자, 곧 참 하나님이시며 영생이십니다.

"하나님은 빛이시라 그에게는 어두움이 조금도 없으시니라"(요일 1:5).

하나님은 빛이십니다. 곧 참 빛으로 예수님이 이 세상에 오셨습니다. 바로 이것은 하나님이 곧 예수 그리스도임을 말하는 것입니다.

"나사렛 예수여……나는 당신이 누구인 줄 아노니 하나님의 거룩한 자니이다"(막 1:24).

예수님은 하나님의 거룩한 자입니다.

"나는 내 아버지의 이름으로 왔으매 너희가 영접지 아니하나"(요 5:43).
"내게 주신 아버지의 이름으로 저희를 보전하사……내가 저희와 함께 있을 때에 내게 주신 아버지의 이름으로 저희를 보전하와 지키었나이다"(요 17:11-12).
"내가 내 아버지의 이름으로 행하는 일들이 나를 증거하는 것이어늘"(요 10:25).

아버지 하나님의 이름으로 예수님이 이 세상에 오셨기 때문에 이것이 바로 예수님이 하나님인 것을 입증하는 것이 됩니다.

"본래 하나님을 본 사람이 없으되 아버지 품속에 있는 독생하신 하나님이 나타내셨느니라"(요 1:18).

아버지 품속에 있는 독생하신 하나님 곧 예수님을 뜻합니다. 다시 말하면 예수님이 곧 하나님이라는 것입니다.

"이 모든 날 마지막에 아들로 우리에게 말씀하셨으니 이 아들을 만유의 후사로 세우시고 또 저로 말미암아 모든 세계를 지으셨느니라 이는 하나님의 영광의 광채시요 그 본체의 형상이시라"(히 1:2-3).

여기서도 예수님이 하나님의 영광의 광채시요, 그 본체의 형상이신 것을 알 수가 있습니다.

"그는 근본 하나님의 본체시나 하나님과 동등됨을 취할 것으로 여기지 아니하시고"(빌 2:6).

이 말씀에서도 예수님이 근본 하나님의 본체인 것을 알 수가 있습니다. 즉 예수님이 하나님이라는 것입니다.

"나와 아버지는 하나이니라"(요 10:30).

예수 그리스도와 아버지 하나님은 하나인 것입니다. 그러므로 예수 그리스도가 아버지 하나님이며, 참 하나님인 것을 알 수가 있는 것입니다.

다음은 성령의 하나님에 대하여 말씀을 살펴보도록 하겠습니다.

"그러므로 내 형제들아 너희도 그리스도의 몸으로 말미암아 율법에 대하여 죽임을 당하였으니 이는 다른 이 곧 죽은 자 가운데서 살아나신 이에게 가서 우리로 하나님을 위하여 열매를 맺히게 하려 함이니라"(롬 7:4).

이 말씀 가운데 '죽은 자 가운데서 살아나신 이'의 내용은 그리스도 예수를 말하며, 이는 곧 성령을 뜻하는 것입니다.

"내가 너희를 고아와 같이 버려두지 아니하고 너희에게로 오리라 조금 있으면 세상은 다시 나를 보지 못할 터이로되 너희는 나를 보리니 이는 내가 살았고 너희도 살겠음이라 그날에는 내가 아버지 안에, 너희가 내 안에, 내가 너희 안에 있는 것을 너희가 알리라"(요 14:18-20).

예수 그리스도는 죽음에서 부활하여 성령으로 우리에게 오셔서 우리 안에 거하시는 것입니다. 그러므로 우리가 진리 가운데 거함으로써 예수 그리스도 안에 있을 수가 있는 것입니다.

"보혜사 곧 아버지께서 내 이름으로 보내실 성령 그가 너희에게 모든 것을 가르치시고 내가 너희에게 말한 모든 것을 생각나게 하시리라"(요 14:26).

여기서 "아버지께서 내 이름으로 보내실 성령" 곧 아버지 하나님께서 예수 그리스도의 이름으로 성령을 보내셨다는 것입니다.

"내가 아버지께로서 너희에게 보낼 보혜사 곧 아버지께로서 나오시는 진리의 성령이 오실 때에 그가 나를 증거하실 것이요"(요 15:26).

진리의 성령이 아버지 하나님께로부터 나오셔서 우리에게 오셨다는 것입니다. 여기서 진리의 성령은 바로 진리가 곧 성령인 것을 뜻합니다. 그리고 진리는 하나님의 말씀을 뜻합니다. 다시 말하면 하나님께로부터 나오신 성령은 하나님의 말씀으로 우리에게 임하셨다는 것입니다.

> "성령이 아시아에서 말씀을 전하지 못하게 하시거늘 브루기아와 갈라디아 땅으로 다녀가 무시아 앞에 이르러 비두니아로 가고자 애쓰되 예수의 영이 허락지 아니하시는지라"(행 16:6-7).

여기서 '예수의 영'은 곧 성령을 말합니다.

> "이는 그리스도 예수 안에 있는 생명의 성령의 법이 죄와 사망의 법에서 너를 해방하였음이라"(롬 8:2).

여기서 "그리스도 예수 안에 있는 생명의 성령"은 곧 생명의 성령이 그리스도 예수 안에 있음을 알 수 있습니다. 그래서 그리스도 예수가 죽음에서 부활하여 성령으로 오셔서 죄와 사망의 법에서 우리를 해방하신 것입니다.

“이것이 너희 간구와 예수 그리스도의 성령의 도우심으로 내 구원에 이르게 할 줄 아는 고로 나의 간절한 기대와 소망을 따라 아무 일에든지 부끄럽지 아니하고 오직 전과 같이 이제도 온전히 담대하여 살든지 죽든지 내 몸에서 그리스도가 존귀히 되게 하려 하나니 이는 내게 사는 것이 그리스도니 죽는 것도 유익함이니라”(빌 1:19-21).

여기서 성령은 곧 ‘예수 그리스도의 성령’이라고 표현하고 있습니다. 그래서 ‘내게 사는 것이 그리스도니’의 뜻은 ‘이제 내가 사는 것이 아니라 오직 내 안에 예수 그리스도의 성령이 사시는 것’을 의미합니다.

“내가 그리스도와 함께 십자가에 못 박혔나니 그런즉 이제는 내가 산 것이 아니요 오직 내 안에 그리스도께서 사신 것이라 이제 내가 육체 가운데 사는 것은 나를 사랑하사 나를 위하여 자기 몸을 버리신 하나님의 아들을 믿는 믿음 안에서 사는 것이라”(갈 2:20).

내가 그리스도와 함께 십자가에 못 박혔음으로 그리스도 안에서 새로운 피조물이 되었습니다. 그러므로 이제는 내가 산 것이 아니요 오직 내 안에 그리스도께서 사신 것입니다. 여기서 ‘내 안에 그리스도께서 사신 것'은 곧 예수 그리스도의 성령을 말합니다.

> "볼지어다 내가 문밖에 서서 두드리노니 누구든지 내 음성을 듣고 문을 열면 내가 그에게로 들어가 그로 더불어 먹고 그는 나로 더불어 먹으리라"(계 3:20).

이 말씀 중에서 '내가'는 곧 예수 그리스도를 뜻합니다. 예수 그리스도는 곧 '예수 그리스도의 성령'을 가리킵니다.

> "그러하나 진리의 성령이 오시면 그가 너희를 모든 진리 가운데로 인도하시리니 그가 자의로 말하지 않고 오직 듣는 것을 말하시며 장래 일을 너희에게 알리시리라"(요 16:13).

여기서 '진리의 성령'은 곧 성령이 진리인 것을 가르쳐주고 있습니다.

아래의 요한일서 5장 6-8절 말씀을 보면 예수 그리스도께서 물과 피로 임하셨고 이를 증거하신 이는 성령이었습니다. 그래서 구원받은 우리는 성령으로 살아가도록 지음을 받은 새로운 피조물인 것을 명확히 알 수가 있는 것입니다. 이제 옛사람인 나 자신은 이미 장사를 지냈으므로 이 세상은 끝이 났고, 이제 남은 것은 오직 저 천국인 본향을 향하여 성령으로 살아가야만 하는 광야와 같은 나그네의 삶인 것입니다.

> "이는 물과 피로 임하신 자니 곧 예수 그리스도시라 물로만 아니요 물과 피로 임하셨고 증거하는 이는 성령이시니 성령은 진리니라 증거하는 이가 셋이니 성령과 물과 피라 또한 이 셋이 합하여 하나이니라"(요일 5:6-8).

이 말씀에서 예수 그리스도는 곧 물과 피를 의미합니다. 여기서 물과 피는 성령 곧 진리를 말합니다. 진리는 곧 말씀을 뜻합니다(엡 1:13; 요 17:17). 말씀은 곧 예수 그리스도를 의미합니다(요 1:1-17).

또한 여기서 물은 언약의 말씀을 뜻하며, 피는 언약의 피를 뜻합니다. 이것은 바로 예수 그리스도를 의미합니다.

그래서 하나님의 거룩한 말씀은 곧 물과 피를 뜻함을 알 수가 있습니다. 다시 말하면 하나님의 말씀은 물과 피에 대하여 기록되어 있다는 것입니다.

이 물은 곧 하나님의 거룩한 말씀으로 우리를 깨끗하게 하므로 예수 그리스도의 피가 우리를 모든 죄에서 깨끗하게 하시는 것입니다(요일 1:7).

다시 말하면 성령이 진리 가운데로 인도하여 우리를 하나님의 말씀의 물로써 깨끗하게 함으로, 예수 그리스도의 피가 우리를 모든 죄에서 깨끗하게 하시는 것을 의미합니다. 바로 이것이 위의 말씀 "이는 물과 피로 임하신 자니 곧 예수 그리스도시라 물로만 아니요 물과 피로 임하셨고 증거하는 이는 성령이시니 성령은 진리니라 증거하는 이가 셋이니 성령과 물과 피라 또한 이 셋이 합하여 하나이니라"(요일 5:6-8)라는 말씀을 의미하는 것입니다.

이것은 또한 성령의 사역이라 할 수 있습니다. 즉 우리 모두는 성령으로 살아가도록 그리스도 예수 안에서 지음받은 새로운 피조물이 된 것입니다. 따라서 우리는 성령으로만 살아갈 수밖에 없는 존재입니다. 왜냐하면 이제 우리는 빛의 자녀입니다. 빛의 자녀는 빛 가운데서만 살 수 있으며, 어두움 가운데서는 살 수가 없습니다. 이와 마찬가지로 성령은 빛 가운데서만 거할 수 있으며, 어두움 가운데서는 거할 수가 없기 때문입니다.

이와 같이 우리는 그리스도 예수 안에서 새로운 피조물로서 빛 가운데 성령으로 살아가야만 하는 것입니다. 이와 같이 우리가 빛 가운데 성령으로 살아감으로써 거룩하여질 수가 있으며, 또한 하늘의 처소로 덧입을 수가 있는 것입니다.

이것은 바로 우리가 발을 씻는 삶을 의미합니다. 즉 성령이 진리 가운데로 인도하여 우리를 하나님의 말씀의 물로 씻어 깨끗하게 하시는 것을 의미합니다. 이와 같이 우리가 발을 씻지 않으면 주님과 아무런 상관이 없는 자가 되는 것입니다.

또한 이것은 하나님의 말씀으로 살아가는 삶을 의미합니다. 즉 하나님의 말씀이 거룩하므로 이 말씀으로 살아갈 때에 우리가 거룩해질 수가 있는 것입니다.

> "저희를 진리로 거룩하게 하옵소서 아버지의 말씀은 진리니이다 ……또 저희를 위하여 내가 나를 거룩하게 하오니 이는 저희도 진리로 거룩함을 얻게 하려 함이니이다"(요 17:17-19).

성경에는 "자, 우리가 내려가서"(창 11:7)와 같이 하나님이 '우리'라는 복수로 표현되어 있으며, "이스라엘아 들어라 우리 하나님 여호와는 오직 하나인 여호와시니"(신 6:4) 말씀에도 하나님이 '우리 하나님'이라고 복수로 표현되어 있습니다.

그런데 하나님의 말씀을 자세히 살펴봄으로써 우리가 알 수 있는 것은 '말씀이 곧 하나님이시다'라는 것입니다. 예수님도 말씀이 육신이 되어 이 땅에 오셨고, 진리의 성령도 말씀으로 우리에게 오셨다는 것입니다. 더욱이 이 말씀이 바로 아버지의 말씀이라는 것입니다(요 17:17). 이 아버지의 말씀은 곧 아버지 하나님을 의미합니다.

또한 예수님도 "아버지 품속에 있는 독생하신 하나님"(요 1:18)으로 이 땅에 오셨고, 성령도 "아버지께로서 나오시는 진리의 성령"(요 15:26)으로 우리에게 오셨습니다.

특히 하나님은 영이시라는 것입니다(요 4:24). 이는 곧 성령을 의미하는 것입니다.

창세기 1장 2절 말씀의 '하나님의 신' 역시도 성령을 의미하는 것으로 여겨집니다. 즉 성령이 곧 하나님인 것을 알 수가 있습니다.

다시 말하면 태초의 말씀은 곧 하나님이시며, 하나님은 곧 하나님의 신을 의미하며, 하나님의 신은 곧 하나님의 성령을 의미하는 것으로 믿어집니다. 즉 태초에도 하나님은 성령으로 계셨으며, 예수 그리스도도 이 땅에 성령으로 오셨으며, 예수님이 십자가에서 죽으신 후 부활하여서도 성령으로 오셨다는 것입니다.

그리고 요한복음 10장 30절 말씀에는 "나와 아버지는 하나이니라"고 표현하고 있으며, 요한복음 16장 15절 말씀에는 "무릇 아버지께 있는 것은 다 내 것이라"고 표현하고 있습니다.

또한 신명기 6장 4절 말씀에 "이스라엘아 들으라 우리 하나님 여호와는 오직 하나인 여호와시니"라고 표현하고 있으며, 요한복음 17장 3절 말씀에는 "유일하신 참 하나님"이라고 표현하고 있습니다.

이와 같은 말씀을 통해 볼 때 영생이라는 차원에서 하나님은 오직 유일하신 참 하나님인 것을 알 수가 있습니다.

그러므로 예수님은 참된 자 곧 유일하신 참 하나님입니다. 참 하나님은 곧 예수 그리스도로서 하나님의 지혜요, 영생이요, 하나님의 보배입니다. 이것이 곧 하나님의 비밀입니다.

그러나 우리 인간의 사고와 지혜로 참 하나님 본체의 실상을 알려고 하는 것은 인간의 범주와 한계에서 벗어나 있는 것으로, 지금은 단지 우리가 거울로 보는 것같이 희미하게 볼 뿐입니다.

사도 바울이 고백한 것처럼 고린도전서 13장 12절 말씀과 같이 "우리가 이제는 거울로 보는 것같이 희미하나 그때에는 얼굴과 얼굴을 대하여 볼 것이요 이제는 내가 부분적으로 아나 그때에는 주께서 나를 아신 것같이 내가 온전히 알게" 될 것입니다.

하나님의 말씀의 짝

"너희는 여호와의 책을 자세히 읽어 보라 이것들이 하나도 빠진 것이 없고 하나도 그 짝이 없는 것이 없으리니 이는 여호와의 입이 이를 명하셨고 그의 신이 이것들을 모으셨음이라"(사 34:16).

하나님의 말씀은 짝이 있는데 하나도 그 짝이 없는 것이 없다는 것입니다. 이 말씀은 하나도 빠진 것이 없이 모두 다 그 짝이 있다는 것입니다. 그 말씀의 짝은 바로 '언약의 말씀과 언약의 피'를 말합니다.

여기서 언약의 말씀은 우리가 예수님을 믿을 때에 회개가 일어나도록 합니다. 이 회개는 참 마음 곧 마음에 뿌림을 받아 양심의 악을 깨닫고 몸을 맑은 물로 씻는 것을 의미합니다. 그래서 우리는 예수님을 믿을 때에 이와 같은 회개가 반드시 일어나야만 하는 것입니다. 이같은 회개가 일어나면 예수님의 십자가의 피가 우리의 죄를 사하고 구원을 얻게 합니다.

> "우리가 마음에 뿌림을 받아 양심의 악을 깨닫고 몸을 맑은 물로 씻었으니 참 마음과 온전한 믿음으로 하나님께 나아가자"(히 10:22).

또한 언약의 말씀은 우리에게 생명을 주는 하나님의 생명의 말씀을 뜻합니다. 이 말씀은 하나님의 자녀들이 먹을 영적인 생명의 양식입니다. 이 생명의 양식을 먹음으로써 생명을 얻을 수가 있습니다.

언약의 피는 곧 예수님의 십자가의 보혈을 의미합니다. 바로 앞서 언급하였듯이 자신의 죄를 반드시 회개하고 그 피를 믿음으로 구속 곧 죄 사함을 받음으로써 구원을 얻을 수가 있는 것입니다.

이와 같이 우리가 예수님을 믿을 때에 언약의 말씀과 언약의 피를 믿음으로 구원 얻었음을 알 수가 있습니다.

성경이 무엇에 대하여 말씀하고 있습니까?

앞에서 언급하였듯이 이 성경은 말씀, 곧 예수 그리스도에 대하여 증거하고 있습니다. 예수 그리스도가 곧 영생입니다.

즉 하나님의 말씀은 짝으로 기록되어 있는데, 그 말씀의 짝 곧 '언약의 피와 언약의 말씀'에 대하여 기록되어 있다는 것입니다. 즉 예수 그리스도에 대하여 기록되어 있습니다. 그래서 우리는 이 예수 그리스도를 믿음으로 영생을 얻을 수가 있는 것입니다.

이와 같은 하나님 말씀의 짝을 알 때, 성경의 주제 예수 그리스도를 온전히 바로 알 수가 있습니다.

여기서 만약 언약의 피만 주장한다면 가칭 은혜주의자가 될 수 있으며, 혹은 언약의 말씀만 주장한다면 가칭 율법주의자가 될 수 있는 것입니다. 그런데 오늘날 이와 같은 모습으로 하나님을 믿는 자들이 너무나 많이 있음을 보게 됩니다.

이것이 얼마나 위험하고 잘못된 것인지, 하나님의 말씀을 살펴보면 더 명확히 알 수 있습니다.

> "내 백성이 두 가지 악을 행하였나니 곧 생수의 근원 되는 나를 버린 것과 스스로 웅덩이를 판 것인데 그것은 물을 저축지 못할 터진 웅덩이니라"(렘 2:13).

이 말씀은 언약의 피만 주장하는 가칭 은혜주의자 곧 라오디게아 교회의 모습과 같은 오늘날 교회에게 해당되는 말씀으로, 오늘날도 이와 마찬가지로 하나님의 백성들이 두 가지 악을 행하고 있는 것을 보게 됩니다.

첫째는, 생명의 말씀의 근원 되시는 하나님을 버린 것입니다. 하나님을 버렸다는 것은 생수의 근원도 함께 버렸음을 의미합니다. 즉 생수의 근원 되는 하나님을 버린 것은 결국 생수를 버린 것과 마찬가지라는 것입니다.

둘째는, 하나님의 생명의 말씀이 자라서 아름다운 열매를 맺어야 하는데, 터진 웅덩이를 파서 물을 저축지 못하고 흘러 떠내려 보냄으로써 말씀이 잘 자랄 수가 없다는 것입니다.

다음은 언약의 말씀에 관한 하나님의 말씀을 살펴보도록 하겠습니다.

> "내가 증거하노니 저희가 하나님께 열심이 있으나 지식을 좇은 것이 아니라 하나님의 의를 모르고 자기 의를 세우려고 힘써 하나님의 의를 복종치 아니하였느니라"(롬 10:2-3).

이 말씀은 언약의 말씀만 주장하는 가칭 율법주의자에게 해당되는 말씀으로써, 오늘날도 이와 마찬가지로 하나님께 열심이 있으나 지식을 좇는 것이 아니라 하나님의 의를 모르고 자기 의를 세우려고, 힘써 하나님의 의를 복종치 않는 많은 사람들이 있는 것을 보게 됩니다.

이에 하나님은 다음과 같이 좌로나 우로나 치우치지 말 것을 말씀하고 있습니다.

"내가 모든 명령과 규례와 법도를 네게 이르리니 너는 그것을 그들에게 가르쳐서 내가 그들에게 기업으로 주는 땅에서 그들로 이를 행하게 하라 하셨나니 그런즉 너희 하나님 여호와께서 너희에게 명령하신 대로 너희는 삼가 행하여 좌로나 우로나 치우치지 말고 너희 하나님 여호와께서 너희에게 명하신 모든 도를 행하라" (신 5:31-33).

"오직 너는 내가 오늘날 네게 명하는 네 하나님 여호와의 명령을 듣고 지켜 행하며 내가 오늘날 너희에게 명하는 그 말씀을 떠나 좌로나 우로나 치우치지 아니하고 다른 신을 따라 섬기지 아니하면 이와 같으리라"(신 28:13-14).

"그러므로 너희는 크게 힘써 모세의 율법책에 기록된 것을 다 지켜 행하라 그것을 떠나 좌로나 우로나 치우치지 말라"(수 23:6).

"요시야가 여호와 보시기에 정직히 행하여 그 조상 다윗의 모든 길로 행하고 좌우로 치우치지 아니하였더라"(왕하 22:2).

이와 같이 우리도 좌로나 우로나 치우치지 아니하고 오직 하나님의 말씀에 근거한 예수 그리스도께 속한 자가 되어야 할 것입니다.

언약의 말씀

언약의 말씀은 곧 생명의 말씀을 뜻합니다. 이 생명의 말씀은 곧 생명의 떡을 말합니다. 이 생명의 떡을 먹는 자는 죽지 아니하고 영원히 살 것입니다. 그래서 우리는 썩는 양식을 위하여 일하지 말고 영생하도록 있는 하늘 양식을 위하여 살아가야 하는 것입니다. 또한 이 생명의 말씀은 물을 의미하기도 합니다. 이 물로 우리를 씻어 말씀으로 깨끗하게 하사 거룩하게 하기도 합니다(엡 5:26).

"모세가 여호와와 함께 사십 일 사십 야를 거기 있으면서 떡도 먹지 아니하였고 물도 마시지 아니하였으며 여호와께서는 언약의 말씀 곧 십계를 그 판들에 기록하셨더라 모세가 그 증거의 두 판을 자기 손에 들고 시내 산에서 내려오니 그 산에서 내려올 때에 모세는 자기가 여호와와 말씀하였음을 인하여 얼굴 꺼풀에 광채가 나나 깨닫지 못하였더라"(출 34:28-29).

모세는 여호와와 함께 사십 일 사십 야를 거기 있으면서 떡도 먹지 아니하고 물도 마시지 아니하고 시내 산에서 하나님께로부터 언약의 말씀을 받았습니다. 바로 이 말씀이 십계명입니다.

"여호와께서 그 언약을 너희에게 반포하시고 너희로 지키라 명하셨으니 곧 십계명이며 두 돌판에 친히 쓰신 것이라"(신 4:13).

하나님께서 언약을 이스라엘에게 반포하시고 이것을 지키라 명하셨는데, 이 말씀이 곧 십계명인 것을 알 수 있습니다.

"모세가 온 이스라엘을 불러 그들에게 이르되 이스라엘아 오늘 내가 너희 귀에 말하는 규례와 법도를 듣고 그것을 배우며 지켜 행하라 우리 하나님 여호와께서 호렙 산에서 우리와 언약을 세우셨나니 이 언약은 여호와께서 우리 열조와 세우신 것이 아니요 오늘날 여기 살아 있는 우리 곧 우리와 세우신 것이라 여호와께서 산 위 불 가운데서 너희와 대면하여 말씀하시매 그때에 너희가 불을 두려워하여 산에 오르지 못하므로 내가 여호와와 너희 중간에 서서 여호와의 말씀을 너희에게 전하였노라 여호와께서 가라사대 나는 너를 애굽 땅에서 종 되었던 집에서 인도하여 낸 너희 하나님 여호와로라

나 외에는 위하는 신들을 네게 있게 말지니라 너는 자기를 위하여 새긴 우상을 만들지 말고 위로 하늘에 있는 것이나 아래로 땅에 있는 것이나 땅 밑 물 속에 있는 것의 아무 형상이든지 만들지 말며 그것들에게 절하지 말며 그것들을 섬기지 말라 나 여호와 너의 하나님은 질투하는 하나님인즉 나를 미워하는 자의 죄를 갚되 아비로부터 아들에게로 삼사 대까지 이르게 하거니와 나를 사랑하고 내 계명을 지키는 자에게는 천 대까지 은혜를 베푸느니라

너는 너의 하나님 여호와의 이름을 망령되이 일컫지 말라 나 여호와는 나의 이름을 망령되이 일컫는 자를 죄 없는 줄로 인정치 아니하리라

여호와 너의 하나님이 네게 명한 대로 안식일을 지켜 거룩하게 하라……

너는 너의 하나님 여호와의 명한 대로 네 부모를 공경하라……

살인하지 말지니라

간음하지도 말지니라

도적질하지도 말지니라

네 이웃에 대하여 거짓 증거하지도 말지니라
네 이웃의 아내를 탐내지도 말지니라……
여호와께서 이 모든 말씀을 산 위 불 가운데, 구름 가운데, 흑암 가운데서 큰 음성으로 너희 총회에 이르신 후에 더 말씀하지 아니하시고 그것을 두 돌판에 써서 내게 주셨느니라"(신 5:1-22).

이 말씀도 앞의 내용과 같이 언약의 말씀, 곧 십계명을 말하는 것입니다.

"대제사장 힐기야가 서기관 사반에게 이르되 내가 여호와의 전에서 율법책을 발견하였노라 하고 그 책을 사반에게 주니 사반이 읽으니라"(왕하 22:8).

이 말씀에서 율법책은 바로 아래의 말씀과 같이 하나님의 언약의 말씀을 가리키고 있습니다.

"이에 여호와의 전에 올라가매 유다 모든 사람과 예루살렘 거민과 제사장들과 선지자들과 모든 백성이 무론 노소하고 다 왕과 함께 한지라 왕이 여호와의 전 안에서 발견한 언약책의 모든 말씀을 읽어 무리의 귀에 들리고 왕이 대 위에 서서 여호와 앞에서 언약을 세우되 마음을 다하고 성품을 다하여 여호와를 순종하고 그 계명과 법도와 율례를 지켜 이 책에 기록된 이 언약의 말씀을 이루게 하리라 하매 백성이 다 그 언약을 좇기로 하니라"(왕하 23:2-3).

이 말씀 가운데 "마음을 다하고 성품을 다하여 여호와를 순종하고 그 계명과 법도와 율례"의 내용은 곧 율법인 것을 알 수 있습니다. 바로 이 율법이 언약의 말씀인 것입니다.

"이스라엘아 들으라 우리 하나님 여호와는 오직 하나인 여호와시니 너는 마음을 다하고 성품을 다하고 힘을 다하여 네 하나님 여호와를 사랑하라 오늘날 내가 네게 명하는 이 말씀을 너는 마음에 새기고 네 자녀에게 부지런히 가르치며 집에 앉았을 때에든지 길에 행할 때에든지 누웠을 때에든지 일어날 때에든지 이 말씀을 강론할 것이며 너는 또 그것을 네 손목에 매어 기호를 삼으며 네 미간에 붙여 표를 삼고 또 네 집 문설주와 바깥 문에 기록할지니라"(신 6:4-9).

이 말씀은 하나님 여호와께서 이스라엘 백성에게 가르치라 명하신 여호와의 명령과 규례와 법도 곧 율법의 내용 가운데 일부입니다. 바로 이 말씀은 언약의 말씀에 대하여 아주 잘 나타내 주고 있습니다.

그 내용을 보면 "우리 하나님 여호와는 오직 하나인 여호와시니 너는 마음을 다하고 성품을 다하고 힘을 다하여 네 하나님 여호와를 사랑하라"는 것입니다. 바로 이 말씀이 언약의 말씀입니다.

그래서 하나님 여호와께서 이 언약의 말씀을 그들의 생활 가운데 항상 지켜 행하도록 하기 위하여 "오늘날 내가 네게 명하는 이 말씀을 너는 마음에 새기고 네 자녀에게 부지런히 가르치며 집에 앉았을 때에든지 길에 행할 때에든지 누웠을 때에든지 일어날 때에든지 이 말씀을 강론할 것이며 너는 또 그것을 네 손목에 매어 기호를 삼으며 네 미체적이고 자세하게 가르쳐 명하고 있는 것입니다.

이 말씀에서 "우리 하나님 여호와는 오직 하나인 여호와시니 너는 마음을 다하고 성품을 다하고 힘을 다하여 네 하나님 여호와를 사랑하라"는 언약의 말씀이 얼마나 크고 중대한 하나님의 크고 첫째 되는 계명인지를 알 수 있습니다.

그래서 하나님은 이스라엘 집으로 언약을 세우실 때에 아무런 절차도 없이 곧바로 언약을 세우신 것이 아니라, 언약의 말씀을 세우신 후에 또 하나님께서 미리 번제물을 친히 준비하셔서 언약의 피도 함께 세우셨다는 사실입니다. 이제 여러분은 이 언약의 말씀이 얼마나 크고 중대한 하나님의 크고 첫째 되는 계명인지를 잘 알았을 것입니다.

이에 대하여 좀 더 이해를 돕기 위하여 아래의 성경 말씀을 자세히 살펴보도록 하겠습니다.

"여호와께서 가라사대 네 아들 네 사랑하는 독자 이삭을 데리고 모리아 땅으로 가서 내가 네게 지시하는 한 산 거기서 그를 번제로 드리라……아브라함이 가로되 아들아 번제할 어린 양은 하나님이 자기를 위하여 친히 준비하시리라 하고 두 사람이 함께 나아가서 하나님이 그에게 지시하신 곳에 이른지라……아브라함이 눈을 들어 살펴본즉 한 수양이 뒤에 있는데 뿔이 수풀에 걸렸는지라 아브라함이 가서 그 수양을 가져다가 아들을 대신하여 번제로 드렸더라 아브라함이 그 땅 이름을 여호와 이레라 하였으므로 오늘까지 사람들이 이르기를 여호와의 산에서 준비되리라 하더라"(창 22:2-14).

이 말씀은 하나님께서 아브라함에게 독자 이삭을 번제로 드리라는 내용입니다.

아브라함이 독자 이삭을 하나님께서 지시하신 대로 번제로 드리려고 할 때에 하나님께서 미리 한 수양을 친히 준비하셔서 아들을 대신하여 번제로 드릴 수 있도록 하셨습니다. 이 수양은 곧 우리를 구원하시려고 죄를 친히 담당하시고 십자가에서 못 박혀 돌아가신 유월절 어린양 되신 예수님을 뜻합니다.

이와 마찬가지로 하나님께서 이스라엘 집으로 언약의 말씀을 세우신 후에 또 한 수양을 미리 준비하였듯이 예수 그리스도를 영원한 화목 제물로 미리 친히 준비하셔서 언약의 피도 함께 세우신 사실을 결코 잊어서는 안 될 것입니다.

다시 말하면 우리가 언약의 말씀을 준행함으로써 하나님께서 미리 준비하신 언약의 피로써 죄를 사하시는 것입니다. 그러므로 우리가 해야 할 것은 언약의 말씀을 준행하는 것이고, 하나님께서는 미리 준비하신 언약의 피로써 죄를 사하시는 것입니다. 바로 이것이 하나님의 은혜입니다. 또한 이것은 아주 크고 중대한 하나님의 언약임을 우리는 결코 잊어서는 안 되겠습니다. 바로 이것이 예수 그리스도를 뜻하며, 예수 그리스도는 곧 영생이며, 하나님의 비밀인 것입니다. 또한 이것이 하나님의 복음이며 성경의 주제입니다.

계속하여 언약의 말씀에 관하여 말씀을 살펴보도록 하겠습니다.

"원수된 것 곧 의문에 속한 계명의 율법을 자기 육체로 폐하셨으니 이는 이 둘로 자기의 안에서 한 새사람을 지어 화평하게 하시고"(엡 2:15).

이 말씀에서 율법이 곧 계명의 율법인 것을 알 수 있습니다.

> "너희는 내가 호렙에서 온 이스라엘을 위하여 내 종 모세에게 명한 법 곧 율례와 법도를 기억하라"(말 4:4).

이 말씀에서 "내가 호렙에서 온 이스라엘을 위하여 내 종 모세에게 명한 법 곧 율례와 법도"의 내용이 곧 율법인 것을 알 수가 있습니다. 이 율법을 하나님의 거룩한 산 호렙에서 받았습니다. 이 율법은 하나님의 거룩한 산 호렙에서 받은 것이기에 더욱 거룩하다는 것입니다. 그래서 거룩한 율법의 의미를 바로 알지 않고서는 하나님의 말씀을 바로 알 수 없는 것입니다.

> "저희가 오늘까지 이전 풍속대로 행하여 여호와를 경외치 아니하며 또 여호와께서 이스라엘이라 이름을 주신 야곱의 자손에게 명하신 율례와 법도와 율법과 계명을 준행치 아니하는도다"(왕하 17:34).

이 말씀 가운데 "야곱의 자손에게 명하신 율례와 법도와 율법과 계명"의 내용도, 계명의 율법에 대하여 말씀하고 있는 것을 알 수 있습니다. 바로 이 계명의 율법이 언약의 말씀을 뜻하는 것입니다.

> “또 시내 산에 강림하시고 하늘에서부터 저희와 말씀하사 정직한 규례와 진정한 율법과 선한 율례와 계명을 저희에게 주시고 거룩한 안식일을 저희에게 알리시며 주의 종 모세로 계명과 율례와 율법을 저희에게 명하시고”(느 9:13-14).

하나님이 강림하신 시내 산은 거룩한 산입니다. 이렇게 거룩한 산에서 하나님이 주신 율법이기에 더욱 거룩하지 않을 수 없습니다. 그래서 하나님의 거룩한 율법은 정직한 규례와 진정한 율법과 선한 율례와 계명이 되는 것입니다. 바로 이와 같은 거룩한 율법이 언약의 말씀인 것입니다.

특히 이 말씀에서 하나님의 율법에 대하여 잘 설명해 주고 있다고 생각됩니다.

> “여호와께서 모세에게 이르시되 너는 산에 올라 내게로 와서 거기 있으라 너로 그들을 가르치려고 내가 율법과 계명을 친히 기록한 돌판을 네게 주리라”(출 24:12).

여기서 율법과 계명을 친히 기록한 돌판이 바로 언약의 말씀입니다.

“모세가 율법대로 모든 계명을 온 백성에게 말한 후에 송아지와 염소의 피와 및 물과 붉은 양털과 우슬초를 취하여 그 책과 온 백성에게 뿌려"(히 9:19).

이 말씀 가운데 "모든 계명을 온 백성에게 말한 후에"는 곧 언약의 말씀을 뜻하며, '송아지와 염소의 피와 및 물과 붉은 양털과 우슬초를 취하여 그 책과 온 백성에게 뿌려'는 곧 언약의 피를 뜻하는 것입니다. 즉 모세가 율법대로 이스라엘 백성에게 언약의 말씀을 세운 후에 또 미리 친히 준비한 언약의 피도 함께 세우는 장면을 볼 수 있습니다.

바로 이것이 모세가 율법대로 애굽 백성으로부터 구원함을 받은 이스라엘 백성들에게 세우신 첫 언약인 것입니다.

> "선생님이여 율법 중에 어느 계명이 크니이까 예수께서 가라사대 네 마음을 다하고 목숨을 다하고 뜻을 다하여 주 너의 하나님을 사랑하라 하셨으니 이것이 크고 첫째 되는 계명이요 둘째는 그와 같으니 네 이웃을 네 몸과 같이 사랑하라 하셨으니 이 두 계명이 온 율법과 선지자의 강령이니라"(마 22:36-40).

이 말씀에서도 두 계명 곧 온 율법과 선지자의 강령에 대하여 잘 가르쳐 주고 있습니다. 바로 이 두 계명이 언약의 말씀을 의미합니다.

“여호와여 주께서 가까이 계시오니 주의 모든 계명은 진리니이다”(시 119:151).

이 말씀과 같이 하나님의 모든 계명은 진리입니다. 이 진리가 곧 하나님의 말씀인 것을 알 수 있습니다.

“주의 모든 계명이 의로우므로 내 혀가 주의 말씀을 노래할지니이다”(시 119:172).

이 말씀과 같이 하나님의 모든 계명은 의로운 것입니다. 이는 곧 하나님의 모든 말씀은 의롭다는 것입니다.

“생명에 이르게 할 그 계명이 내게 대하여 도리어 사망에 이르게 하는 것이 되었도다”(롬 7:10).

이 말씀에서 하나님의 계명, 곧 진리는 생명에 이르게 하는 것임을 알 수 있습니다. 내 속사람은 이것을 즐거이 좇으므로 생명에 이를 것입니다. 그러나 내 육신은 이것을 원하지 아니하고 도리어 악을 행하므로 사망에 이르게 되는 것입니다.

"예수께서 가라사대 어찌하여 선한 일을 내게 묻느냐 선한 이는 오직 한 분이시니라 네가 생명에 들어가려면 계명들을 지키라"(마 19:17).

이 말씀에서도 하나님의 계명을 지킬 때 생명에 들어가게 됨을 예수께서 친히 가르쳐주고 있습니다. 이 계명은 옛사람인 내 자아가 죽고 오직 성령으로 살아갈 때에 지킬 수 있는 것입니다. 이제 우리는 그리스도와 함께 십자가에 못 박혀 죽음으로 그리스도 안에서 새로운 피조물이 되었으니 성령으로 살아가야 마땅합니다. 이렇게 성령으로 살아갈 때 계명들을 지킬 수 있으며, 또한 계명들을 지킴으로 생명에 들어갈 수가 있는 것입니다.

"여호와의 계명의 말씀과 이스라엘에게 주신 율례의 학사인 학사 겸 제사장 에스라에게 아닥사스다 왕이 내린 조서 초본은 아래와 같으니라"(스 7:11).

이 말씀에서 '여호와의 계명의 말씀'은 계명이 곧 하나님의 말씀인 것을 뜻합니다. 이 계명의 말씀이 생명에 들어가게 합니다.

"사랑하는 자들아 내가 새 계명을 너희에게 쓰는 것이 아니라 너희가 처음부터 가진 옛 계명이니 이 옛 계명은 너희의 들은 바 말씀이거니와"(요일 2:7).

우리는 이 말씀에서 구약 시대의 언약의 말씀, 곧 십계명을 옛 계명이라고 일컫는 것을 알 수 있습니다. 이 옛 계명이 곧 하나님의 말씀입니다.

그런데 오늘날 신약 시대에 있어서 새 계명이라 함은 언약의 말씀 곧 '사랑'을 일컫습니다. 이 새 계명이 곧 하나님의 말씀입니다.

"새 계명을 너희에게 주노니 서로 사랑하라 내가 너희를 사랑한 것같이 너희도 서로 사랑하라"(요 13:34).

이 새 계명 '사랑'에 대해서는 뒤에서 다시 살펴보도록 하겠습니다. 우리가 새 계명 '사랑'에 대해 알게 될 때, 예수 그리스도에 대해서도 올바로 알게 될 것입니다.

언약의 피

"또 모세에게 이르시되 너는 아론과 나답과 아비후와 이스라엘 장로 칠십 인과 함께 여호와에게로 올라와 멀리서 경배하고 너 모세만 여호와에게 가까이 나아오고 그들은 가까이 나아오지 말며 백성은 너와 함께 올라오지 말지니라 모세가 와서 여호와의 모든 말씀과 그 모든 율례를 백성에게 고하매 그들이 한 소리로 응답하여 가로되 여호와의 명하신 모든 말씀을 우리가 준행하리이다 모세가 여호와의 모든 말씀을 기록하고 이른 아침에 일어나 산 아래 단을 쌓고 이스라엘 십이 지파대로 열두 기둥을 세우고 이스라엘 자손의 청년들을 보내어 번제와 소로 화목제를 여호와께 드리게 하고 모세가 피를 취하여 반은 여러 양푼에 담고 반은 단에 뿌리

> 고 언약서를 가져 백성에게 낭독하여 들리매 그들이 가로되 여호와의 모든 말씀을 우리가 준행하리이다 모세가 그 피를 취하여 백성에게 뿌려 가로되 이는 여호와께서 이 모든 말씀에 대하여 너희와 세우신 언약의 피니라"(출 24:1-8).

이와 같이 모세는 시내 산에 올라 하나님으로부터 말씀을 받아 하나님께 이스라엘 백성들과 언약의 피를 세울 때에, 이스라엘 백성들이 그 먼저 앞서 "여호와의 명하신 모든 말씀을 우리가 준행하리이다"라고 응답한 후에, 곧 언약의 말씀을 세운 후에 미리 준비한 언약의 피도 함께 세우신 것을 볼 수 있습니다.

아래의 말씀은 앞서 언약의 말씀에서 이미 언급하였지만, 이 언약의 피가 워낙 크고 중대한 하나님의 말씀이기 때문에 다시 한 번 살펴보도록 하겠습니다.

> "여호와께서 가라사대 네 아들 네 사랑하는 독자 이삭을 데리고 모리아 땅으로 가서 내가 네게 지시하는 한 산 거기서 그를 번제로 드리라……아브라함이 가로되 아들아 번제할 어린 양은 하나님이 자기를 위하여 친히 준비하시리라 하고 두 사람이 함께 나아가서 하나님이 그에게 지시하신 곳에 이른지라……아브라함이 눈

을 들어 살펴본즉 한 수양이 뒤에 있는데 뿔이 수풀에 걸렸는지라 아브라함이 가서 그 수양을 가져다가 아들을 대신하여 번제로 드렸더라 아브라함이 그 땅 이름을 여호와 이레라 하였으므로 오늘까지 사람들이 이르기를 여호와의 산에서 준비되리라 하더라"(창 22:2-14).

이 말씀은 하나님께서 아브라함에게 독자 이삭을 번제로 드리라는 내용입니다.

아브라함이 독자 이삭을 하나님께서 지시하시는 대로 번제로 드리려고 할 때에 하나님께서 미리 한 수양을 친히 준비하셔서 아들을 대신하여 번제로 드릴 수 있도록 하셨습니다. 이 수양은 곧 우리를 구원하시려고 우리의 죄를 친히 담당하시고 십자가에서 못 박혀 돌아가신 유월절 어린양 되신 예수님을 뜻합니다.

이와 마찬가지로 이스라엘 백성들이 하나님께 언약의 말씀을 세울 때에 하나님께서 한 수양을 준비하셨듯이, 미리 번제물을 친히 준비하셔서 언약의 피도 함께 세우신 사실을 결코 잊어서는 안 될 것입니다. 다시 말하면 우리가 언약의 말씀을 준행함으로써 하나님께서 미리 준비하신 언약의 피로써 죄를 사하신다는 것입니다. 그래서 우리가 해야 할 일은 언약의 말씀을 준행하는 것이고, 하나님께서는 미리 준비하신 언약의 피로써 죄를 사하시는 것입니다. 바로 이것이 하나님의 은혜입니다. 또한 이것은 아주 크고 중대한 하나님의 언약임을 반드시 알아야 합니다. 이 하나님의 언약이 예수 그리스도이며 하나님의 복음입니다.

또한 이는 바로 하나님께 번제물로 제사를 드리는 것을 의미합니다. 그러므로 우리가 하나님께 제사를 드릴 때는 먼저 나 자신을 살펴 깨끗하게 한 후에, 유월절 어린양 되신 예수님의 십자가의 피로써 하나님께 제사를 드려야 하는 것입니다.

계속해서 언약의 피에 관한 말씀을 살펴보도록 하겠습니다.

> "곧 하나님 아버지의 미리 아심을 따라 성령의 거룩하게 하심으로 순종함과 예수 그리스도의 피 뿌림을 얻기 위하여 택하심을 입은 자들에게 편지하노니 은혜와 평강이 너희에게 더욱 많을지어다" (벧전 1:2).

이 말씀에서도 택하심을 입은 자들이 먼저 성령의 거룩하게 하심으로써 순종함과 더불어, 또 미리 친히 준비한 예수 그리스도의 피 뿌림도 함께 얻을 수 있음을 가르쳐 주고 있습니다.

다시 말하면 성령의 거룩하게 하심으로 순종함이 따른 후에 곧 언약의 말씀을 세운 후에, 또 예수 그리스도의 피 뿌림을 얻기 위하여 곧 미리 친히 준비한 언약의 피도 함께 세우는 것을 알 수 있습니다.

"육체의 생명은 피에 있음이라 내가 이 피를 너희에게 주어 단에 뿌려 너희의 생명을 위하여 속하게 하였나니 생명이 피에 있으므로 피가 죄를 속하느니라"(레 17:11).

육체의 생명은 피에 있으므로 그 피가 죄를 속한다는 것입니다. 이는 곧 언약의 피를 의미합니다.

"가라사대 이것은 많은 사람을 위하여 흘리는 바 나의 피 곧 언약의 피니라"(막 14:24).

예수님께서 우리의 죄를 지고 십자가에서 돌아가셨습니다. 우리의 모든 죄를 다 사하여 주기 위하여 흘린 그 피가 바로 언약의 피입니다.

"모세의 법을 폐한 자도 두세 증인을 인하여 불쌍히 여김을 받지 못하고 죽었거든 하물며 하나님 아들을 밟고 자기를 거룩하게 한 언약의 피를 부정한 것으로 여기고 은혜의 성령을 욕되게 하는 자의 당연히 받을 형벌이 얼마나 더 중하겠느냐 너희는 생각하라"(히 10:28-29).

여기서 언약의 피도 우리의 죄를 사하고 거룩하게 하시는 예수님의 십자가의 피를 뜻합니다.

"우리에게 제단이 있는데 그 위에 있는 제물은 장막에서 섬기는 자들이 이 제단에서 먹을 권이 없나니 이는 죄를 위한 짐승의 피는 대제사장이 가지고 성소에 들어가고 그 육체는 영문 밖에서 불사름이니라 그러므로 예수도 자기 피로써 백성을 거룩케 하려고 성문 밖에서 고난을 받으셨느니라"(히 13:10-12).

죄를 위한 짐승의 피는 대제사장이 가지고 성소에 들어가고 그 육체는 영문 밖에서 불사름같이, 예수도 자기 피로써 백성을 거룩케 하려고 성문 밖에서 고난을 받으셨습니다.

"이러므로 첫 언약도 피 없이 세운 것이 아니니 모세가 율법대로 모든 계명을 온 백성에게 말한 후에 송아지와 염소의 피와 및 물과 붉은 양털과 우슬초를 취하여 그 책과 온 백성에게 뿌려 이르되 이는 하나님이 너희에게 명하신 언약의 피라 하고 또한 이와 같이 피로써 장막과 섬기는 일에 쓰는 모든 그릇에 뿌렸느니라 율법을 좇아 거의 모든 물건이 피로써 정결케 되나니 피흘림이 없은즉 사함이 없느니라"(히 9:18-22).

이 말씀에서 모세가 율법대로 "모든 계명을 온 백성에게 말한 후에"는 곧 이스라엘 백성에게 언약의 말씀을 세우는 것을 뜻합니다. 이렇게 언약의 말씀을 세운 후에 또 미리 준비한 언약의 피도 함께 세움으로써, 율법을 좇아 거의 모든 물건이 피로써 정결케 되는 것을 볼 수가 있는 것입니다.

이와 같이 모세가 언약의 말씀을 세운 후에 언약의 피를 세운 것은 곧 예수 그리스도에 대하여 세우신 것입니다.

그러므로 모세가 이에 대하여 기록하였음으로 이것은 바로 예수 그리스도에 대하여 기록한 것입니다.

> "모세를 믿었더면 또 나를 믿었으리니 이는 그가 내게 대하여 기록하였음이라"(요 5:46).
>
> "그리스도께서 장래 좋은 일의 대제사장으로 오사 손으로 짓지 아니한 곧 이 창조에 속하지 아니한 더 크고 온전한 장막으로 말미암아 염소와 송아지의 피로 아니하고 오직 자기 피로 영원한 속죄를 이루사 단번에 성소에 들어가셨느니라 염소와 황소의 피와 및 암송아지의 재로 부정한 자에게 뿌려 그 육체를 정결케 하여 거룩케 하거든 하물며 영원하신 성령으로 말미암아 흠 없는 자기를 하나님께 드린 그리스도의 피가 어찌 너희 양심으로 죽은 행실에서 깨끗하게 하고 살아 계신 하나님을 섬기게 못하겠느뇨 이를 인하

여 그는 새 언약의 중보니 이는 첫 언약 때에 범한 죄를 속하려고 죽으사 부르심을 입은 자로 하여금 영원한 기업의 약속을 얻게 하려 하심이니라"(히 9:11-15).

이 말씀과 같이 그리스도께서 장래 좋은 일의 대제사장으로 오사 오직 자기 피로 영원한 속죄를 이루사 단번에 성소에 들어가셨습니다. 또한 그리스도는 영원하신 성령으로 말미암아 흠 없는 자기를 하나님께 드린 그리스도의 피로써 우리 양심으로 죽은 행실에서 깨끗하게 하고, 살아 계신 하나님을 섬기도록 하기 위하여 새 언약의 중보가 되셨습니다. 이는 첫 언약 때에 범한 죄를 속하려고 죽으사 부르심을 입은 자로 하여금 영원한 기업의 약속을 얻게 하려 하심입니다.

우리는 그동안 언약의 피에 대한 말씀을 살펴보았습니다. 이 언약의 피에 대하여 구약 시대에는 '첫 언약'이라고 하였으며, 신약 시대인 바로 오늘날은 '새 언약'이라고 일컫는 것입니다. 이 새 언약은 바로 예수님의 십자가의 보혈을 의미하는 것입니다.

이 새 언약에 대해서는 뒤에 말씀을 살펴보도록 하겠습니다. 이 새 언약에 대해 알게 되면, 예수 그리스도에 대해서도 더 명확히 알아가게 될 것입니다.

물과 피

물과 피는 예수 그리스도를 의미하며, 예수 그리스도는 곧 말씀을 의미합니다.

여기서 물은 언약의 말씀 곧 하나님의 거룩한 말씀을 의미하며(시 105:41-42), 피는 언약의 피 곧 예수님의 십자가의 피를 의미합니다. 이 물은 우리의 죄악을 하나님 말씀의 물로 깨끗이 씻어 거룩하게 하며(엡 5:26), 이 피는 우리를 모든 죄에서 깨끗하게 하는 것입니다(요일 1:7). 이것은 곧 하나님께 제사(예배)를 드리는 것을 의미합니다.

구약 성경을 상고하면 이 물과 피에 대하여 더 명확하게 알 수 있습니다.

구약 성경은 오늘날 우리 하나님을 믿는 자들에게 영적인 거울로서 성도의 삶을 바른 길로 이끌어 줍니다. 우리가 하나님의 백성으로 살아가는 데 있어서 어떻게 살아가는 것이 옳은지 큰 도움이 되고 나침반 역할을 하고 있습니다.

이처럼 구약 성경은 우리들에게 영적인 거울뿐만 아니라 영적인 교훈도 제시해 주고 있음을 간과해서는 안 될 것입니다. 그러므로 구약의 하나님의 말씀을 우리와 상관없는 낡고 오래된 옛것으로 치부해 버려서는 안 됩니다. 그렇게 여긴다면 이는 큰 과오를 범하는 것입니다. 구약의 말씀들도 우리 신앙생활에 꼭 필요한 아주 소중하고 귀한 말씀입니다. 왜냐하면 구약의 하나님의 말씀을 바로 알지 않고서는 결코 하나님을 바로 알 수 없고, 또한 바른 신앙의 길을 걸어갈 수 없기 때문입니다. 그래서 우리는 하나님의 말씀을 바르게 알아가는 일에 더 열심을 내야 합니다. 거기에 우리의 생명이 있기 때문입니다.

하나님의 제사장들이 제물을 가지고 하나님께 제사를 드릴 때는 죄악된 모습 그대로 하나님께 나아간 것이 아닙니다. 하나님께서 말씀하신 대로 그들 자신을 거룩하게 한 후에 제물을 가지고 하나님께 제사를 드렸습니다.

이와 관련된 말씀을 살펴보면 이를 이해하는 데 큰 도움이 될 것입니다.

출애굽기 29장은 아론과 그 아들들로 하여금 하나님을 섬기기 위하여 제사장 직분을 위임하여 거룩하게 하는 내용의 말씀입니다.

"너는 그들에게 나를 섬길 제사장 직분을 위임하여 그들로 거룩하게 할 일이 이러하니 곧 젊은 수소 하나와 흠없는 숫양 둘을 취하고 무교병과 기름 섞인 무교 과자와 기름 바른 무교 전병을 모두 고운 밀가루로 만들고 그것들을 한 광주리에 담고 그것을 광주리에 담은 채 그 송아지와 두 양과 함께 가져오고 너는 아론과 그 아들들을 회막문으로 데려다가 물로 씻기고 의복을 가져다가 아론에게 속옷과 에봇 받침 겉옷과 에봇을 입히고 흉패를 달고 에봇에 공교히 짠 띠를 띠우고 그 머리에 관을 씌우고 그 위에 성패를 더하고 관유를 가져다가 그 머리에 부어 바르고 그 아들들을 데려다가 그들에게 속옷을 입히고 아론과 그 아들들에게 띠를 띠우며 관을 씌워서 제사장의 직분을 그들에게 맡겨 영원한 규례가 되게 하라 너는 이같이 아론과 그 아들들에게 위임하여 거룩하게 할지니라……너는 그 숫양을 잡고 그 피를 취하여 아론의 오른 귓부리와 그 아들들의 오른 귓부리에 바르고 그 오른손 엄지와 오른발 엄지에 바르고 그 피를 단 주위에 뿌리고 단 위의 피와 관유를 취하여 아론과 그 옷과 그 아들들과 그 아들들의 옷에 뿌리라 그와 그 옷과 그 아들들과 그 아들들의 옷이 거룩하리라……네가 단 위에 드릴 것은 이러하니라 매일 일 년 된 어린 양 두 마리니 한 어린 양은 아침에 드리고 한 어린 양은 저녁 때에 드릴지며 한 어린 양에 고운 밀가루 에바 십분 일과 찧은 기름 힌의 사분 일을 더하고 또 전제로 포도주 힌의 사분 일을 더할지며 한 어린 양은 저녁때에 드리되 아침과 일반으로 소제와 전제를 그것과 함께 드려 향기로운 냄새가 되게 하여 여호와께 화제를 삼을지니 이는 너희가 대대로 여호와 앞 회막문에서 늘 드릴 번제라 내가 거기서 너희와 만나고 네게 말하리라 내가 거기서 이스라엘 자손을 만나리니 내 영광을 인하여 회막이 거룩하게 될지라 내가 그 회막과 단을 거룩하게 하며 아론과 그 아들들도 거룩하게 하여 내게 제사장 직분을 행하게 하며 내가 이스라엘 자손 중에 거하여 그들의 하나님이 되리니 그들은 내가 그들의 하나님 여호와로서 그들 중에 거하려고 그들을 애굽 땅에서 인도하여 낸 줄을 알리라 나는 그들의 하나님 여호와니라"(출 29:1-46).

아론과 그 아들들로 하여금 하나님을 섬기기 위하여 제사장 직분을 위임하고 거룩하게 하여 제사장 직분을 행하게 하는 내용입니다.

이와 같이 그들을 거룩하게 하여 제사장 직분을 행하게 함으로써 여호와 하나님께서 거룩한 이스라엘 자손 중에 거할 수 있었던 것입니다.

하나님께서는 이스라엘 자손 중에 거하시려고 그들을 애굽 땅에서 인도하여 내신 것이라고 시내 산에서 모세에게 친히 말씀하십니다.

여기서 분명히 알 수 있는 것은, 거룩하신 하나님은 거룩한 이스라엘 자손 중에 거하여 그들의 하나님이 되기 위해 그들을 애굽 땅에서 인도하여 내셨고, 또한 그들을 거룩하게 하여 이들로 하여금 제사장 직분을 감당하게 하셨던 것을 볼 수 있습니다.

아래의 말씀들을 상고함으로써 하나님께서 우리에게 요구하시는 것이 무엇인지 더 명확히 알아보도록 하겠습니다.

> "나는 여호와 너희 하나님이라 내가 거룩하니 너희도 몸을 구별하여 거룩하게 하고 땅에 기는 바 기어다니는 것으로 인하여 스스로 더럽히지 말라 나는 너희의 하나님이 되려고 너희를 애굽 땅에서 인도하여 낸 여호와라 내가 거룩하니 너희도 거룩할지어다"(레 11:44-45).

하나님이 이스라엘 백성의 하나님이 되시려고 그들을 애굽 땅에서 인도하여 내셨듯이, 이와 마찬가지로 하나님은 오늘날도 구원받은 성도 곧 우리의 하나님이 되시려고 이 세상에서 우리를 불러내셨습니다. 그래서 하나님이 거룩하므로 우리도 몸을 구별하여 거룩하게 하라고 말씀하고 있는 것입니다. 그러므로 우리는 이와 같이 성별된 자로서 거룩한 삶을 살아야만 합니다.

> "내가 전에 너희에게 이르기를 너희가 그들의 땅을 기업으로 얻을 것이라 내가 그 땅 곧 젖과 꿀이 흐르는 땅으로 너희에게 주어 유업을 삼게 하리라 하였노라 나는 너희를 만민 중에서 구별한 너희 하나님 여호와라……내가 너희를 위하여 부정한 것으로 구별한 짐승이나 새나 땅에 기는 곤충으로 인하여 너희 몸을 더럽히지 말라 너희는 내게 거룩할지어다 이는 나 여호와가 거룩하고 내가 또 너희로 나의 소유를 삼으려고 너희를 만민 중에서 구별하였음이니라"(레 20:24-26).

이 말씀 가운데 "내가 전에 너희에게 이르기를 너희가 그들의 땅을 기업으로 얻을 것이라 내가 그 땅 곧 젖과 꿀이 흐르는 땅으로 너희에게 주어 유업을 삼게 하리라 하였노라 나는 너희를 만민 중에서 구별한 너희 하나님 여호와라"라고 한 내용은, 여호와 하나님께서 이스라엘 백성들을 만민 중에서 구별하시므로 그 땅 곧 젖과 꿀이 흐르는 땅을 그들에게 주어 유업을 삼게 하리라 하셨던 것입니다. 그리고 하나님이 거룩하고 또 우리로 하나님의 소유를 삼으려고 우리를 만민 중에서 구별하셨으므로 "너희는 내게 거룩할지어다"라고 말씀하고 있습니다. 그러므로 하나님께서 거룩하신 것처럼 우리가 하나님에 대하여 거룩할 때에 젖과 꿀이 흐르는 땅 곧 천국을 유업으로 얻을 수가 있는 것입니다.

"너희는 나의 성호를 욕되게 말라 나는 이스라엘 자손 중에서 거룩하게 함을 받을 것이니라 나는 너희를 거룩하게 하는 여호와요 너희 하나님이 되려고 너희를 애굽 땅에서 인도하여 낸 자니 나는 여호와니라"(레 22:32-33).

이 말씀과 같이 하나님은 이스라엘 백성의 하나님이 되려고 그들을 애굽 땅에서 인도하여 내셨듯이, 이와 마찬가지로 오늘날도 하나님께서 구원받은 성도, 곧 우리의 하나님이 되려고 이 세상에서 우리를 불러내셨습니다. 그리고 우리 가운데에서 거룩하게 함을 받기 위하여 우리를 거룩하게 하시는 하나님입니다. 그러므로 우리가 부정하고 더러워지는 것은 하나님을 욕되게 하는 것이므로 그리스도 안에서 새로운 피조물로서 성령의 인도하심으로 거룩한 삶을 살아야만 하는 것입니다.

"하나님이 우리를 부르심은 부정케 하심이 아니요 거룩케 하심이니 그러므로 저버리는 자는 사람을 저버림이 아니요 너희에게 그의 성령을 주신 하나님을 저버림이니라"(살전 4:7-8).

하나님께서 우리를 부르심은 부정케 하심이 아니요 거룩케 하심입니다. 그러므로 저버리는 자는 사람을 저버림이 아니요 우리에게 그의 성령을 주신 하나님을 저버림입니다. 이는 하나님이 우리에게 성령을 주심으로써 우리로 하여금 그리스도 안에서 성령으로 살아가도록 하셨기 때문입니다.

> "오직 너희를 부르신 거룩한 자처럼 너희도 모든 행실에 거룩한 자가 되라 기록하였으되 내가 거룩하니 너희도 거룩할지어다 하셨느니라"(벧전 1:15-16).

하나님의 말씀에 "내가 거룩하니 너희도 거룩할지어다"라고 기록된 것처럼, 이와 같이 베드로는 "오직 너희를 부르신 거룩한 자처럼 너희도 모든 행실에 거룩한 자가 되라"고 명령하고 있는 것입니다.

> "저희를 진리로 거룩하게 하옵소서 아버지의 말씀은 진리니이다……또 저희를 위하여 내가 나를 거룩하게 하오니 이는 저희도 진리로 거룩함을 얻게 하려 함이니이다"(요 17:17-19).

우리를 위하여 예수님께서 자신을 거룩하게 하신 것은, 이는 우리도 진리로 거룩함을 얻게 하려 함인 것입니다.

> "하나님의 뜻은 이것이니 너희의 거룩함이라"(살전 4:3).

하나님의 뜻은 우리 구원받은 자들의 거룩함입니다. 그러므로 우리는 그리스도 안에서 새로운 피조물로서 성령의 인도하심을 좇아 거룩한 삶을 살아야만 하겠습니다.

우리는 위의 말씀들을 살펴봄으로써 하나님의 뜻은 구원받은 자들의 거룩함인 것을 알 수 있습니다. 이로 인하여 하나님이 우리 가운데 거하여 우리의 하나님이 될 수 있으며, 또한 우리가 영원한 하나님의 나라를 유업으로 얻을 수 있는 것입니다. 더욱이 우리는 거룩한 제사장으로서 제사장 직분도 온전히 감당할 수 있는 것입니다.

계속해서 하나님께서 거룩한 제사장을 세워서, 하나님의 백성을 거룩하게 하기 위하여, 제사장 직분을 행하게 하시는 말씀들을 살펴보도록 하겠습니다.

> "여호와께서 모세와 아론에게 일러 가라사대 여호와의 명하는 법의 율례를 이제 이르노니 이스라엘 자손에게 일러서 온전하여 흠이 없고 아직 멍에 메지 아니한 붉은 암송아지를 네게로 끌어오게 하고 너는 그것을 제사장 엘르아살에게 줄 것이요 그는 그것을 진 밖으로 끌어내어서 자기 목전에서 잡게 할 것이며 제사장 엘르아살은 손가락에 그 피를 찍고 그 피를 회막 앞을 향하여 일곱 번 뿌리고 그 암소를 자기 목전에서 불사르게 하되 그 가죽과 고기와

피와 똥을 불사르게 하고 동시에 제사장은 백향목과 우슬초와 홍색실을 취하여 암송아지를 사르는 불 가운데 던질 것이며 제사장은 그 옷을 빨고 물로 몸을 씻은 후에 진에 들어갈 것이라 그는 저녁까지 부정하리라 송아지를 불사른 자도 그 옷을 물로 빨고 물로 그 몸을 씻을 것이라 그도 저녁까지 부정하리라 이에 정한 자가 암송아지의 재를 거두어 진 밖 정한 곳에 둘지니 이것은 이스라엘 자손 회중을 위하여 간직하였다가 부정을 깨끗케 하는 물을 만드는 데 쓸 것이니 곧 속죄제니라……

사람의 시체를 만진 자는 칠 일을 부정하리니 그는 제 삼 일과 제 칠 일에 이 잿물로 스스로 정결케 할 것이라 그리하면 정하려니와 제 삼 일과 제 칠 일에 스스로 정결케 아니하면 그냥 부정하니 누구든지 죽은 사람의 시체를 만지고 스스로 정결케 아니하는 자는 여호와의 성막을 더럽힘이라 그가 이스라엘에서 끊쳐질 것은 정결케 하는 물을 그에게 뿌리지 아니하므로 깨끗케 되지 못하고 그 부정함이 그저 있음이니라

……그 부정한 자를 위하여 죄를 깨끗하게 하려고 불사른 재를 취하여 흐르는 물과 함께 그릇에 담고 정한 자가 우슬초를 취하여 그 물을 찍어서 장막과 그 모든 기구와 거기 있는 사람들에게 뿌리고 또 뼈나 죽임을 당한 자나 시체나 무덤을 만진 자에게 뿌리되 그 정한 자가 제 삼 일과 제 칠 일에 그 부정한 자에게 뿌려서

제 칠 일에 그를 정결케 할 것이며 그는 자기 옷을 빨고 물로 몸을 씻을 것이라 저녁이면 정하리라

사람이 부정하고도 스스로 정결케 아니하면 여호와의 성소를 더럽힘이니 그러므로 총회 중에서 끊쳐질 것이니라 그는 정결케 하는 물로 뿌리움을 받지 아니하였은즉 부정하니라 이는 그들의 영영한 율례니라……"(민 19:1-21).

이 말씀은 암송아지의 재로 부정을 깨끗케 하는 물을 만드는 데 쓰는 속죄제에 대하여 기록한 것입니다. 이 잿물은 부정을 정결케 하는 데 사용되었습니다. 이와 같이 '정결케 하는 물'은 곧 '언약의 말씀'을 뜻합니다.

"여호와께서 모세에게 일러 가라사대 너는 물두멍을 놋으로 만들고 그 받침도 놋으로 만들어 씻게 하되 그것을 회막과 단 사이에 두고 그 속에 물을 담으라 아론과 그 아들들이 그 두멍에서 수족을 씻되 그들이 회막에 들어갈 때에 물로 씻어 죽기를 면할 것이요 단에 가까이 가서 그 직분을 행하여 화제를 여호와 앞에 사를 때에도 그리할지니라 이와 같이 그들이 그 수족을 씻어 죽기를 면할지니 이는 그와 그 자손이 대대로 영원히 지킬 규례니라"(출 30:17-21).

여기서도 물두멍의 물은 언약의 말씀 곧 하나님의 거룩한 말씀을 의미합니다. 이 물로 아론과 그 아들들이 제사장 직분을 행하기 전에 먼저 수족을 씻은 다음에 회막에도 들어가고, 또한 단에 가까이 가서 여호와 하나님께 화제도 드렸던 것입니다.

또한 이 말씀에서 아론과 그 아들들은 앞서 내용과 같이 이미 하나님의 말씀대로 제사장 직분을 위임할 때에 거룩하게 하였습니다.

이와 같이 그들을 거룩하게 하였음에도 불구하고, 회막에 들어갈 때에나 단에 가까이 가서 그 직분을 행하여 화제를 여호와 앞에 사를 때에는, 규례를 지켜 먼저 물로 씻어 죽음을 면하도록 하였던 것입니다.

제사장 직분을 행할 때에 하나님의 거룩한 규례를 지키지 않으면 죽음을 면할 수 없었던 것입니다.

> "아론의 아들 나답과 아비후가 각기 향로를 가져다가 여호와의 명하시지 않은 다른 불을 담아 여호와 앞에 분향하였더니 불이 여호와 앞에서 나와 그들을 삼키매 그들이 여호와 앞에서 죽은지라" (레 10:1-2).

속죄제와 속건제에 대한 말씀을 좀 더 살펴보도록 하겠습니다. 그러면 본문을 보다 더 쉽게 이해할 수 있을 것입니다.

아론과 그 아들들이 여호와 하나님께 죄로 인한 속죄제나 허물로 인한 속건제를 드릴 때는, 그들이 먼저 물로 수족을 씻은 후에 하나님께 드렸던 것입니다. 이것은 바로 하나님께 제사(예배) 드리는 것을 의미합니다.

여기서 물은 언약의 말씀 곧 하나님의 거룩한 말씀을 뜻하며, 속죄제나 속건제는 언약의 피를 뜻합니다.

> "여호와께서 모세에게 일러 가라사대 이스라엘 자손에게 고하여 이르라 누구든지 여호와의 금령 중 하나라도 그릇 범하였으되
>
> ……
>
> 만일 이스라엘 온 회중이 여호와의 금령 중 하나라도 그릇 범하여 허물이 있으나 스스로 깨닫지 못하다가 그 범한 죄를 깨달으면 회중은 수송아지를 속죄제로 드릴지니 그것을 회막 앞으로 끌어다가 회중의 장로들이 여호와 앞에서 그 수송아지 머리에 안수하고 그것을 여호와 앞에서 잡을 것이요 기름부음을 받은 제사장은 그 수송아지 피를 가지고 회막에 들어가서 그 제사장이 손가락으로 그 피를 찍어 여호와 앞 장 앞에 일곱 번 뿌릴 것이며 또 그 피로 회막 안 여호와 앞에 있는 단 뿔에 바르고 그 피 전부는 회막문 앞 번제단 밑에 쏟을 것이며 그 기름은 다 취하여 단 위에 불사르되 그 송아지를 속죄제의 수송아지에게 한 것같이 할지며 제사장

이 그것으로 회중을 위하여 속죄한즉 그들이 사함을 얻으리라 그는 그 수송아지를 진 밖으로 가져다가 첫 번 수송아지를 사름같이 사를지니 이는 회중의 속죄제니라

만일 족장이 그 하나님 여호와의 금령 중 하나라도 부지중에 범하여 허물이 있었다가 그 범한 죄에 깨우침을 받거든 그는 흠없는 숫염소를 예물로 가져다가 그 숫염소의 머리에 안수하고 여호와 앞 번제 희생을 잡는 곳에서 잡을지니 이는 속죄제라 제사장은 그 속죄 희생의 피를 손가락에 찍어 번제단 뿔에 바르고 그 피는 번제단 밑에 쏟고 그 모든 기름은 화목제 희생의 기름같이 단 위에 불사를지니 이같이 제사장이 그 범한 죄에 대하여 그를 위하여 속죄한즉 그가 사함을 얻으리라

만일 평민의 하나가 여호와의 금령 중 하나라도 부지중에 범하여 허물이 있었다가 그 범한 죄에 깨우침을 받거든 그는 흠없는 암염소를 끌고 와서 그 범한 죄를 인하여 그것을 예물로 삼아 그 속죄제 희생의 머리에 안수하고 그 희생을 번제소에서 잡을 것이요 제사장은 손가락으로 그 피를 찍어 번제단 뿔에 바르고 그 피 전부를 단 밑에 쏟고 그 모든 기름을 화목제 희생의 기름을 취한 것같이 취하여 단 위에 불살라 여호와께 향기롭게 할지니 제사장이 그를 위하여 속죄한즉 그가 사함을 얻으리라"(레 4:1–31).

이 말씀은 죄로 인한 속죄제에 관한 말씀입니다. 속죄제는 여호와의 금령 중 하나라도 그릇 범하였을 때에, 그 범한 죄로 인하여 제사장이 하나님께 속죄제를 드려 사함을 얻었던 것입니다.

"누구든지 증인이 되어 맹세시키는 소리를 듣고도 그 본 일이나 아는 일을 진술치 아니하면 죄가 있나니 그 허물이 그에게로 돌아갈 것이요 누구든지 부정한 들짐승의 사체나 부정한 가축의 사체나 부정한 곤충의 사체를 무릇 부정한 것을 만졌으면 부지중에라 할지라도 그 몸이 더러워져서 허물이 있을 것이요 혹시 부지중에 사람의 부정에 다닥쳤는데 그 사람의 부정이 어떠한 부정이든지 그것을 깨달을 때에는 허물이 있을 것이요 혹 누구든지 무심중에 입으로 맹세를 발하여 악을 하리라 하든지 선을 하리라 하면 그 사람의 무심중에 맹세를 발하여 말한 것이 어떠한 일이든지 깨닫지 못하다가 그것을 깨달을 때에는 그 중 하나에 허물이 있을 것이니 이 중 하나에 허물이 있을 때에는 아무 일에 범과하였노라 자복하고 그 범과를 인하여 여호와께 속건제를 드리되 양 떼의 암컷 어린 양이나 염소를 끌어다가 속죄제를 드릴 것이요 제사장은 그의 허물을 위하여 속죄할지니라……

여호와께서 모세에게 일러 가라사대 누구든지 여호와의 성물에 대하여 그릇 범과하였거든 여호와께 속건제를 드리되 너의 지정한

가치를 따라 성소의 세겔로 몇 세겔 은에 상당한 흠없는 수양을
떼 중에서 끌어다가 속건제로 드려서 성물에 대한 범과를 갚되 그
것에 오분 일을 더하여 제사장에게 줄 것이요 제사장은 그 속건제
의 수양으로 그를 위하여 속한즉 그가 사함을 얻으리라
만일 누구든지 여호와의 금령 중 하나를 부지중에 범하여도 허물
이라 벌을 당할 것이니 그는 너의 지정한 가치대로 떼 중 흠없는
수양을 속건 제물로 제사장에게로 가져올 것이요 제사장은 그의
부지중에 그릇 범한 허물을 위하여 속한즉 그가 사함을 얻으리라
이는 속건제니 그가 실로 여호와 앞에 범과함이니라"(레 5:1-19).

이 말씀은 허물로 인한 속건제에 관한 말씀입니다. 속건제는 허물이 있을 때에 그 범과로 인하여 제사장이 하나님께 속죄제를 드려 사함을 얻었던 것입니다.

이와 같이 구약 시대에는 제사장이 염소와 황소의 피와 및 암송아지의 재로 부정한 자에게 뿌려 그 육체를 정결케 하여 거룩하게 함으로써 하나님을 섬겼습니다.

그러나 신약 시대에 와서는 예수님이 하나님의 어린양으로 영원한 속죄 제물로 바쳐지게 되었습니다. 예수님이 자기 피로 영원한 속죄를 이루게 됨으로, 이제 우리를 양심으로 죽은 행실에서 깨끗하게 하고 살아 계신 하나님을 섬길 수 있게 하였습니다.

또한 우리를 위하여 영원한 대제사장이 되어, 지금도 하나님 우편에 앉아서 우리를 위하여 친히 간구하고 계십니다.

다시 말하면 우리가 회개하고 예수님의 십자가의 피로 죄 사함 받아 구원받을 때에만 일회적으로 대제사장으로 계신 분이 아니라는 말입니다. 구원받고 난 이후에도 계속해서 우리에게 대제사장으로서, 구원받은 성도들의 죄와 허물을 사하기 위하여, 지금도 그 직분을 감당하고 계신다는 것입니다.

> "저희 제사장 된 자의 수효가 많은 것은 죽음을 인하여 항상 있지 못함이로되 예수는 영원히 계시므로 그 제사 직분도 갈리지 아니하나니 그러므로 자기를 힘입어 하나님께 나아가는 자들을 온전히 구원하실 수 있으니 이는 그가 항상 살아서 저희를 위하여 간구하심이니라"(히 7:23-25).

계속해서 물과 피에 대한 하나님의 말씀을 살펴보도록 하겠습니다.

> "이는 물과 피로 임하신 자니 곧 예수 그리스도시라 물로만 아니요 물과 피로 임하셨고 증거하는 이는 성령이시니 성령은 진리니라 증거하는 이가 셋이니 성령과 물과 피라 또한 이 셋이 합하여 하나이니라"(요일 5:6-8).

이 말씀에서 예수 그리스도는 곧 물과 피를 의미합니다. 여기서 물과 피는 성령 곧 진리를 말합니다. 진리는 말씀을 뜻합니다(엡 1:13; 요 17:17). 말씀은 곧 예수 그리스도를 뜻합니다(요 1:1-17). 또한 여기서 물은 언약의 말씀을 뜻하며, 피는 언약의 피를 뜻합니다. 이것은 바로 예수 그리스도를 의미합니다.

그러므로 하나님의 말씀은 예수 그리스도를 뜻하며, 예수 그리스도는 물과 피를 뜻하는 것입니다. 다시 말하면 하나님의 말씀은 예수 그리스도, 곧 물과 피에 대하여 기록되어 있다는 것입니다. 이 물은 곧 하나님의 거룩한 말씀이 우리를 깨끗하게 하사 거룩하게 합니다. 그런 후에 예수 그리스도의 피가 우리를 모든 죄에서 깨끗하게 하시는 것입니다(요일 1:7).

다시 말하면 성령이 하나님의 거룩한 말씀 가운데로 인도하여 우리를 깨끗하게 하사 거룩하게 하신 후에, 예수 그리스도의 피로 우리를 모든 죄에서 깨끗하게 하시는 것을 의미합니다. 바로 이것이 위의 말씀 "이는 물과 피로 임하신 자니 곧 예수 그리스도시라 물로만 아니요 물과 피로 임하셨고 증거하는 이는 성령이시니 성령은 진리니라 증거하는 이가 셋이니 성령과 물과 피라 또한 이 셋이 합하여 하나이니라"(요일 5:6-8)를 의미하는 것입니다. 또한 이것은 성령의 사역 활동입니다.

이 말씀에서 우리가 분명히 짚고 넘어가야 할 것은, 예수님의 십자가의 피로 우리가 모든 죄에서 깨끗하게 함을 받으려면, 먼저 "하나님의 거룩한 말씀의 물로써 씻어 우리를 깨끗하게 하사 거룩하게 함을 받아야 하는 것"에 대하여 반드시 알아야 하는 것입니다.

여기서 "하나님의 거룩한 말씀의 물로써 씻어 우리를 깨끗하게 하사 거룩하게 한다"는 뜻은, 바로 죄 사함을 받게 하는 회개를 의미합니다. 이 회개는 곧 언약의 말씀을 뜻합니다. 회개가 일어난 후에야 예수님의 십자가의 피가 우리를 모든 죄에서 사할 수 있는 것입니다.

> "세례 요한이 이르러 광야에서 죄 사함을 받게 하는 회개의 세례를 전파하니"(막 1:4).

이 말씀 가운데 '죄 사함을 받게 하는 회개'의 내용은 물 곧 언약의 말씀을 뜻합니다. 즉 이 물은 곧 하나님의 거룩한 말씀으로서 우리를 깨끗하게 함으로써 거룩하게 합니다. 그런 후에 예수 그리스도의 피가 우리를 모든 죄에서 깨끗하게 할 수 있는 것입니다. 여기서 죄 사함을 받게 하는 회개가 없다면, 예수 그리스도의 피도 우리의 죄를 사할 수 없을 것입니다.

> "또 그의 이름으로 죄 사함을 얻게 하는 회개가 예루살렘으로부터 시작하여 모든 족속에게 전파될 것이 기록되었으니"(눅 24:47).

이 말씀 가운데 '죄 사함을 얻게 하는 회개'의 내용도 물 곧 언약의 말씀을 뜻하며, 바로 위의 내용과 마찬가지입니다.

"저가 빛 가운데 계신 것같이 우리도 빛 가운데 행하면 우리가 서로 사귐이 있고 그 아들 예수의 피가 우리를 모든 죄에서 깨끗하게 하실 것이요"(요일 1:7).

성령이 우리를 진리 가운데로 인도하심으로 우리의 양심의 악을 물로 씻어 말씀으로 깨끗하게 하사 거룩하게 하심으로 우리가 빛 가운데 거하여 사귐이 있을 수 있으며, 그 아들 예수의 피가 우리를 모든 죄에서 깨끗하게 할 수 있는 것입니다. 여기서 '성령이 우리를 진리 가운데로 인도하심으로 양심의 악을 물로 씻어 말씀으로 깨끗하게 하사 거룩하게 하심'의 내용은 물 곧 언약의 말씀을 뜻합니다.

그래서 예수님도 우리를 깨끗하게 하사 거룩하게 하시고 모든 죄에서 사하시기 위하여 십자가에서 피와 물을 흘리셨던 것입니다.

"그 중 한 군병이 창으로 옆구리를 찌르니 곧 피와 물이 나오더라 이를 본 자가 증거하였으니 그 증거가 참이라 저가 자기의 말하는 것이 참인 줄 알고 너희로 믿게 하려 함이니라"(요 19:34-35).

예수님은 세상 죄를 지고 십자가에서 돌아가신 하나님의 어린 양으로서 영원한 속죄 제물로 바쳐지고 물과 피를 흘리셨습니다. 그리고 영원한 대제사장으로서 항상 살아서 우리를 위하여 간구하십니다.

그래서 우리가 '믿음의 제물'(빌 2:17)을 하나님께 드릴 때에, 예수님이 우리의 영원한 대제사장이 되어 십자가에서 흘리신 그 물로 우리를 씻어 깨끗하게 하사 거룩하게 하신 후에, 또 그 피도 함께 우리 죄와 허물을 사하시는 것입니다. 이 구절에서도 이에 대하여 그 증거가 참인 것을 믿게 하려고 하는 장면을 엿볼 수가 있습니다.

예수님이 십자가에서 흘리신 것은 피만 아니라, 물도 함께 흘리신 사실을 반드시 기억해야 합니다. 이와 같이 예수 그리스도는 물과 피로 임하시고, 십자가에서 우리를 구원하시기 위해 물과 피를 흘리사, 하나님의 뜻을 다 이루고 돌아가셨습니다.

> "예수께서 신 포도주를 받으신 후 가라사대 다 이루었다 하시고 머리를 숙이시고 영혼이 돌아가시니라"(요 19:30).

바로 이 예수 그리스도를 믿음으로 말미암아 우리가 영생을 얻을 수 있습니다.

회개

우리가 예수 그리스도를 믿으려면 먼저 회개가 일어나야만 합니다. 회개함으로써 하나님의 말씀에 순종하게 되는 것입니다. 회개가 먼저 일어난 후 예수 그리스도를 믿음으로 죄 사함을 받아 구원을 얻을 수 있는 것입니다. 여기서 회개는 단순히 죄악을 회개함으로써 끝나는 것이 아닙니다. 회개는 곧 하나님의 언약의 말씀이기 때문에 매우 중요합니다. 다시 말하면 예수 그리스도의 복음은 언약의 피와 언약의 말씀을 뜻하기 때문입니다.

먼저 이해를 돕기 위하여 회개에 관한 말씀을 상고해 보도록 하겠습니다.

"우리가 마음에 뿌림을 받아 양심의 악을 깨닫고 몸을 맑은 물로 씻었으니 참 마음과 온전한 믿음으로 하나님께 나아가자"(히 10:22).

이 말씀에서 "참 마음 곧 마음에 뿌림을 받아 양심의 악을 깨닫고 몸을 맑은 물로 씻었으니"에 대한 내용은, 회개에 관하여 아주 잘 표현해 주고 있습니다. 이는 곧 성령의 사역으로 인하여 나타난 것임을 잘 알 수 있습니다. 이것이 바로 언약의 말씀을 뜻하는 것입니다.

"이는 곧 물로 씻어 말씀으로 깨끗하게 하사 거룩하게 하시고 자기 앞에 영광스러운 교회로 세우사 티나 주름잡힌 것이나 이런 것들이 없이 거룩하고 흠이 없게 하려 하심이니라"(엡 5:26-27).

이 말씀 가운데 "물로 씻어 말씀으로 깨끗하게 하사 거룩하게 하시고"의 내용도 회개에 대하여 아주 잘 나타내 주고 있습니다. 이 회개가 곧 언약의 말씀을 뜻하는 것입니다.

"물은 예수 그리스도의 부활하심으로 말미암아 이제 너희를 구원하는 표니 곧 세례라 육체의 더러운 것을 제하여 버림이 아니요 오직 선한 양심이 하나님을 향하여 찾아가는 것이라"(벧전 3:21).

이 말씀에서 '세례'는 세례 요한의 회개의 세례를 의미하는 것으로 생각됩니다. 이 회개의 세례는 오직 선한 양심이 하나님을 향하여 찾아가도록 합니다. 바로 이것이 언약의 말씀을 뜻하는 것입니다.

이와 같이 언약의 말씀 가운데 거하면 언약의 피 곧 예수님의 십자가의 피가 우리를 모든 죄에서 깨끗하게 하는 것입니다(요일 1:7). 즉 이것은 하나님께 드리는 제사(예배)를 의미합니다. 다시 말하면 예수 그리스도의 십자가의 영원한 속죄 제물을 통하여 예수님이 영원한 대제사장이 되셔서 하나님께 제사(예배)를 드리는 것을 뜻합니다. 따라서 우리는 이와 같은 제사를 구원받을 때뿐만 아니라, 구원받고 난 이후에도 성도의 생활 가운데 늘 자주 드려야만 하는 것입니다.

세례 요한에 관한 말씀을 살펴보면, 왜 회개가 반드시 있어야 하는지를 이해하는 데 훨씬 더 도움이 될 것입니다.

세례 요한은 예수님보다 이 땅에 6개월 먼저 왔습니다. 그는 예수님에 대하여 증거하고 모든 사람으로 자기를 인하여 예수님을 믿게 하기 위하여 하나님으로부터 보내심을 받은 사람입니다. 또한 주의 길을 곧게 하기 위하여, 주의 길을 예비하기 위하여, 하나님의 뜻을 위하여, 모든 일을 회복하기 위하여, 그의 첩경을 평탄케 하기 위하여 먼저 이 땅에 왔습니다.

> "나는 너희로 회개케 하기 위하여 물로 세례를 주거니와 내 뒤에 오시는 이는 나보다 능력이 많으시니"(마 3:11).

이 말씀에서 알 수 있는 것은 회개케 하기 위하여 물로 세례를 주었다는 사실입니다. 여기서 물은 하나님의 말씀을 의미합니다. 즉 하나님의 말씀의 물로 마음에 뿌림을 받아 양심의 악을 깨닫고 회개가 일어나는 것입니다. 이 회개로 인하여 죄악에서 돌이켜 선한 양심이 하나님을 향해 찾아감으로써 말씀에 순종하게 됩니다. 그러므로 회개는 곧 언약의 말씀, 생명의 말씀, 물, 생수, 빛, 진리, 의의 도, 하늘 양식을 의미합니다.

> "하나님의 아들 예수 그리스도 복음의 시작이라 선지자 이사야의 글에 보라 내가 내 사자를 네 앞에 보내노니 저가 네 길을 예비하리라 광야에 외치는 자의 소리가 있어 가로되 너희는 주의 길을 예비하라 그의 첩경을 평탄케 하라 기록된 것과 같이 세례 요한이 이르러 광야에서 죄 사함을 받게 하는 회개의 세례를 전파하니 온 유대 지방과 예루살렘 사람이 다 나아가 자기 죄를 자복하고 요단 강에서 그에게 세례를 받더라"(막 1:1-5).

이 말씀을 통해 볼 때 회개의 세례가 이들의 마음에 뿌림을 받아 양심의 악을 깨닫고 자기 죄를 자복하게 한 것을 알 수 있습니다. 이것은 언약의 말씀을 뜻합니다. 이 언약의 말씀은 예수 그리스도의 복음의 시작인 것입니다. 또한 주의 길을 예비하는 것이요, 그의 첩경을 평탄케 하는 것입니다. 이 회개가 예수님의 십자가의 보혈로 죄 사함을 받게 한다는 것입니다. 이렇게 죄 사함을 받음으로 우리가 구원을 얻을 수 있는 것입니다.

여기서 우리가 분명히 알아야 할 것은 이 회개는 '언약의 말씀'을 뜻하며, 예수님의 십자가의 피는 '언약의 피'를 뜻합니다. 즉 '언약의 말씀과 언약의 피'는 예수 그리스도를 의미합니다. 바로 이것이 예수 그리스도의 복음임을 가르쳐주고 있습니다. 그러므로 예수 그리스도의 복음은 언약의 말씀과 언약의 피를 뜻하는 것입니다.

> "그 오시는 앞에 요한이 먼저 회개의 세례를 이스라엘 모든 백성에게 전파하니라"(행 13:24).

세례 요한은 예수님이 오시는 앞에 먼저 이스라엘 모든 백성에게 회개의 세례를 전파하였습니다. 그 이유는 예수님을 믿고 죄 사함을 받으려면 먼저 회개가 반드시 일어나야만 하며, 이 회개는 언약의 말씀 곧 예수 그리스도 복음의 시작이기 때문입니다.

"요한이 의의 도로 너희에게 왔거늘 너희는 저를 믿지 아니하였으되 세리와 창기는 믿었으며 너희는 이것을 보고도 종시 뉘우쳐 믿지 아니하였도다"(마 21:32).

이 말씀을 보면 요한이 '의의 도'를 가지고 왔다는 것입니다. 여기서 '의의 도'는 언약의 말씀 즉 생명의 말씀을 말합니다. 또한 이것은 죄 사함을 받게 하는 회개를 뜻하기도 합니다. 다시 말하면 회개로 인하여 죄악에서 돌이켜 선한 양심이 하나님을 향하여 찾아감으로써 말씀에 순종하게 되는 것을 의미합니다.

> "하나님께로서 보내심을 받은 사람이 났으니 이름은 요한이라 저가 증거하러 왔으니 곧 빛에 대하여 증거하고 모든 사람으로 자기를 인하여 믿게 하려 함이라"(요 1:6-7).

세례 요한은 빛에 대하여 증거하였는데, 이 빛은 곧 생명의 말씀을 뜻합니다. 이 생명의 말씀은 언약의 말씀을 뜻하며, 언약의 말씀은 곧 회개를 뜻합니다. 다시 말하면 세례 요한이 회개의 세례를 전파한 것은 곧 빛에 대하여 증거한 것이 되는 것입니다.

> "요한은 켜서 비취는 등불이라 너희가 일시 그 빛에 즐거이 있기를 원하였거니와"(요 5:35).

세례 요한은 비취는 등불에 대하여 증거하였습니다. 이 등불은 언약의 말씀 곧 회개를 의미합니다.

"너희가 요한에게 사람을 보내매 요한이 진리에 대하여 증거하였느니라"(요 5:33).

세례 요한은 진리에 대하여 증거하였는데, 이 진리는 곧 언약의 말씀을 뜻하며 언약의 말씀은 곧 회개의 세례를 의미하는 것입니다.

"예수께서 대답하여 가라사대 엘리야가 과연 먼저 와서 모든 일을 회복하리라"(마 17:11).

여기서 "엘리야가 과연 먼저 와서 모든 일을 회복하리라"는 뜻은, 세례 요한이 회개의 세례를 전파함으로써 마음에 뿌림을 받아 양심의 악을 깨닫고 몸을 맑은 물로 씻음으로써 '의의 도'를 회복하게 함을 의미합니다. 이렇게 의의 도를 회복함으로 모든 일을 회복하였던 것입니다.

"모든 백성과 세리들은 이미 요한의 세례를 받은지라 이 말씀을 듣고 하나님을 의롭다 하되 오직 바리새인과 율법사들은 그 세례를 받지 아니한지라 스스로 하나님의 뜻을 저버리니라"(눅 7:29-30).

여기서 하나님의 뜻은 '거룩함'(살전 4:3)으로 여겨집니다. 요한의 회개의 세례는 회개케 하기 위함입니다. 회개는 우리를 거룩하게 합니다. 이와 같이 회개하여 거룩해지는 것이 하나님의 뜻입니다. 그러나 오직 바리새인과 율법사들은 그 세례를 받지 아니하므로 스스로 하나님의 뜻을 저버렸던 것입니다.

"예수께서 대답하여 가라사대 이제 허락하라 우리가 이와 같이 하여 모든 의를 이루는 것이 합당하니라 하신대 이에 요한이 허락하는지라 예수께서 세례를 받으시고 곧 물에서 올라오실새 하늘이 열리고 하나님의 성령이 비둘기같이 내려 자기 위에 임하심을 보시더니 하늘로서 소리가 있어 말씀하시되 이는 내 사랑하는 아들이요 내 기뻐하는 자라 하시니라"(마 3:15-17).

이 말씀은 예수님께서 요단 강에서 요한에게 세례를 받으시는 장면입니다. 여기서 예수님은 회개의 세례를 받는 것에 대하여 '모든 의를 이루는 것'이라고 말씀하셨습니다. 이 말씀과 같이 회개의 세례는 모든 의를 이루는 것이므로 대단히 중요합니다. 회개의 세례는 앞서 내용처럼 '회개케 하기 위함'입니다. 이 회개가 예수님의 십자가의 피로 죄 사함을 받게 합니다. 이와 같은 회개는 곧 언약의 말씀이기 때문에 예수 그리스도의 복음의 시작인 것입니다. 또한 주의 길을 예비하는 것이요, 그의 첩경을 평탄케 하는 것이요, 하나님의 뜻을 이루게 하는 것이요, 모든 일을 회복하는 것입니다. 바로 이것이 예수님께서 말씀하신 '모든 의를 이루는 것'임을 미루어 짐작할 수 있을 것입니다.

이와 같이 모든 의를 이루는 회개의 세례를 예수님께서 받으실 때에 '하늘이 열리고 하나님의 성령이 비둘기같이 내렸으며, 이는 내 사랑하는 아들이요 내 기뻐하는 자라고 하늘에서 소리가 있었다'는 것은 너무나도 감격스럽고 가슴이 벅차며, 엄청나게 크고 놀라운 일이 아닐 수 없는 것입니다.

이 회개의 세례가 얼마나 의미심장하고 크고 놀라운 일인지를 우리는 결코 간과해서는 안 될 것입니다.

> "요한이 잡힌 후 예수께서 갈릴리에 오셔서 하나님의 복음을 전파하여 가라사대 때가 찼고 하나님 나라가 가까웠으니 회개하고 복음을 믿으라 하시더라"(막 1:14-15).

이 말씀에서 하나님의 복음은 '회개하고 복음을 믿는 것'임을 알 수 있습니다. 세례 요한이 잡힌 후 예수님께서 친히 '회개하고 복음을 믿으라'고 하나님의 복음을 전파하셨던 것입니다. 여기에서 알 수 있는 것은 세례 요한이 요단 강에서 회개케 하기 위하여 회개의 세례를 전파하였듯이, 예수님께서도 세례 요한이 잡힌 후 친히 "회개하고 복음을 믿으라"고 전파하셨던 것입니다. 이와 같이 회개는 복음이 전파되는 곳에는 어디서든지 빠지지 않고 반드시 전해져야만 하는 것입니다. 회개는 죄 사함을 받게 하는 것이기 때문입니다. 또한 이 회개는 언약의 말씀, 곧 예수 그리스도 복음의 시작이기 때문입니다.

"제자들이 나가서 회개하라 전파하고"(막 6:12).

이 말씀에서도 앞서 언급하였듯이 복음이 전파되는 곳에는 어디서든지 빠지지 않고 반드시 회개가 전해져야만 하기 때문에 세례 요한이 잡힌 후 예수님의 제자들도 '회개하라'고 전파하였던 것입니다.

그 이유는 앞서 말하였듯이 회개는 언약의 말씀, 곧 예수 그리스도 복음의 시작이기 때문입니다. 또한 회개 없이는 죄 사함도 있을 수 없기 때문입니다. 반드시 회개하고 예수님의 십자가의 보혈을 믿음으로 죄 사함을 받을 수 있는 것입니다.

회개에 관한 말씀을 더 자세히 살펴보도록 하겠습니다.

> “저희가 이 말을 듣고 잠잠하여 하나님께 영광을 돌려 가로되 그러면 하나님께서 이방인에게도 생명 얻는 회개를 주셨도다 하니라”(행 11:18).

이 말씀은 고넬료의 집에서 베드로가 이방인들에게 예수 그리스도의 복음 전하는 장면을 보여주고 있습니다. 여기서 우리가 주목해야 할 것은 이 회개가 ‘생명 얻는 회개’라는 것입니다. 이 생명 얻는 회개를 하나님께서 이방인에게도 주셨다는 것입니다 즉 이방인들도 죄를 회개함으로써, 예수 그리스도의 피를 통해 죄 사함을 받고 생명을 얻을 수 있게 되었다는 사실입니다.

> “또 이르시되 이같이 그리스도가 고난을 받고 제 삼 일에 죽은 자 가운데서 살아날 것과 또 그의 이름으로 죄 사함을 얻게 하는 회개가 예루살렘으로부터 시작하여 모든 족속에게 전파될 것이 기록되었으니”(눅 24:46-47).

이 말씀은 예수님께서 부활하신 후 열한 사도와 및 그와 함께한 자들이 모여 있을 때에 하신 말씀입니다.

예수님은 십자가에 돌아가시기 전에 세례 요한이 잡힌 후 친히 “회개하고 복음을 믿으라”(막 1:15)고 하나님의 복음을 전파하셨습니다. 뿐만 아니라 십자가에 돌아가시고 부활하신 후에도 "그의 이름으로 죄 사함을 얻게 하는 회개"에 대하여 예수님께서 친히 말씀하셨다는 것은 놀라운 일이 아닐 수 없습니다. 그것도 회개가 주어라는 사실입니다. 이것은 회개가 그만큼 아주 중요하다는 것을 단적으로 보여주는 것으로, 더욱 놀라운 일은 이 회개가 "예루살렘으로부터 시작하여 모든 족속에게 전파될 것"이라는 점입니다.

여기서 우리가 분명히 알 수 있는 것은, 예수 그리스도의 복음이 전파되는 곳에는 먼저 회개가 반드시 전해지지 않으면 안 된다는 사실입니다. 이 회개는 곧 언약의 말씀, 생명의 말씀, 물, 생수, 빛, 진리, 의의 도, 하늘 양식 등을 의미하기 때문에 예수님께서도 이에 대하여 말씀하지 않을 수 없었던 것입니다.

> "그러므로 너희가 회개하고 돌이켜 너희 죄 없이 함을 받으라 이같이 하면 유쾌하게 되는 날이 주 앞으로부터 이를 것이요"(행 3:19).

이 말씀은 베드로가 한 말입니다. 베드로도 "너희가 회개하고 돌이켜 너희 죄 없이 함을 받으라"고 말하고 있습니다. 이 역시도 예수 그리스도의 복음을 뜻하는 것입니다. 이와 같은 복음에는 마치 아브라함이 하나님께 아들 이삭을 번제로 드릴 때에 하나님께서 미리 한 수양을 친히 준비하였듯이, 우리가 회개할 때에 하나님께서 미리 유월절 어린양 되신 예수님을 친히 준비하신 것을 알 수 있습니다. 여기서 '회개'는 곧 언약의 말씀을 뜻하며 '죄 없이 함을 받으라'는 예수 그리스도 십자가의 언약의 피를 뜻하는 것입니다. 그래서 베드로도 예수님과 마찬가지로 회개에 대하여 언급하지 않을 수 없었던 것입니다.

"유대인과 헬라인들에게 하나님께 대한 회개와 우리 주 예수 그리스도께 대한 믿음을 증거한 것이라"(행 20:21).

이 말씀은 사도 바울이 유대인과 헬라인들에게 예수 그리스도의 복음을 전한 내용입니다. 믿음에 있어서 유대인은 하나님의 택하신 백성이었으며 헬라인들은 이방인이었습니다. 여기서 '회개'는 언약의 말씀을 뜻하며, '믿음'은 회개함으로써 하나님께서 미리 친히 준비하신 유월절 어린 양 되신 예수님의 십자가의 언약의 피를 뜻합니다. 바로 이것이 하나님의 은혜를 뜻하며, 예수 그리스도의 복음입니다. 이와 같이 사도 바울도 복음을 전하기 위해서는 회개에 대하여 언급하지 않을 수 없었던 것입니다.

그러므로 죄 사함을 받으려면 먼저 회개가 반드시 있어야만 합니다. 이제 이 복음은 믿음에 있어서 하나님이 택하신 백성 유대인이나 이방인인 헬라인에게나 차등 없이 동일하게 전해지고 있다는 사실입니다. 이것은 정말 우리 모두에게 크고 놀라운 하나님의 은혜와 사랑이 아닐 수 없습니다. 그 하나님의 은혜와 사랑을 항상 기억하고 감사드려야 할 것입니다.

또한 우리는 모든 사람들에게 하나님께 대한 회개와, 우리 주 예수 그리스도에 대한 믿음을, 담대함으로 부지런히 전하지 않으면 안 되는 사명을 가지고 있음을 잊지 말아야 합니다.

회개(순종)와 믿음

앞서 언급하였듯이 우리가 예수 그리스도를 믿으려면 먼저 회개가 일어나야만 합니다. 이 회개는 하나님의 거룩한 말씀의 물이 마음에 뿌림을 받고 양심의 악을 깨닫게 될 때에 일어납니다. 이렇게 회개함으로 말씀에 순종하여 깨끗하고 거룩한 삶을 살아갈 수 있는 것입니다. 이 회개는 언약의 말씀, 하나님의 거룩한 말씀, 생명의 말씀, 의의 도, 하늘 양식 등을 의미합니다.

이와 같은 회개는 앞에서 살펴보았듯이 "내 법을 저희 생각에 두고 저희 마음에 이것을 기록하리라 나는 저희에게 하나님이 되고 저희는 내게 백성이 되리라"(히 8:10)는 곧 언약의 말씀을 의미하는 것입니다.

이렇게 먼저 회개가 일어난 후에 믿음이 따르게 되는 것을 볼 수 있습니다.

이 믿음은 예수님이 세상 죄를 지고 십자가에 돌아가시고, 우리 죄를 다 사해 주시기 위하여 흘리신 피를 믿음으로 구속, 곧 죄 사함을 받음으로써 구원 얻는 것을 뜻합니다.

이와 같이 회개가 먼저 일어난 후에, 또 예수님의 십자가의 피가 우리의 죄를 사함으로 우리가 구원을 얻을 수 있는 것입니다. 바로 이것을 두고 '처음 믿음'이라고 일컫는 것입니다. 또한 이것을 예수 그리스도의 복음이라고도 말합니다. 이 복음을 믿음으로 구원을 얻을 수가 있습니다.

이에 대하여 앞서 언급한 회개와, 다음 말씀을 살펴보면 이를 보다 잘 이해할 수 있습니다.

> "또 모세에게 이르시되 너는 아론과 나답과 아비후와 이스라엘 장로 칠십 인과 함께 여호와에게로 올라와 멀리서 경배하고 너 모세만 여호와에게 가까이 나아오고 그들은 가까이 나아오지 말며 백성은 너와 함께 올라오지 말지니라 모세가 와서 여호와의 모든 말씀과 그 모든 율례를 백성에게 고하매 그들이 한 소리로 응답하여 가로되 여호와의 명하신 모든 말씀을 우리가 준행하리이다 모세가 여호와의 모든 말씀을 기록하고 이른 아침에 일어나 산 아래

단을 쌓고 이스라엘 십이 지파대로 열두 기둥을 세우고 이스라엘 자손의 청년들을 보내어 번제와 소로 화목제를 여호와께 드리게 하고 모세가 피를 취하여 반은 여러 양푼에 담고 반은 단에 뿌리고 언약서를 가져 백성에게 낭독하여 들리매 그들이 가로되 여호와의 모든 말씀을 우리가 준행하리이다 모세가 그 피를 취하여 백성에게 뿌려 가로되 이는 여호와께서 이 모든 말씀에 대하여 너희와 세우신 언약의 피니라"(출 24:1-8).

이 말씀 가운데 "여호와의 명하신 모든 말씀을 우리가 준행하리이다"에서 '준행하리이다'의 내용은, 그 안에 회개가 수반되는 것을 알 수 있습니다. 즉 회개가 수반됨으로써 하나님께서 명하신 모든 말씀을 준행할 수 있는 것입니다. 다시 말하면 하나님 말씀의 준행은 하나님의 거룩한 말씀의 물로 씻어 깨끗하게 하사 거룩하게 하심으로 인하여 따르게 되는 것입니다(벧전 1:2).

이로 보건대 이스라엘 백성이 하나님과 언약의 피를 세울 때는, 먼저 하나님의 말씀을 준행할 것을 그들의 마음에 두고 그들의 생각에 기록한 후에 이를 세웠던 것입니다.

"모세가 이스라엘 모든 장로를 불러서 그들에게 이르되 너희는 나가서 너희 가족대로 어린 양을 택하여 유월절 양으로 잡고 너희는 우슬초 묶음을 취하여 그릇에 담은 피에 적시어서 그 피를 문 인방과 좌우 설주에 뿌리고 아침까지 한 사람도 자기 집 문 밖에 나가지 말라 여호와께서 애굽 사람을 치러 두루 다니실 때에 문 인방과 좌우 설주의 피를 보시면 그 문을 넘으시고 멸하는 자로 너희 집에 들어가서 너희를 치지 못하게 하실 것임이니라 너희는 이 일을 규례로 삼아 너희와 너희 자손이 영원히 지킬 것이니 너희는 여호와께서 허락하신 대로 너희에게 주시는 땅에 이를 때에 이 예식을 지킬 것이라 이후에 너희 자녀가 묻기를 이 예식이 무슨 뜻이냐 하거든 너희는 이르기를 이는 여호와의 유월절 제사라 여호와께서 애굽 사람을 치실 때에 애굽에 있는 이스라엘 자손의 집을 넘으사 우리의 집을 구원하셨느니라 하라 하매 백성이 머리 숙여 경배하니라 이스라엘 자손이 물러가서 그대로 행하되 여호와께서 모세와 아론에게 명하신 대로 행하니라"(출 12:21-28).

위의 말씀 가운데 "이스라엘 자손이 물러가서 그대로 행하되 여호와께서 모세와 아론에게 명하신 대로 행하니라"라는 구절을 볼 때, 이미 그 안에 회개(순종)가 수반된 것을 볼 수 있습니다. 하나님의 말씀을 순종하게 된 것은 이미 마음에 회개가 일어났기 때문입니다. 즉 회개함으로써 순종하게 되었다는 것입니다.

그 결과 이스라엘 자손이 하나님께서 명하신 대로 순종하여 어린

양을 잡고 그 피를 문 인방과 좌우 설주에 뿌렸기 때문에 그 집을 넘으사 구원하셨던 것입니다.

이것은 그리스도 예수의 복음을 말합니다. 우리가 예수님을 믿을 때에 자신의 죄악을 깨닫고 회개하여 유월절 어린양으로 오신 예수님의 십자가 보혈을 믿음으로 구속, 곧 죄 사함을 받음으로써 구원 얻을 수 있다는 것입니다.

> "이러므로 첫 언약도 피 없이 세운 것이 아니니 모세가 율법대로 모든 계명을 온 백성에게 말한 후에 송아지와 염소의 피와 및 물과 붉은 양털과 우슬초를 취하여 그 책과 온 백성에게 뿌려 이르되 이는 하나님이 너희에게 명하신 언약의 피라 하고 또한 이와 같이 피로써 장막과 섬기는 일에 쓰는 모든 그릇에 뿌렸느니라 율법을 좇아 거의 모든 물건이 피로써 정결케 되나니 피흘림이 없은즉 사함이 없느니라"(히 9:18-22).

이 말씀 가운데 "모세가 율법대로 모든 계명을 온 백성에게 말한 후에"의 내용은 하나님께 언약의 말씀을 세우는 것을 뜻합니다. 이렇게 언약의 말씀을 세우신 후에 또 언약의 피도 함께 세우신 것을 볼 수 있습니다. 이렇게 첫 언약을 세움으로 그 피로써 모든 물건을 정결케 하며, 또한 죄도 사할 수 있는 것입니다.

여기서 언약의 말씀과 언약의 피는 바로 예수 그리스도를 의미합니다. 그러므로 예수 그리스도를 믿음으로 영생을 얻을 수 있는 것입니다.

> "곧 하나님 아버지의 미리 아심을 따라 성령의 거룩하게 하심으로 순종함과 예수 그리스도의 피 뿌림을 얻기 위하여 택하심을 입은 자들에게 편지하노니 은혜와 평강이 너희에게 더욱 많을지어다" (벧전 1:2).

여기서도 "성령의 거룩하게 하심으로 순종함"은 언약의 말씀을 의미하며, "예수 그리스도의 피 뿌림"은 언약의 피를 의미합니다. 그래서 언약의 말씀을 세우신 후에 또 언약의 피도 함께 세우셨습니다. 이처럼 성령의 거룩하게 하심으로 순종함이 따른 후에 또 예수 그리스도의 피 뿌림으로 사함을 얻을 수 있습니다. 이는 바로 예수 그리스도를 뜻합니다. 이 예수 그리스도를 믿음으로 영생을 얻을 수 있는 것입니다.

유전·교훈·바른말

오늘날은 예수님이 십자가에 영원한 화목 제물로 바쳐 죄를 구속하시고 부활 승천하셔서 영원한 대제사장이 되셔서 새 언약을 세우셨습니다.

그런 후 약 2000년이 흘렀습니다. 캄캄한 한밤중입니다. 캄캄한 한밤중이기 때문에 거짓 목자들이 활개를 쳐 하나님의 말씀을 어지럽게 하여 눈을 멀게 하여 큰 혼란과 어려움에 빠지게 하는 것을 보게 됩니다.

하나님의 말씀이 무엇을 말씀하는지 조금이나마 도움이 되고자 이 말씀을 올려 봅니다.

"지내쳐 그리스도 교훈 안에 거하지 아니하는 자마다 하나님을 모시지 못하되 교훈 안에 거하는 이 사람이 아버지와 아들을 모시느니라 누구든지 이 교훈을 가지지 않고 너희에게 나아가거든 그를 집에 들이지도 말고 인사도 말라 그에게 인사하는 자는 그 악한 일에 참예하는 자임이니라"(요이 1:9-11).

지내쳐 그리스도 교훈 안에 거하지 아니하는 자마다 하나님을 모시지 못하되 교훈 안에 거하는 이 사람이 아버지와 아들을 모시느니라, 누구든지 이 교훈을 가지지 않고 너희에게 나아가거든 그를 집에 들이지도 말고 인사도 말라, 그에게 인사하는 자는 그 악한 일에 참예하는 자가 되는 것입니다.

"형제들아 내가 너희를 권하노니 너희 교훈을 거스려 분쟁을 일으키고 거치게 하는 자들을 살피고 저희에게서 떠나라"(롬 16:17).

형제들아 내가 너희를 권하노니 너희 교훈을 거스려 분쟁을 일으키고 거치게 하는 자들을 살피고 저희에게서 떠나라는 것입니다.

"이러므로 형제들아 굳게 서서 말로나 우리 편지로 가르침을 받은 유전을 지키라"(살후 2:15).

이러므로 형제들아 굳게 서서 말로나 우리 편지로 가르침을 받은 유전을 지키라는 것입니다.

"형제들아 우리 주 예수 그리스도의 이름으로 너희를 명하노니 규모 없이 행하고 우리에게 받은 유전대로 행하지 아니하는 모든 형제에게서 떠나라"(살후 3:6).

규모 없이 행하고 우리에게 받은 유전대로 행하지 아니하는 모든 형제에게서 떠날 것을 말씀하고 있는 것입니다.

"너희가 모든 일에 나를 기억하고 또 내가 너희에게 전하여 준 대로 그 유전을 너희가 지키므로 너희를 칭찬하노라"(고전 11:2).

내가 너희에게 전하여 준 대로 그 유전을 지켜야 하는 것입니다.

"음행하는 자며 남색하는 자며 사람을 탈취하는 자며 거짓말 하는 자며 거짓 맹세하는 자와 기타 바른 교훈을 거스리는 자를 위함이니 이 교훈은 내게 맡기신 바 복되신 하나님의 영광의 복음을 좇음이니라"(딤전 1:10-11).

이 교훈은 내게 맡기신 바 복되신 하나님의 영광의 복음을 좇음인 것입니다.

"누구든지 다른 교훈을 하며 바른 말 곧 우리 주 예수 그리스도의 말씀과 경건에 관한 교훈에 착념치 아니하면"(딤전 6:3).

누구든지 다른 교훈을 하며 바른 말 곧 우리 주 예수 그리스도의 말씀과 경건에 관한 교훈에 착념하여야 하는 것입니다.

"미쁜 말씀의 가르침을 그대로 지켜야 하리니 이는 능히 바른 교훈으로 권면하고 거스려 말하는 자들을 책망하게 하려 함이라"(딛 1:9).

미쁜 말씀의 가르침을 그대로 지켜야 하리니 이는 능히 바른 교훈으로 권면하고 거스려 말하는 자들을 책망하게 하려 함인 것입니다.

"오직 너는 바른 교훈에 합한 것을 말하여"(딛 2:1).

오직 너는 바른 교훈에 합한 것을 말하여야 하는 것입니다.

> “너는 이와 같이 젊은 남자들을 권면하여 근신하게 하되 범사에 네 자신으로 선한 일의 본을 보여 교훈의 부패치 아니함과 경건함과 책망할 것이 없는 바른 말을 하게 하라 이는 대하는 자로 하여금 부끄러워 우리를 악하다 할 것이 없게 하려 함이라”(딛 2:6-8).

범사에 네 자신으로 선한 일의 본을 보여 교훈의 부패치 아니함과 경건함과 책망할 것이 없는 바른 말을 하게 하라, 이는 대적하는 자로 하여금 부끄러워 우리를 악하다 할 것이 없게 하려 함인 것입니다.

> “대제사장들과 서기관들이 듣고 예수를 어떻게 멸할까 하고 꾀하니 이는 무리가 다 그의 교훈을 기이히 여기므로 그를 두려워함일러라”(막 11:18).

이는 무리가 다 그의 교훈을 기이히 여기므로 그를 두려워한 것입니다.

> “여러 성으로 다녀갈 때에 예루살렘에 있는 사도와 장로들의 작정한 규례를 저희에게 주어 지키게 하니 이에 여러 교회가 믿음이 더 굳어지고 수가 날마다 더하니라”(행 16:4-5).

여러 성으로 다녀갈 때에 예루살렘에 있는 사도와 장로들의 작정한 규례를 저희에게 주어 지키게 하였던 것입니다.

> "너는 그리스도 예수 안에 있는 믿음과 사랑으로써 내게 들은 바 바른 말을 본받아 지키고"(딤후 1:13).

그리스도 예수 안에 있는 믿음과 사랑으로써 내게 들은 바 바른 말을 본받아 지켜야 하는 것입니다.

구원

앞서 하나님의 말씀을 살펴보아 알 수 있듯이 예수님은 온 세상의 죄를 지고 화목 제물로 바쳐진 하나님의 유월절 어린양입니다. 이렇게 바쳐진 하나님의 유월절 어린양의 피를 믿음으로 말미암아 구속, 곧 죄 사함을 받아 구원 얻을 수가 있는 것입니다.

이 같은 일반적인 구원에 대하여 하나님의 말씀을 살펴보도록 하겠습니다.

여기서는 이해하기 어려운 단단한 식물에 대한 내용은 피하고, 가급적이면 구도자를 위한 말씀으로 언급하고 있음을 양해하시기 바랍니다.

"저는 우리 죄를 위한 화목 제물이니 우리만 위할 뿐 아니요 온 세상의 죄를 위하심이라"(요일 2:2).

예수님이 우리 죄를 위한 화목 제물로 바쳐진 것은 우리만 위할 뿐 아니라 온 세상의 죄를 구원하기 위함입니다.

"이튿날 요한이 예수께서 자기에게 나아오심을 보고 가로되 보라 세상 죄를 지고 가는 하나님의 어린양이로다"(요 1:29).

예수님은 하나님의 어린양으로서 세상 죄를 지고 십자가에서 피 흘리고 돌아가셨습니다. 이제 우리는 예수님을 믿음으로써 구원을 얻을 수 있는 것입니다.

"그리스도께서 너희를 사랑하신 것같이 너희도 사랑 가운데서 행하라 그는 우리를 위하여 자신을 버리사 향기로운 제물과 생축으로 하나님께 드리셨느니라"(엡 5:2).

예수님은 우리를 사랑하셔서 구원하시기 위하여 십자가에서 영원한 속죄물로서 향기로운 제물과 생축으로 하나님께 바쳐졌습니다. 그래서 우리는 예수 그리스도를 믿음으로 구원을 얻을 수가 있는 것입니다.

> "사랑은 여기 있으니 우리가 하나님을 사랑한 것이 아니요 오직 하나님이 우리를 사랑하사 우리 죄를 위하여 화목제로 그 아들을 보내셨음이니라"(요일 4:10).

이 말씀과 같이 우리가 하나님을 사랑한 것이 아니라 오직 하나님이 우리를 사랑하사, 우리 죄를 위하여 영원한 화목제물로 그 아들을 보내셔서 십자가에 돌아가게 하시고, 우리가 그 아들을 믿음으로 말미암아 구원을 얻도록 하셨습니다.

또한 예수님은 우리 죄를 위한 화목 제물로 하나님께 바쳐져서, 백성의 죄를 구속하려 하나님의 일에 자비하고 충성된 대제사장이 되셨습니다. 즉 예수님이 대제사장의 직분으로 백성의 죄를 구속하여 죄를 사함으로써 구원할 수가 있는 것입니다.

> "그러므로 저가 범사에 형제들과 같이 되심이 마땅하도다 이는 하나님의 일에 자비하고 충성된 대제사장이 되어 백성의 죄를 구속하려 하심이라"(히 2:17).

유월절 어린 양 같은 그리스도의 보배로운 피를 바쳐 영원한 대제사장이 되신 예수님께서 구속함으로 우리를 구원하셨습니다.

"너희가 알거니와 너희 조상의 유전한 망령된 행실에서 구속된 것은 은이나 금같이 없어질 것으로 한 것이 아니요 오직 흠 없고 점 없는 어린 양 같은 그리스도의 보배로운 피로 한 것이니라"(벧전 1:18-19).

그리스도 안에서 그의 은혜의 풍성함을 따라 그의 피로써 하나님께 화목 제물을 드려, 예수님께서 영원한 대제사장이 되셔서 우리를 구속 곧 죄 사함을 받게 하셨습니다. 이로 인하여 우리가 구원을 얻을 수 있는 것입니다.

> "우리가 그리스도 안에서 그의 은혜의 풍성함을 따라 그의 피로 말미암아 구속 곧 죄 사함을 받았으니"(엡 1:7).

이와 같이 하나님께서 우리를 흑암의 권세에서 건져내사 그의 사랑의 나라로 옮기셨으며, 그 아들 안에서 죄 사함을 얻어 구원을 받게 하셨습니다.

> "그가 우리를 흑암의 권세에서 건져내사 그의 사랑의 아들의 나라로 옮기셨으니 그 아들 안에서 우리가 구속 곧 죄 사함을 얻었도

다”(골 1:13-14).

이와 같은 영원한 대제사장이 되신 예수 그리스도가 계시므로 우리가 그 은혜를 인하여 믿음으로 말미암아 구원을 얻었습니다. 이것은 우리에게서 난 것이 아니라 하나님의 선물인 것입니다.

“너희가 그 은혜를 인하여 믿음으로 말미암아 구원을 얻었나니 이것이 너희에게서 난 것이 아니요 하나님의 선물이라”(엡 2:8).

그래서 세례 요한은 주님 앞서 가서 죄 사함을 받게 하는 회개를 전파함으로써, 그 길을 예비하여 주의 백성에게 이와 같은 죄 사함으로 말미암는 구원을 알게 하려 하였던 것입니다.

“이 아이여 네가 지극히 높으신 이의 선지자라 일컬음을 받고 주 앞에 앞서 가서 그 길을 예비하여 주의 백성에게 그 죄 사함으로 말미암는 구원을 알게 하리니”(눅 1:76-77).

우리는 이 같은 큰 구원을 결코 등한히 여겨서는 안 될 것입니다.

“우리가 이같이 큰 구원을 등한히 여기면 어찌 피하리요 이 구원은 처음에 주로 말씀하신 바요 들은 자들이 우리에게 확증한 바니"(히 2:3).

이와 같이 예수 그리스도는 순종함을 배워서 온전하게 되었은즉, 자기를 순종하는 모든 자에게 영원한 구원의 근원이 되시고 대제사장이라 칭하심을 받았습니다. 이제 우리는 영원한 구원의 근원이 되시고 대제사장이신 예수 그리스도에게로 우리의 구원을 위하여 망설임 없이 담대히 나아가야 하겠습니다.

"그가 아들이시라도 받으신 고난으로 순종함을 배워서 온전하게 되었은즉 자기를 순종하는 모든 자에게 영원한 구원의 근원이 되시고 하나님께 멜기세덱의 반차를 좇은 대제사장이라 칭하심을 받았느니라"(히 5:8-10).

이처럼 예수 그리스도는 자신을 친히 속죄 제물로 드림으로 우리의 영원한 대제사장이 되셨습니다. 이제 우리는 그 어린양의 피를 믿음으로 말미암아 구속, 곧 죄 사함을 받아 구원을 얻게 되었습니다.

계속해서 예수 그리스도에 관한 말씀을 상고해 봄으로써, 구원에 대한 이해의 폭을 좀 더 넓혀가도록 하겠습니다.

하나님의 말씀을 앞서 살펴본 바와 같이 예수 그리스도는 하나님의 능력이요, 하나님의 지혜요, 하나님의 보배요, 하나님의 구원이요, 하나님의 영생이요, 하나님의 비밀입니다. 그러므로 예수 그리스도 자체가 우리에게 구원을 줄 수 있는 능력이 있습니다. 하나님은 우리로 하여금 예수 그리스도를 믿음으로 말미암아 구원을 얻을 수 있도록 하셨습니다. 하나님은 하나님의 지혜에 있어서 이 세상이 자기 지혜로 하나님을 알지 못하는 고로 하나님께서 전도의 미련한 것으로 믿는 자들을 구원하시기를 기뻐하셨다는 것입니다. 즉 인간이 자기 지혜로 하나님을 알지 못하는 고로 인간이 이해할 수 있는 수준에 맞추어서 전도의 미련한 것으로 믿는 자들을 구원하시기를 기뻐하셨다는 것입니다.

> "하나님의 지혜에 있어서는 이 세상이 자기 지혜로 하나님을 알지 못하는 고로 하나님께서 전도의 미련한 것으로 믿는 자들을 구원하시기를 기뻐하셨도다"(고전 1:21).

구원에 대한 말씀을 계속 살펴보도록 하겠습니다.

'예수'라는 이름만이 '그가 자기 백성을 저희 죄에서 구원할 자'이시며, 천하 인간에 구원을 얻을 만한 다른 이름을 우리에게 주신 일이 없는 것입니다. 그래서 다른 이로서는 구원을 얻을 수가 없으며, 오직 예수 그리스도만이 우리를 구원할 수 있는 것입니다.

"아들을 낳으리니 이름을 예수라 하라 이는 그가 자기 백성을 저희 죄에서 구원할 자이심이라 하니라"(마 1:21).
"다른 이로서는 구원을 얻을 수 없나니 천하 인간에 구원을 얻을 만한 다른 이름을 우리에게 주신 일이 없음이니라 하였더라"(행 4:12).

그러므로 우리가 하나님의 자녀가 된 것은 예수의 이름으로 말미암아 죄 사함을 얻게 된 것입니다.

"자녀들아 내가 너희에게 쓰는 것은 너희 죄가 그의 이름으로 말미암아 사함을 얻음이요"(요일 2:12).

이와 같이 예수의 이름으로 말미암아 죄 사함을 얻으므로 모든 선지자도 예수를 믿는 사람들이 다 그 이름을 힘입어 죄 사함을 받는다고 증거하였던 것입니다.

"저에 대하여 모든 선지자도 증거하되 저를 믿는 사람들이 다 그 이름을 힘입어 죄 사함을 받는다 하였느니라"(행 10:43).

그러므로 영접하는 자 곧 예수의 이름을 믿는 자들에게는 하나님의 자녀가 되는 권세를 주셨으므로 우리는 하나님의 자녀가 될 수가 있는 것입니다.

"영접하는 자 곧 그 이름을 믿는 자들에게는 하나님의 자녀가 되는 권세를 주셨으니"(요 1:12).

예수님은 하나님의 아들이시라도 받은 고난으로 순종함을 배워서 온전하게 되셨습니다. 그리하여 자기를 순종하는 모든 자에게 영원한 구원의 근원이 되신 것입니다. 그래서 우리는 이렇게 영원한 구원의 근원이 되신 예수님을 믿음으로 구원을 얻을 수 있는 것입니다.

"그가 아들이시라도 받으신 고난으로 순종함을 배워서 온전하게 되었은즉 자기를 순종하는 모든 자에게 영원한 구원의 근원이 되시고"(히 5:8-9).

우리는 영원한 구원의 근원이 되신 예수 그리스도를 믿음으로 말미암아 그 안에서 하나님의 아들이 되었습니다.

"너희가 다 믿음으로 말미암아 그리스도 예수 안에서 하나님의 아들이 되었으니"(갈 3:26).

그리스도 예수께서 죄인을 구원하시려고 세상에 임하셨다는 이 말은 모든 사람이 진실로 받을 만한 것입니다. 그러므로 우리는 죄인이기 때문에 예수님을 믿음으로 구원을 얻을 수가 있는 것입니다.

> "미쁘다 모든 사람이 받을 만한 이 말이여 그리스도 예수께서 죄인을 구원하시려고 세상에 임하셨다 하였도다"(딤전 1:15).

내가 만일 내 입으로 예수를 주로 시인하며, 또 하나님께서 그를 죽은 자 가운데서 살리신 것을 내 마음에 믿으면 구원을 얻을 수가 있는 것입니다.

> "네가 만일 네 입으로 예수를 주로 시인하며 또 하나님께서 그를 죽은 자 가운데서 살리신 것을 네 마음에 믿으면 구원을 얻으리니(롬 10:9).

또한 주 예수를 믿으면 나와 내 집이 구원을 얻을 것입니다.

> "가로되 주 예수를 믿으라 그리하면 너와 네 집이 구원을 얻으리라 하고"(행 16:31).

오늘날은 하나님께서 택하신 이스라엘 백성이나 이방인이나 동일하게 주 예수의 은혜로 구원을 받습니다.

"우리가 저희와 동일하게 주 예수의 은혜로 구원 받는 줄을 믿노라 하니라"(행 15:11).

이제는 우리 구주 그리스도 예수의 나타나심으로 말미암아 사망을 폐하시고 복음으로써 생명과 썩지 아니할 것을 드러내었습니다. 그러므로 예수 그리스도의 복음을 믿음으로써 영원한 생명을 얻을 수 있는 것입니다.

"이제는 우리 구주 그리스도 예수의 나타나심으로 말미암아 나타났으니 저는 사망을 폐하시고 복음으로써 생명과 썩지 아니할 것을 드러내신지라"(딤후 1:10).

오늘날은 바로 이와 같이 예수 그리스도를 믿음으로 말미암아 구원을 얻을 수가 있으며, 이것은 또한 하나님의 은혜입니다.

"보라 지금은 은혜받을 만한 때요 보라 지금은 구원의 날이로다"(고후 6:2).

예수 그리스도는 양의 문입니다. 누구든지 그 문으로 들어가면 구원을 얻고 또 들어가며 나오며 꼴을 얻을 것이며, 이 꼴은 생명을 얻게 하고 더 풍성히 얻게 할 것입니다.

> "내가 진실로 진실로 너희에게 말하노니 나는 양의 문이라……내가 문이니 누구든지 나로 말미암아 들어가면 구원을 얻고 또는 들어가며 나오며 꼴을 얻으리라……내가 온 것은 양으로 생명을 얻게 하고 더 풍성히 얻게 하려는 것이라"(요 10:7-10).

또한 바로 위의 요한복음 10장 7-10절 말씀의 내용처럼 예수님은 길입니다. 그 길로 가면 구원을 얻고, 진리 곧 생명의 말씀으로 살아가게 되며 생명을 얻게 됩니다.

> "예수께서 가라사대 내가 곧 길이요 진리요 생명이니 나로 말미암지 않고는 아버지께로 올 자가 없느니라"(요 14:6).

예수는 우리 범죄함을 위하여 내어줌이 되고, 또한 우리를 의롭다 하심을 위하여 살아나셔서(롬 4:25) 우리들에게 부활이 되시고 생명이 되셨습니다. 그러므로 예수 그리스도를 믿는 자는 죽어도 살겠고 무릇 살아서 저를 믿는 자는 영원히 죽지 아니할 것입니다.

"예수께서 가라사대 나는 부활이요 생명이니 나를 믿는 자는 죽어도 살겠고 무릇 살아서 나를 믿는 자는 영원히 죽지 아니하리니 이것을 네가 믿느냐"(요 11:25-26).

또한 하나님은 세상을 너무나도 사랑하셔서 독생자 예수 그리스도를 보내주셨습니다. 이는 그를 믿는 자마다 누구든지 멸망치 않고 영생을 얻게 하려 하심인 것입니다.

"하나님이 세상을 이처럼 사랑하사 독생자를 주셨으니 이는 저를 믿는 자마다 멸망치 않고 영생을 얻게 하려 하심이니라"(요 3:16).

이처럼 우리는 예수 그리스도를 믿음으로 말미암아 구원을 얻고, 또한 영원한 생명을 얻을 수 있습니다. 사실 우리 모두는 하나님의 유월절 어린 양의 피를 믿음으로 말미암아 구속 곧 죄 사함을 받아 구원을 얻었지만, 여기서 분명히 짚고 넘어가야 할 것은, 곧 하나님께서 전에 지은 죄를 간과하심으로 자기의 의로우심을 나타내사 자기도 의로우시며 또한 예수 믿는 자를 의롭다 하려 하심인 것입니다.

"이제는 율법 외에 하나님의 한 의가 나타났으니 율법과 선지자들에게 증거를 받은 것이라 곧 예수 그리스도를 믿음으로 말미암아 모든 믿는 자에게 미치는 하나님의 의니 차별이 없느니라 모든 사람이 죄를 범하였으매 하나님의 영광에 이르지 못하더니 그리스도 예수 안에 있는 구속으로 말미암아 하나님의 은혜로 값없이 의롭다 하심을 얻은 자 되었느니라 이 예수를 하나님이 그의 피로 인하여 믿음으로 말미암는 화목 제물로 세우셨으니 이는 하나님께서 길이 참으시는 중에 전에 지은 죄를 간과하심으로 자기의 의로우심을 나타내려 하심이니 곧 이때에 자기의 의로우심을 나타내사 자기도 의로우시며 또한 예수 믿는 자를 의롭다 하려 하심이니라"(롬 3:21-26).

바로 이 말씀에서 분명히 알 수 있는 것은, 하나님이 예수님의 피로써 믿음으로 말미암는 화목 제물로 세우실 때에 전에 지은 죄를 간과하심으로 예수 믿는 자를 의롭다 하려 하심입니다. 즉 그리스도 예수 안에 있는 구속으로 말미암아 하나님의 은혜로 값없이 의롭다 하심을 얻을 수 있는 것입니다. 이 말씀 가운데 각별히 유의하여야 할 것은 '전에 지은 죄를 간과하심'의 내용입니다. 즉 죄 사함을 받을 당시를 현재로 기준하여 이전에 지은 죄를 간과하심입니다. 이 죄 속에 앞으로 미래에 지을 죄는 포함되어 있지 않습니다.

하나님의 구원에 있어서 염두에 둘 것은 과거나 미래가 아닙니다. 오직 현재를 기준으로 한다는 사실을 반드시 기억해야 하겠습니다 (겔 33:12-16).

구약 성경은 오늘날에 있어서 영적 거울로서 우리들의 모습을 바로 볼 수 있도록 비추어 주고 있습니다. 이에 대한 말씀을 살펴봄으로써 우리의 현재 모습과 자신을 돌아볼 수가 있는 것입니다.

바로 위의 말씀은 아래에 있는 여호와의 유월절 제사의 비유에 관한 말씀입니다.

이것은 마치 여호와께서 애굽 사람을 치러 두루 다니실 때에, 문 인방과 좌우 설주의 피를 보고 그 문을 넘으셔서, 멸하는 자로 그들의 집에 들어가서 그들을 치지 못하게 하심으로 그 집을 구원함과 같습니다.

즉 이것은 하나님이 예수님의 피로 인하여 믿음으로 말미암는 화목 제물로 세우셔서 전에 지은 죄를 간과하심으로 구원하심과 같은 비유의 말씀입니다.

"모세가 이스라엘 모든 장로를 불러서 그들에게 이르되 너희는 나가서 너희 가족대로 어린 양을 택하여 유월절 양으로 잡고 너희는 우슬초 묶음을 취하여 그릇에 담은 피에 적시어서 그 피를 문 인방과 좌우 설주에 뿌리고 아침까지 한 사람도 자기 집 문 밖에 나가지 말라 여호와께서 애굽 사람을 치러 두루 다니실 때에 문 인방과 좌우 설주의 피를 보시면 그 문을 넘으시고 멸하는 자로 너희 집에 들어가서 너희를 치지 못하게 하실 것임이니라 너희는 이 일을 규례로 삼아 너희와 너희 자손이 영원히 지킬 것이니 너희는 여호와께서 허락하신 대로 너희에게 주시는 땅에 이를 때에 이 예식을 지킬 것이라 이후에 너희 자녀가 묻기를 이 예식이 무슨 뜻이냐 하거든 너희는 이르기를 이는 여호와의 유월절 제사라 여호와께서 애굽 사람을 치실 때에 애굽에 있는 이스라엘 자손의 집을 넘으사 우리의 집을 구원하셨느니라 하라 하매 백성이 머리 숙여 경배하니라 이스라엘 자손이 물러가서 그대로 행하되 여호와께서 모세와 아론에게 명하신 대로 행하니라"(출 12:21-28).

계속해서 이와 관련된 하나님의 말씀을 더 깊이 살펴보도록 하겠습니다.

"그 후에 말씀하시기를 보시옵소서 내가 하나님의 뜻을 행하러 왔나이다 하셨으니 그 첫 것을 폐하심은 둘째 것을 세우려 하심이니라 이 뜻을 좇아 예수 그리스도의 몸을 단번에 드리심으로 말미암아 우리가 거룩함을 얻었노라 제사장마다 매일 서서 섬기며 자주 같은 제사를 드리되 이 제사는 언제든지 죄를 없게 하지 못하거니와 오직 그리스도는 죄를 위하여 한 영원한 제사를 드리시고 하나님 우편에 앉으사 그 후에 자기 원수들로 자기 발등상이 되게 하실 때까지 기다리시나니 저가 한 제물로 거룩하게 된 자들을 영원히 온전케 하셨느니라 또한 성령이 우리에게 증거하시되 주께서 가라사대 그날 후로는 저희와 세울 언약이 이것이라 하시고 내 법을 저희 마음에 두고 저희 생각에 기록하리라 하신 후에 또 저희 죄와 저희 불법을 내가 다시 기억지 아니하리라 하셨으니 이것을 사하셨은즉 다시 죄를 위하여 제사 드릴 것이 없느니라"(히 10:9-18).

이 말씀 가운데 "내가 하나님의 뜻을 행하러 왔나이다"의 내용은, 예수 그리스도가 오시기 전 구약시대에는 제사장이 매일 서서 섬기며 자주 같은 제사를 드렸습니다. 그런데 이 제사는 언제든지 죄를 없게 하지 못하므로 예수 그리스도께서 죄를 위하여 유월절 어린양으로서 화목 제물로 바쳐지게 된 것입니다. 이렇듯 한 영원한 제사를 드리고 영원한 대제사장이 되셔서 저희 죄를 사하심으로써 거룩하게 된 자들을 영원히 온전케 하셨습니다. 또한 저희에게 새 언약을 세워 하나님의 법을 저희 마음에 두고 저희 생각에 기록하리라 하신 후에, 저희 죄와 불법을 다시 기억지 아니하리라 하셨습니다. 그러므로 이제 다시는 죄를 위하여 제사 드릴 것이 없다는 것을 말씀하고 있는 것입니다.

여기서 "내 법을 저희 마음에 두고 저희 생각에 기록하리라"는 곧 언약의 말씀을 세우신 후에, 또 "저희 죄와 저희 불법을 내가 다시 기억지 아니하리라"는 예수님의 십자가의 언약의 피도 함께 세우심을 의미합니다. 이것이 바로 새 언약입니다.

이미 언약의 말씀에서 언급하였듯이 "내 법을 저희 마음에 두고 저희 생각에 기록하리라"는 이 언약의 말씀은, 너무나 중대하고 의미심장한 하나님의 말씀이기에 다시 한 번 강조해도 지나침이 없을 것입니다.

또 여기서 우리가 분명히 알아야 할 것은, 예수 그리스도께서 죄를 위하여 단번에 자기를 드려 한 영원한 제사를 드리시고, 하나님 우편에 항상 살아 계신 영원한 대제사장이 되셨다는 것입니다.

즉 예수님을 하나님께서 그의 피로 인하여 믿음으로 말미암는 화목 제물로 세우시고, 지금도 우리를 위하여 영원한 대제사장이 되게 하셔서 죄를 사하게 하셨다는 것입니다. 다시 말하면 예수 그리스도께서 죄를 사하기 위하여 영원한 화목 제물로 십자가에 돌아가심은 단번이지만, 지금도 우리에게 항상 살아서 영원한 대제사장으로서 우리를 위하여 이루 다 헤아릴 수 없을 만큼 많이 죄를 사하고 계신다는 것입니다. 그러므로 예수 그리스도를 믿음으로 말미암아 구속, 곧 죄 사함을 받아 구원 얻을 때뿐만 아니라, 구원을 받고 난 이후의 성도의 죄도 사하고 계신다는 이 사실을 분명히 알아야만 하는 것입니다.

그래서 우리는 죄를 범할 때마다 예수님이 그 죄를 사하시기 위하여 또다시 십자가에 화목 제물로 죽으실 필요가 없다는 것입니다.

이에 대하여 오늘날 많은 사람들이 곡해하는 것을 보게 됩니다. 그들은 말하기를, 예수님을 믿음으로 나의 모든 죄가 다 사함을 받았기 때문에 이제 더 이상 나에게는 죄가 없다고 합니다. 즉 나의 과거, 현재, 미래의 죄까지 모두 다 죄 사함을 받은 것으로 잘못 이해하고 있다는 것입니다.

다시 한 번 더 강조하여 말씀드립니다.

성경은 분명히 앞서 로마서 3장 25절의 말씀에서 하나님이 예수님의 피로써 믿음으로 말미암는 화목 제물로 세우실 때에, "전에 지은 죄를 간과하심으로 예수 믿는 자를 의롭다 하려 하심"이라고 가르쳐주고 있습니다. 즉 구속 곧 죄 사함을 받을 당시를 현재로 기준하여 "이전에 지은 죄를 간과"하신다는 것입니다. 그런데 이 말씀 속에는 앞으로 미래에 지을 죄는 포함되어 있지 않다는 사실입니다.

왜냐하면 구원받기 이전에는 나(자아) 곧 옛 사람이 살았지만, 구원을 받고 난 이후에는 나 자신 곧 옛사람은 장사함을 지내고, 이제 이 세상에 더 이상 존재하지 않기 때문입니다. 그래서 옛사람이 범하는 죄는 더 이상 있을 수가 없는 것입니다. 다시 말하면 '이전에 지은 죄'는 이 세상 곧 옛사람이 지은 죄만 말하는 것입니다. 구원받고 난 이후의 새로운 피조물의 죄는 여기에 포함되어 있지 않다는 것입니다.

이것은 마치 이스라엘 백성들이 애굽으로부터 홍해를 건넘으로써 구원을 얻은 이후 하나님께서 낮에는 구름 기둥, 밤에는 불 기둥으로 인도하심을 따라 젖과 꿀이 흐르는 가나안 땅을 향하여 광야에서 나그네 삶을 살아간 것과 같습니다. 이제 구원을 받은 우리는 이 세상 백성이 아니라 천국 백성의 삶을 살아야 합니다. 즉 이 세상과 작별하고 성령의 인도하심을 따라 우리의 본향인 천국을 향하여 이 땅에서 나그네의 삶을 살아가야만 하는 존재입니다.

그래서 구원받은 이후에는 성령으로 거듭난 새로운 피조물로서 성령으로 살아가도록 하셨습니다. 이는 그리스도 예수 안에 있는 생명의 성령의 법이 죄와 사망의 법에서 우리를 해방하여 친히 인도하시기 때문입니다. 이제 우리는 성령의 인도하심으로 죄에게서 해방되고 하나님께 종이 되어 거룩함에 이르는 열매를 맺는 새로운 피조물의 삶을 마땅히 살아가야만 합니다.

이렇게 성령으로 살아갈 때에 새 생명 가운데서 행하여 살아갈 수가 있는 것입니다. 그래서 성령은 우리로 하여금 일상생활 가운데서 죄를 범하였을 때에 하나님께 회개나 죄의 자백을 드리도록 하여 물로 씻어 말씀으로 깨끗하게 하는 것입니다.

> "만일 우리가 우리 죄를 자백하면 저는 미쁘시고 의로우사 우리 죄를 사하시며 모든 불의에서 우리를 깨끗케 하실 것이요"(요일 1:9).

이렇게 물로 씻어 말씀으로 깨끗하게 하시므로 다시 빛 가운데 거하여 살아갈 수 있으며 예수의 피가 우리를 모든 죄에서 깨끗하게 하시는 것입니다.

> "저가 빛 가운데 계신 것같이 우리도 빛 가운데 행하면 우리가 서로 사귐이 있고 그 아들 예수의 피가 우리를 모든 죄에서 깨끗하게 하실 것이요"(요일 1:7).

이처럼 우리는 예수 그리스도 안에서 옛 사람이 죽고, 이제 성령으로 살아가야만 하는 새 사람이 된 것입니다.

이에 대한 하나님의 말씀을 좀 더 살펴봄으로써 이해를 돕고자 합니다.

> "너희는 유혹의 욕심을 따라 썩어져 가는 구습을 좇는 옛사람을 벗어 버리고 오직 심령으로 새롭게 되어 하나님을 따라 의와 진리의 거룩함으로 지으심을 받은 새 사람을 입으라"(엡 4:22-24).

구원을 받기 전에는 유혹의 욕심을 따라 썩어져 가는 구습을 좇는 옛 사람이었지만, 예수님을 믿고 구원을 받은 이후에는 오직 심령으로 새롭게 되어 하나님을 따라 의와 진리의 거룩함으로 지으심을 받은 새 사람이 된 것입니다.

"무릇 그리스도 예수와 합하여 세례를 받은 우리는 그의 죽으심과 합하여 세례 받은 줄을 알지 못하느뇨 그러므로 우리가 그의 죽으심과 합하여 세례를 받음으로 그와 함께 장사되었나니 이는 아버지의 영광으로 말미암아 그리스도를 죽은 자 가운데서 살리심과 같이 우리로 또한 새 생명 가운데서 행하게 하려 함이니라 만일 우리가 그의 죽으심을 본받아 연합한 자가 되었으면 또한 그의 부활을 본받아 연합한 자가 되리라"(롬 6:3-5).

우리가 그의 죽으심과 합하여 세례를 받음으로 그와 함께 장사되었으니, 이는 아버지의 영광으로 말미암아 그리스도를 죽은 자 가운데서 살리심과 같이, 우리로 또한 새 생명 가운데서 행하게 하려 함인 것입니다. 만일 우리가 그의 죽으심을 본받아 연합한 자가 되었으면 또한 그의 부활을 본받아 연합한 자가 되어야만 하며, 이로 인하여 새 생명을 얻을 수가 있는 것입니다.

"우리가 알거니와 우리 옛 사람이 예수와 함께 십자가에 못 박힌 것은 죄의 몸이 멸하여 다시는 우리가 죄에게 종노릇하지 아니하려 함이니 이는 죽은 자가 죄에서 벗어나 의롭다 하심을 얻었음이니라"(롬 6:6-7).

우리 옛 사람이 예수와 함께 십자가에 못 박힌 것은 죄의 몸이 멸하여 다시는 우리가 죄에게 종노릇하지 아니하려 함입니다. 이는 곧 죽은 자가 죄에서 벗어나 의롭다 하심을 얻음과 같이 또한 우리로 하여금 죄에서 벗어나 의롭다 하심을 얻게 하기 위함입니다.

"내가 그리스도와 함께 십자가에 못 박혔나니 그런즉 이제는 내가 산 것이 아니요 오직 내 안에 그리스도께서 사신 것이라 이제 내가 육체 가운데 사는 것은 나를 사랑하사 나를 위하여 자기 몸을 버리신 하나님의 아들을 믿는 믿음 안에서 사는 것이라"(갈 2:20).

내가 그리스도와 함께 십자가에 못 박힘으로써 이제는 내가 사는 것이 아니고 오직 내 안에 그리스도께서 사시는 것입니다. 그러므로 이 땅에서 나를 살아가게 하는 것은 내(자아)가 아니라 오직 내 안에 계신 그리스도인 것입니다. 이 같은 삶이 그리스도 안에서 온전한 믿음을 이루는 것입니다. 바로 이것이 곧 "나를 사랑하사 나를 위하여 자기 몸을 버리신 하나님의 아들을 믿는 믿음 안에서 사는 것"을 의미합니다. 여기서 "하나님의 아들을 믿는 믿음"은 언약의 말씀과 언약의 피, 곧 온전한 믿음을 의미합니다. 그래서 이제 내가 육체 가운데 사는 것은 이 온전한 믿음으로 말미암아 사는 것입니다. "오직 의인은 믿음으로 말미암아 살리라"(롬 1:17)라는 말씀에서 믿음은 바로 이 온전한 믿음을 뜻합니다. 이 온전한 믿음이 우리로 하여금 영생을 얻게 합니다.

> "복음에는 하나님의 의가 나타나서 믿음으로 믿음에 이르게 하나니 기록된 바 오직 의인은 믿음으로 말미암아 살리라 함과 같으니라"(롬 1:17).
> "친히 나무에 달려 그 몸으로 우리 죄를 담당하셨으니 이는 우리로 죄에 대하여 죽고 의에 대하여 살게 하려 하심이라"(벧전 2:24).

예수님께서 친히 나무에 달려 그 몸으로 우리 죄를 담당하심은, 우리로 죄에 대하여 죽고 의에 대하여 살게 하려 하심입니다.

여기서 하나님의 구원에 있어서 반드시 알아야 할 것은 과거도 미래도 아니며 오직 현재를 기준으로 한다는 사실입니다(겔 33:12-16).

그래서 사도 바울도 오직 한 일, 즉 뒤에 있는 것은 잊어버리고 앞에 있는 것, 곧 그리스도 예수께 잡힌 바 된 그것을 잡으려고 좇아갔던 것입니다.

"어찌하든지 죽은 자 가운데서 부활에 이르려 하노니 내가 이미 얻었다 함도 아니요 온전히 이루었다 함도 아니라 오직 내가 그리스도 예수께 잡힌 바 된 그것을 잡으려고 좇아가노라 형제들아 나는 아직 내가 잡은 줄로 여기지 아니하고 오직 한 일 즉 뒤에 있는 것은 잊어버리고 앞에 있는 것을 잡으려고"(빌 3:11-13).

그러면 구원을 받은 이후에 죄를 범했을 때는 어떻게 해야 죄 사함을 받을 수 있을까요?

이것은 마치 하나님의 택한 이스라엘 백성들이 홍해를 건너 애굽 백성으로부터 구원을 받은 이후 광야 생활을 할 때에 낮에는 구름 기둥, 밤에는 불 기둥으로 그들 앞에서 인도하여 만나를 먹고 반석에서 나는 물을 마시고 살다가, 그들 중에 죄나 허물을 범하였을 때에 제물을 하나님께 바쳐 제사장이 속죄제나 속건제를 드리는 것과 같습니다.

그렇게 제사를 통해 속죄하여 사함을 얻도록 하였듯이, 오늘날은 예수님의 십자가 보혈을 믿음으로 말미암아 구속, 곧 죄 사함 받아 구원을 얻게 됩니다. 그 이후에는 성령이 진리 가운데로 인도하심으로 죄나 허물을 드러나게 하였을 때에, 하나님께 회개나 죄의 자백을 드리도록 해야 합니다. 이렇듯 물로 씻어 말씀으로 깨끗하게 하심으로, 영원한 대제사장이신 예수 그리스도의 영원한 속죄 제물의 십자가의 피로써, 우리의 죄를 사하시고 모든 불의에서 우리를 깨끗하게 하신다는 말씀입니다.

다시 말하면 이렇게 하나님께 회개나 죄의 자백을 드림으로써 죄 사함을 받고 모든 불의에서 깨끗하게 되면, 우리는 다시 빛 가운데 거하여 성령으로 살아갈 수 있습니다. 또한 우리가 빛 가운데 거함으로 서로 사귐이 있고, 그 아들 예수의 피가 우리를 모든 죄에서 깨끗하게 하신다는 것입니다.

> "만일 우리가 우리 죄를 자백하면 저는 미쁘시고 의로우사 우리 죄를 사하시며 모든 불의에서 우리를 깨끗케 하실 것이요"(요일 1:9).
> "저가 빛 가운데 계신 것같이 우리도 빛 가운데 행하면 우리가 서로 사귐이 있고 그 아들 예수의 피가 우리를 모든 죄에서 깨끗하게 하실 것이요"(요일 1:7).
> "곧 하나님 아버지의 미리 아심을 따라 성령의 거룩하게 하심으로 순종함과 예수 그리스도의 피 뿌림을 얻기 위하여 택하심을 입은 자들에게 편지하노니 은혜와 평강이 너희에게 더욱 많을지어다"(벧전 1:2).

이와 같이 예수 그리스도 안에서 그를 힘입어 하나님께 나아가는 자들을 온전히 구원할 수 있음은, 그가 항상 살아서 저희를 위하여 간구하시기 때문입니다.

> "그러므로 자기를 힘입어 하나님께 나아가는 자들을 온전히 구원하실 수 있으니 이는 그가 항상 살아서 저희를 위하여 간구하심이니라"(히 7:25).

예수님은 구원하실 때뿐만 아니라, 구원을 받은 이후에도 영원한 대제사장으로서 우리의 죄를 사하고 계신다는 사실을 결코 잊어서는 안 될 것입니다.

다시 말하면 예수 그리스도가 우리의 영원한 대제사장이 되셔서 구원할 때에도 죄를 사하시고, 또 구원을 받고 난 이후에도 성도의 죄를 사하신다는 것입니다. 여기서 확실히 짚고 넘어가야 할 것은 구원받을 때의 죄와 구원받고 난 이후의 죄는 동일한 죄가 아니라 별개의 죄로 각각 다르다는 것입니다.

또한 여기서 분명히 알아야 할 것은, 예수 그리스도의 십자가의 피로써 영원한 속죄를 이루사 우리의 "믿음의 제물"(빌 2:17)을 하나님께 드려 예수 그리스도가 영원한 대제사장이 되셔서 속죄한즉, 우리 죄가 사함을 받는다는 사실입니다.

이를 위하여 예수 그리스도께서 유월절 어린양으로 영원한 화목제물로 자신을 드려 오직 자기 피로 영원한 속죄를 이루셨습니다.

또한 장래 좋은 일의 대제사장으로 오사 손으로 짓지 아니한, 곧 이 창조에 속하지 아니한 더 크고 온전한 장막에서 영원한 대제사장이 되셨습니다. 그리고 오늘도 항상 살아서 우리를 위하여 간구하고 계신다는 사실을 결코 잊어서는 안 될 것입니다.

이러한 대제사장은 우리에게 합당하니 거룩하고 악이 없고 더러움이 없고, 죄인에게서 떠나 계시고 하늘보다 높이 되신 자입니다. 대제사장이 먼저 자기 죄를 위하고 다음에 백성의 죄를 위하여 날마다 제사를 드리는 것과 같이 할 필요가 없으니, 이는 예수께서 단번에 자기를 드려 대속을 이루었기 때문입니다. 또한 율법은 약점을 가진 사람들을 제사장으로 세웠지만, 율법 후에 하신 맹세의 말씀은 영원히 온전케 되신 아들을 세우신 것입니다.

"또 예수께서 제사장 된 것은 맹세 없이 된 것이 아니니 저희는 맹세 없이 제사장이 되었으되 오직 예수는 자기에게 말씀하신 자로 말미암아 맹세로 되신 것이라 주께서 맹세하시고 뉘우치지 아니하시리니 네가 영원히 제사장이라 하셨도다 이와 같이 예수는 더 좋은 언약의 보증이 되셨느니라 저희 제사장 된 자의 수효가 많은 것은 죽음을 인하여 항상 있지 못함이로되 예수는 영원히 계시므로 그 제사 직분도 갈리지 아니하나니 그러므로 자기를 힘입어 하나님께 나아가는 자들을 온전히 구원하실 수 있으니 이는 그가 항상 살아서 저희를 위하여 간구하심이니라 이러한 대제사장은 우리에게 합당하니 거룩하고 악이 없고 더러움이 없고 죄인에게서 떠나 계시고 하늘보다 높이 되신 자라 저가 저 대제사장들이 먼저 자기 죄를 위하고 다음에 백성의 죄를 위하여 날마다 제사 드리는 것과 같이 할 필요가 없으되 이는 저가 단번에 자기를 드려 이루셨음이니라 율법은 약점을 가진 사람들을 제사장으로 세웠거니와 율법 후에 하신 맹세의 말씀은 영원히 온전케 되신 아들을 세우셨느니라"(히 7:20-28).

또한 예수 그리스도가 우리 구원받은 자들을 위하여 하늘에 승천하셔서 영원한 대제사장이 되셔서 항상 살아서 간구하시므로, 우리가 긍휼하심을 받고 때를 따라 돕는 은혜를 얻기 위하여 은혜의 보좌 앞에 담대히 나아갈 수가 있는 것입니다.

"그러므로 우리에게 큰 대제사장이 있으니 승천하신 자 곧 하나님 아들 예수시라 우리가 믿는 도리를 굳게 잡을지어다 우리에게 있는 대제사장은 우리 연약함을 체휼하지 아니하는 자가 아니요 모든 일에 우리와 한결같이 시험을 받은 자로되 죄는 없으시니라 그러므로 우리가 긍휼하심을 받고 때를 따라 돕는 은혜를 얻기 위하여 은혜의 보좌 앞에 담대히 나아갈 것이니라"(히 4:14-16).

그리스도께서 장래 좋은 일의 대제사장으로 오사 영원하신 성령으로 말미암아 흠 없는 자기를 하나님께 드린 그리스도의 피가 어찌 우리 양심으로 죽은 행실에서 깨끗하게 하고 살아 계신 하나님을 섬기게 못하겠습니까? 이를 인하여 그는 새 언약의 중보니 이는 첫 언약 때에 범한 죄를 속하려고 죽으사, 부르심을 입은 자로 하여금 영원한 기업의 약속을 얻게 하려 하심인 것입니다.

"그리스도께서 장래 좋은 일의 대제사장으로 오사 손으로 짓지 아니한 곧 이 창조에 속하지 아니한 더 크고 온전한 장막으로 말미암아 염소와 송아지의 피로 아니하고 오직 자기 피로 영원한 속죄를 이루사 단번에 성소에 들어가셨느니라 염소와 황소의 피와 및 암송아지의 재로 부정한 자에게 뿌려 그 육체를 정결케 하여 거룩케 하거든 하물며 영원하신 성령으로 말미암아 흠 없는 자기를 하나님께 드린 그리스도의 피가 어찌 너희 양심으로 죽은 행실에서 깨끗하게 하고 살아 계신 하나님을 섬기게 못하겠느뇨 이를 인하여 그는 새 언약의 중보니 이는 첫 언약 때에 범한 죄를 속하려고 죽으사 부르심을 입은 자로 하여금 영원한 기업의 약속을 얻게 하려 하심이니라"(히 9:11-15).

또 하나님의 집 다스리는 큰 제사장이 계시매 우리가 마음에 뿌림을 받아 양심의 악을 깨닫고 몸을 맑은 물로 씻었으므로 참 마음과 온전한 믿음으로 하나님께 나아갈 수가 있는 것입니다.

"또 하나님의 집 다스리는 큰 제사장이 계시매 우리가 마음에 뿌림을 받아 양심의 악을 깨닫고 몸을 맑은 물로 씻었으니 참 마음과 온전한 믿음으로 하나님께 나아가자"(히 10:21-22).

그러므로 이제 우리는 이런 영원한 구원의 근원이 되시고 장래 좋은 일의 대제사장으로 오사 손으로 짓지 아니한, 곧 이 창조에 속하지 아니한 더 크고 온전한 장막에서 영원한 대제사장이 되어, 항상 살아서 저희를 위하여 간구하고 계시는 예수 그리스도에게 구원의 권능이 있음을 분명히 직시하지 않으면 안 될 것입니다.

우리가 이 보배를 질그릇에 가진 것은 능력의 심히 큰 것이 하나님께 있고 우리에게 있지 아니함을 알게 하려 함인 것입니다. 여기서 보배는 곧 예수 그리스도를 뜻하며, 예수 그리스도는 곧 영생을 말합니다.

"우리가 이 보배를 질그릇에 가졌으니 이는 능력의 심히 큰 것이 하나님께 있고 우리에게 있지 아니함을 알게 하려 함이라"(고후 4:7).

저를 세우시는 권능이 하인인 우리에게 있지 아니하고 제 주인인 주께 그 권능이 있습니다.

"남의 하인을 판단하는 너는 누구뇨 그 섰는 것이나 넘어지는 것이 제 주인에게 있으매 저가 세움을 받으리니 이는 저를 세우시는 권능이 주께 있음이니라"(롬 14:4).

입법자와 재판자는 오직 한 분으로서 하나님이시며, 그는 능히 구원하기도 하시며 멸하기도 하시는 권능을 갖고 계십니다.

"입법자와 재판자는 오직 하나이시니 능히 구원하기도 하시며 멸하기도 하시느니라"(약 4:12).

그 좋은 예로 후메내오와 알렉산더가 있습니다. 이들은 그들의 착한 양심을 버림으로써 그 믿음에 관하여는 파선하였던 것입니다.

그러나 우리는 거칠고 세찬 풍랑이 높이 일더라도 우리의 믿음의 배가 부서지지 않도록 구원의 밧줄을 예수 그리스도의 반석에 단단히 매야만 하는 것입니다. 그러면 구원의 근원이신 예수 그리스도가 우리의 믿음의 배를 세찬 비, 바람과 파도에도 흔들리지 않고 안전하게 보존하여 지켜 줄 것입니다.

이와 같이 구원의 권능이 우리에게 있는 것이 아니라 하나님에게 있으므로 우리는 이 보배를 질그릇에 가진 것입니다. 그러므로 우리는 예수 그리스도의 십자가의 피로써 죄 사함 받아 구원을 받음으로써 그리스도 안에서 새 사람으로서 새 마음을 갖고 살아야만 하는 것입니다.

"믿음과 착한 양심을 가지라 어떤 이들이 이 양심을 버렸고 그 믿음에 관하여는 파선하였느니라 그 가운데 후메내오와 알렉산더가 있으니 내가 사단에게 내어준 것은 저희로 징계를 받아 훼방하지 말게 하려 함이니라"(딤전 1:19~20).

하나님이 주를 다시 살리셨고 또한 그의 권능으로 우리를 다시 살리시는 것입니다.

"하나님이 주를 다시 살리셨고 또한 그의 권능으로 우리를 다시 살리시리라"(고전 6:14).

영광과 권능은 우리에게 있지 아니하고 오직 하나님께 세세에 무궁토록 있는 것입니다.

> “누가 봉사하려면 하나님의 공급하시는 힘으로 하는 것같이 하라 이는 범사에 예수 그리스도로 말미암아 하나님이 영광을 받으시게 하려 함이니 그에게 영광과 권능이 세세에 무궁토록 있느니라 아멘”(벧전 4:11).

또한 앞서 하나님의 권능과 마찬가지로 하나님의 긍휼에 있어서도 이런 영원한 구원의 근원이 되시고 장래 좋은 일의 대제사장으로 오사 손으로 짓지 아니한 곧 이 창조에 속하지 아니한 더 크고 온전한 장막에서 영원한 대제사장이 되어 항상 살아서 우리를 위하여 간구하고 계시는 예수 그리스도에게 긍휼이 있음을 우리는 확실히 알아야만 할 것입니다.

바로 이와 같은 긍휼에 대한 하나님의 말씀을 살펴보도록 하겠습니다.

> “너희는 가서 내가 긍휼을 원하고 제사를 원치 아니하노라 하신 뜻이 무엇인지 배우라 내가 의인을 부르러 온 것이 아니요 죄인을 부르러 왔노라 하시니라”(마 9:13).

예수님께서 의인을 부르러 오신 것이 아니라 죄인을 부르러 이 땅에 오신 것은 그들을 긍휼히 여기사 구원하시기 위함입니다.

"모세에게 이르시되 내가 긍휼히 여길 자를 긍휼히 여기고 불쌍히 여길 자를 불쌍히 여기리라 하셨으니 그런즉 원하는 자로 말미암음도 아니요 달음박질하는 자로 말미암음도 아니요 오직 긍휼히 여기시는 하나님으로 말미암음이니라"(롬 9:15-16).

우리의 구원은 원하는 자로 말미암음도 아니요, 달음박질하는 자로 말미암음도 아니요, 오직 하나님께서 긍휼히 여길 자를 긍휼히 여기고 불쌍히 여길 자를 불쌍히 여기심으로 말미암음입니다.

"이 사람아 네가 뉘기에 감히 하나님을 힐문하느뇨 지음을 받은 물건이 지은 자에게 어찌 나를 이같이 만들었느냐 말하겠느뇨 토기장이가 진흙 한 덩이로 하나는 귀히 쓸 그릇을, 하나는 천히 쓸 그릇을 만드는 권이 없느냐 만일 하나님이 그 진노를 보이시고 그 능력을 알게 하고자 하사 멸하기로 준비된 진노의 그릇을 오래 참으심으로 관용하시고 또한 영광 받기로 예비하신 바 긍휼의 그릇에 대하여 그 영광의 부요함을 알게 하고자 하셨을지라도 무슨 말하리요 이 그릇은 우리니 곧 유대인 중에서뿐 아니라 이방인 중에서도 부르신 자니라"(롬 9:20-24).

토기장이가 진흙 한 덩이로 하나는 귀히 쓸 그릇을, 하나는 천히 쓸 그릇을 만드는 권이 있듯이 이처럼 하나님은 토기장이로서 우리를 그릇으로 만드시고 부르셔서 하나님의 긍휼을 입게 하시고, 또한 하나님의 영광의 부요함을 알게 하고자 하셨습니다. 이와 같은 하나님의 크신 사랑과 은혜에 대하여 늘 감사와 찬양을 드린다고 할지라도 다함이 없을 것입니다.

"하나님이 모든 사람을 순종치 아니하는 가운데 가두어 두심은 모든 사람에게 긍휼을 베풀려 하심이로다"(롬 11:32).

하나님이 모든 사람을 순종치 아니하는 가운데 가두어 두심은 모든 사람을 긍휼히 여기사 구원을 얻게 하려 하심입니다.

"긍휼에 풍성하신 하나님이 우리를 사랑하신 그 큰 사랑을 인하여 허물로 죽은 우리를 그리스도와 함께 살리셨고 (너희가 은혜로 구원을 얻은 것이라)"(엡 2:4-5).

허물로 죽은 우리를 하나님이 사랑하셔서 긍휼히 여기심으로 그의 은혜로 구원을 얻게 하셨습니다.

"하나님의 사랑 안에서 자기를 지키며 영생에 이르도록 우리 주 예수 그리스도의 긍휼을 기다리라"(유 1:21).

구원받은 우리는 예수 그리스도의 긍휼을 얻을 수 있도록 하나님의 사랑 안에서 자기를 지키며 영생에 이르도록 성령으로 살아야만 합니다. 즉 영생은 우리의 권능에 달려 있는 것이 아니라 우리 주 예수 그리스도의 긍휼에 달려 있는 것입니다.

"너희가 전에는 백성이 아니더니 이제는 하나님의 백성이요 전에는 긍휼을 얻지 못하였더니 이제는 긍휼을 얻은 자니라"(벧전 2:10).

우리가 전에는 하나님의 긍휼을 얻지 못하여 하나님의 백성이 아니었으나, 이제는 하나님의 긍휼을 얻음으로 하나님의 백성이 된 것입니다.

"우리를 구원하시되 우리의 행한 바 의로운 행위로 말미암지 아니하고 오직 그의 긍휼하심을 좇아 중생의 씻음과 성령의 새롭게 하심으로 하셨나니"(딛 3:5).

우리를 구원하시되 우리의 행한 바 의로운 행위로 말미암지 아니하고, 오직 그의 긍휼히 여기심을 받을 수 있도록 우리의 중생의 씻음과 성령의 새롭게 하신 것으로 하셨습니다. 즉 우리의 의로운 행위로 말미암지 아니하고, 오직 우리의 중생의 씻음과 성령의 새롭게 하심으로 하나님의 긍휼에 합당한 자로 여기사 우리를 구원하시는 것입니다.

이와 같이 하나님은 우리를 극진히 사랑하셔서 우리 죄를 위하여 화목제로 독생자 예수 그리스도를 보내 주시고, 그의 십자가의 피로 인하여 믿음으로 말미암는 구원을 주셨습니다. 이러한 구원의 권능이 하나님께 있으며, 또한 하나님께서 우리를 긍휼히 여기사 구원하셨다는 사실을 우리가 분명히 알아야만 하겠습니다.

그러므로 우리는 구원의 권능이 우리에게 있지 아니하고 하나님께 있으므로 그의 긍휼하심을 좇아 받을 수 있도록 간절히 기다려야만 하는 것입니다.

지금은 우리가 하나님의 자녀입니다. 장래에 어떻게 될 것은 아직 나타나지 아니하였습니다. 하나님께서 나타내심을 소망한다면 그의 깨끗하심과 같이 자기를 깨끗하게 하고 그의 긍휼히 여기심을 간절히 기다려야 할 것입니다.

"사랑하는 자들아 우리가 지금은 하나님의 자녀라 장래에 어떻게 될 것은 아직 나타나지 아니하였으나 그가 나타내심이 되면 우리가 그와 같을 줄을 아는 것은 그의 계신 그대로 볼 것을 인함이니 주를 향하여 이 소망을 가진 자마다 그의 깨끗하심과 같이 자기를 깨끗하게 하느니라"(요일 3:2-3).

이와 같이 구원이 우리의 권한에 속한 것이 아니라 하나님의 권능과 긍휼에 달려 있기 때문에, 사도 바울과 베드로는 이미 구원을 받은 자들에게 다음과 같이 서신서에서 말씀하고 있습니다.

빌립보서 2장 12절 말씀을 보면, 바울은 빌립보 교회에게 "항상 복종하여 두렵고 떨림으로 너희 구원을 이루라"고 말씀하고 있습니다.

"그러므로 나의 사랑하는 자들아 너희가 나 있을 때뿐 아니라 더욱 지금 나 없을 때에도 항상 복종하여 두렵고 떨림으로 너희 구원을 이루라"(빌 2:12).

베드로는 베드로전서 1장 15-17절 말씀에서 사람을 외모로 보시지 않고 각 사람의 행위대로 판단하시는 아버지 하나님이 거룩한 자인 것처럼, 우리도 모든 행실에 거룩한 자가 되도록 나그네로 있을 때를 두려움으로 지낼 것을 말씀하고 있습니다.

"오직 너희를 부르신 거룩한 자처럼 너희도 모든 행실에 거룩한 자가 되라 기록하였으되 내가 거룩하니 너희도 거룩할지어다 하셨느니라 외모로 보시지 않고 각 사람의 행위대로 판단하시는 자를 너희가 아버지라 부른즉 너희의 나그네로 있을 때를 두려움으로 지내라"(벧전 1:15-17).

하나님의 약속은 거룩한 행실과 경건함, 곧 의에 거하는 자가 새 하늘과 새 땅의 도래를 바라볼 수 있다는 것입니다. 그래서 주 앞에서 점도 없고 흠도 없이 평강 가운데서 나타나기를 힘쓰라고 사도 베드로는 서신서를 썼고, 사도 바울도 이같이 썼다는 것입니다. 이는 곧 권능과 긍휼이 하나님께 있고 우리에게 있지 아니하기 때문입니다.

"사랑하는 자들아 주께는 하루가 천 년 같고 천 년이 하루 같은 이 한 가지를 잊지 말라 주의 약속은 어떤 이의 더디다고 생각하는 것같이 더딘 것이 아니라 오직 너희를 대하여 오래 참으사 아무도 멸망치 않고 다 회개하기에 이르기를 원하시느니라 그러나 주의 날이 도적같이 오리니……이 모든 것이 이렇게 풀어지리니 너희가 어떠한 사람이 되어야 마땅하뇨 거룩한 행실과 경건함으로 하나님의 날이 임하기를 바라보고 간절히 사모하라 그날에 하늘이 불에 타서 풀어지고 체질이 뜨거운 불에 녹아지려니와 우리는 그의 약속대로 의의 거하는 바 새 하늘과 새 땅을 바라보도다 그러므로 사랑하는 자들아 너희가 이것을 바라보나니 주 앞에서 점도 없고 흠도 없이 평강 가운데서 나타나기를 힘쓰라 또 우리 주의 오래 참으심이 구원이 될 줄로 여기라 우리 사랑하는 형제 바울도 그 받은 지혜대로 너희에게 이같이 썼고 또 그 모든 편지에도 이런 일에 관하여 말하였으되"(벧후 3:8-16).

그래서 우리가 여호와 하나님을 경외할 수밖에 없는 것입니다. 왜냐하면 여호와를 경외함이 곧 지혜의 근본이기 때문입니다. 여기서 지혜의 근본은 곧 예수 그리스도를 말합니다. 예수 그리스도는 곧 영생을 뜻합니다. 따라서 여호와를 경외하는 것이 곧 영생을 얻는 것이기 때문에, 여호와를 경외할 수밖에 없는 것입니다.

"여호와를 경외함이 곧 지혜의 근본이라 그 계명을 지키는 자는 다 좋은 지각이 있나니 여호와를 찬송함이 영원히 있으리로다"(시 111:10).

우리는 바로 앞의 말씀에서도 지혜에 대하여 살펴보았습니다. 이 지혜에 대해 좀 더 자세히 상고해 보도록 하겠습니다.

"또 네가 어려서부터 성경을 알았나니 성경은 능히 너로 하여금 그리스도 예수 안에 있는 믿음으로 말미암아 구원에 이르는 지혜가 있게 하느니라"(딤후 3:15).

성경은 그리스도 예수 안에 있는 믿음으로 말미암아 구원에 이르는 지혜가 있게 합니다. 이 지혜는 곧 예수 그리스도를 의미하며, 예수 그리스도는 곧 영생을 말합니다. 그러므로 성경은 곧 영생에 대하여 기록되어 있는 것입니다.

"오직 부르심을 입은 자들에게는 유대인이나 헬라인이나 그리스도는 하나님의 능력이요 하나님의 지혜니라"(고전 1:24).

예수 그리스도는 우리 구원을 얻은 자들에게 하나님의 능력이요 하나님의 지혜입니다.

"너희는 하나님께로부터 나서 그리스도 예수 안에 있고 예수는 하나님께로서 나와서 우리에게 지혜와 의로움과 거룩함과 구속함이 되셨으니"(고전 1:30).

그리스도 예수는 우리에게 구속함과 거룩함과 의로움과 지혜가 되셨습니다. 즉 그리스도 예수는 우리에게 처음은 구속함이요, 다음은 거룩함이요, 그 다음은 의로움이요, 마지막은 지혜입니다. 바로 이 지혜가 예수 그리스도를 의미하며, 예수 그리스도는 곧 영생인 것입니다.

다음은 보배에 대하여 여러 하나님의 말씀을 상고하여 봄으로써 이해를 얻고자 합니다.

> "사랑 안에서 연합하여 원만한 이해의 모든 부요에 이르러 하나님의 비밀인 그리스도를 깨닫게 하려 함이라 그 안에는 지혜와 지식의 모든 보화가 감취어 있느니라"(골 2:2-3).

사랑 안에서 하나님의 비밀인 그리스도를 깨달을 수가 있으며, 하나님의 비밀인 그리스도 안에는 지혜와 지식의 모든 보화가 감추어져 있습니다. 이 보화 곧 보배가 예수 그리스도이며, 예수 그리스도는 곧 영생입니다.

> "우리가 이 보배를 질그릇에 가졌으니 이는 능력의 심히 큰 것이 하나님께 있고 우리에게 있지 아니함을 알게 하려 함이라"(고후 4:7).

우리가 이 보배를 질그릇에 가졌으므로 이는 능력의 심히 큰 것이 하나님께 있고 우리에게 있지 아니함을 알게 하려 함입니다. 여기서 보배는 예수 그리스도를 뜻하며, 예수 그리스도는 곧 영생인 것입니다.

"너의 시대에 평안함이 있으며 구원과 지혜와 지식이 풍성할 것이니 여호와를 경외함이 너의 보배니라"(사 33:6).

여호와를 경외하는 것이 보배입니다. 여기서 보배는 곧 예수 그리스도를 의미하며, 예수 그리스도는 곧 영생을 뜻합니다. 그러므로 여호와를 경외하는 것이 곧 보배입니다.

"또한 모든 것을 해로 여김은 내 주 그리스도 예수를 아는 지식이 가장 고상함을 인함이라 내가 그를 위하여 모든 것을 잃어버리고 배설물로 여김은 그리스도를 얻고"(빌 3:8).

사도 바울은 내 주 그리스도 예수를 아는 지식이 가장 고상하므로, 이를 위하여 모든 것을 잃어버리고 배설물로 여김은 그리스도 예수를 얻고자 함인 것입니다. 그리스도 예수를 얻는 것이 바로 영생을 얻는 것이기 때문입니다.

이와 같이 구원의 속성에 대해 살펴보았는데, 이제 여러분은 이 구원의 능력의 심히 큰 것이 하나님께 있고 우리에게 있지 아니하며, 또한 하나님의 권능과 긍휼에 달려 있다는 것을 명확히 이해하였으리라 짐작이 됩니다.

이에 관련된 또 다른 내용의 말씀을 상고해 봄으로써, 여러분의 믿음을 보다 굳건히 하는 데 도움을 드리고자 합니다.

"그 후에 말씀하시기를 보시옵소서 내가 하나님의 뜻을 행하러 왔나이다 하셨으니 그 첫 것을 폐하심은 둘째 것을 세우려 하심이니라 이 뜻을 좇아 예수 그리스도의 몸을 단번에 드리심으로 말미암아 우리가 거룩함을 얻었노라 제사장마다 매일 서서 섬기며 자주 같은 제사를 드리되 이 제사는 언제든지 죄를 없게 하지 못하거니와 오직 그리스도는 죄를 위하여 한 영원한 제사를 드리시고 하나님 우편에 앉으사 그 후에 자기 원수들로 자기 발등상이 되게 하실 때까지 기다리시나니 저가 한 제물로 거룩하게 된 자들을 영원히 온전케 하셨느니라 또한 성령이 우리에게 증거하시되 주께서 가라사대 그날 후로는 저희와 세울 언약이 이것이라 하시고 내 법을 저희 마음에 두고 저희 생각에 기록하리라 하신 후에 또 저희 죄와 저희 불법을 내가 다시 기억지 아니하리라 하셨으니 이것을 사하셨은즉 다시 죄를 위하여 제사 드릴 것이 없느니라"(히 10:9-18).

예수 그리스도는 하나님의 뜻을 행하러 이 세상에 오셨습니다. 이 뜻을 좇아 예수 그리스도의 몸을 단번에 드리심으로 말미암아 우리가 거룩함을 얻었으며, 또한 저가 한 제물로 거룩하게 된 자들을 영원히 온전케 하셨습니다.

여기서 우리는 하나님의 뜻을 크게 두 가지로 나누어 볼 수 있겠습니다.

첫째는, 이 뜻을 좇아 예수 그리스도의 몸을 유월절 어린양의 화목 제물로 단번에 드림으로써, 이제 우리는 이 사실을 믿음으로 우리의 전에 지은 죄를 간과하셨습니다. 이같이 우리의 전에 지은 죄를 간과하셨으므로 우리가 의롭다 함을 얻게 되었습니다.

이로써 우리가 구원을 얻었으므로 하나님의 택하신 거룩한 백성과 하나님의 자녀가 되었다는 사실입니다.

다시 말하면 유월절 어린양 되신 예수 그리스도의 십자가의 피를 믿음으로 구속, 곧 죄 사함을 받음으로써 일반적인 구원을 얻은 것을 의미합니다.

> "이 예수를 하나님이 그의 피로 인하여 믿음으로 말미암는 화목 제물로 세우셨으니 이는 하나님께서 길이 참으시는 중에 전에 지은 죄를 간과하심으로 자기의 의로우심을 나타내려 하심이니 곧

이때에 자기의 의로우심을 나타내사 자기도 의로우시며 또한 예수 믿는 자를 의롭다 하려 하심이니라"(롬 3:25-26).

둘째는, 바로 앞의 첫째에서 언급하였듯이 하나님께서 길이 참으시는 중에 우리의 전에 지은 죄를 간과하심으로, 하나님의 택하신 거룩한 백성이며 하나님의 자녀인 우리에게 새 언약을 세우셨다는 사실입니다.

다시 말하면 유월절 어린양의 피로써 애굽 백성으로부터 구원을 받은 하나님의 택하신 이스라엘 백성들에게 첫 언약을 세우셨듯이, 오늘날은 예수 그리스도의 십자가의 피로써 죄 사함을 받아 일반적인 구원을 얻은 성도들에게 새 언약을 세우셨다는 것입니다.

이렇게 일반적인 구원을 얻은 성도들에게 세우신 새 언약은, 이제 옛사람은 죽고 없으며 그리스도 안에서 새로운 피조물로서 말씀을 좇아 성령으로 살아가는 삶을 의미합니다.

이에 관련되는 부분적인 말씀들을 좀 더 살펴보도록 하겠습니다.

히브리서 10장 15-17절의 "또한 성령이 우리에게 증거하시되 주께서 가라사대 그날 후로는 저희와 세울 언약이 이것이라 하시고 내 법을 저희 마음에 두고 저희 생각에 기록하리라 하신 후에 또 저희 죄와 저희 불법을 내가 다시 기억지 아니하리라"라는 말씀과, 아래의 히브리서 8장 10-12절에서 "또 주께서 가라사대 그날 후에 내가 이스라엘 집으로 세울 언약이 이것이니 내 법을 저희 생각에 두고 저희 마음에 이것을 기록하리라 나는 저희에게 하나님이 되고 저희는 내게 백성이 되리라 또 각각 자기 나라 사람과 각각 자기 형제를 가르쳐 이르기를 주를 알라 하지 아니할 것은 저희가 작은 자로부터 큰 자까지 다 나를 앎이니라 내가 저희 불의를 긍휼히 여기고 저희 죄를 다시 기억하지 아니하리라" 하신 말씀을 종합하여 살펴볼 때에, 바로 앞의 첫째에서 언급한 하나님의 택하신 거룩한 백성이며 하나님의 자녀인 그들에게, 주께서 새 언약을 세우시는 장면을 엿볼 수 있습니다.

특히 아래의 히브리서 8장 10-11절의 "그날 후에 내가 이스라엘 집으로 세울 언약이 이것이니 내 법을 저희 생각에 두고 저희 마음에 이것을 기록하리라 나는 저희에게 하나님이 되고 저희는 내게 백성이 되리라 또 각각 자기 나라 사람과 각각 자기 형제를 가르쳐 이르기를 주를 알라 하지 아니할 것은 저희가 작은 자로부터 큰 자까지 다 나를 앎이니라"라는 말씀에서 이미 구원을 받은 하나님의 택하신 백성이며 하나님의 자녀인 것을 잘 나타내 주고 있습니다.

그 가운데에서도 "그날 후에 내가 이스라엘 집으로 세울 언약이 이것이니"라는 말씀과 "저희가 작은 자로부터 큰 자까지 다 나를 앎이니라" 하신 말씀은, 이미 구원을 받은 하나님의 택하신 백성인 것과 하나님의 자녀인 것을 더욱 명백히 밝히고 있습니다.

"또 주께서 가라사대 그날 후에 내가 이스라엘 집으로 세울 언약이 이것이니 내 법을 저희 생각에 두고 저희 마음에 이것을 기록하리라 나는 저희에게 하나님이 되고 저희는 내게 백성이 되리라 또 각각 자기 나라 사람과 각각 자기 형제를 가르쳐 이르기를 주를 알라 하지 아니할 것은 저희가 작은 자로부터 큰 자까지 다 나를 앎이니라 내가 저희 불의를 긍휼히 여기고 저희 죄를 다시 기억하지 아니하리라 하셨느니라 새 언약이라 말씀하였으매 첫 것은 낡아지게 하신 것이니 낡아지고 쇠하는 것은 없어져 가는 것이니라"(히 8:10-13).

위의 말씀을 살펴보아 알 수 있듯이, 하나님의 뜻을 좇아 유월절 어린양 되신 예수 그리스도의 몸을 화목 제물로 단번에 드리심으로써, 그 피로써 우리가 죄 사함을 받아 일반적인 구원을 얻게 되었습니다.

그런데 이렇게 우리가 일반적인 구원을 얻은 것은 매우 짧은 순간이며, 단지 시작에 불과하다는 사실입니다. 일반적인 구원을 얻은 성도들에게 새 언약을 세우신 것은, 하나님의 뜻을 이루기 위함입니다. 그래서 구원을 얻은 우리는 평생토록 하나님의 뜻을 이루기 위하여, 그리스도 안에서 새로운 피조물로서 말씀을 좇아 성령으로 살아야만 하는 것입니다.

이렇게 그리스도 안에서 새로운 피조물이 되어 말씀을 좇아 성령으로 살아감으로써, 빛 가운데 행함으로써, 영원한 대제사장이신 예수의 피가 우리를 모든 죄에서 깨끗하게 하시는 것입니다(요일 1:7). 이로 인하여 우리가 거룩함에 이를 수가 있으며, 이 거룩한 열매가 곧 영생인 것입니다.

> "그러나 이제는 너희가 죄에게서 해방되고 하나님께 종이 되어 거룩함에 이르는 열매를 얻었으니 이 마지막은 영생이라"(롬 6:22).

바로 이것은 예수 그리스도를 의미하며, 예수 그리스도는 곧 천국 복음인 것입니다. 우리는 이제 예수 그리스도를 믿음으로 영생을 얻을 수 있는 것입니다.

영원한 대제사장과 새 언약

하나님의 제사장들이 제물을 가지고 하나님께 제사를 드릴 때는 죄악 된 모습 그대로 하나님께 나아간 것이 아닙니다. 하나님께서 말씀하신 대로 그들 자신을 거룩하게 한 후에 제물을 가지고 하나님께 제사를 드렸던 것입니다. 이와 같이 구약 시대에는 제사장이 염소와 황소의 피와 및 암송아지의 재로 부정한 자에게 뿌려 그 육체를 정결케 하여 거룩하게 함으로써 하나님을 섬겼습니다.

그러나 신약 시대에 와서는 예수님이 하나님의 유월절 어린양으로 영원한 속죄 제물로 바쳐짐으로써, 이로 인하여 예수님이 대제사장이 되어 오직 자기 피로 영원한 속죄를 이루셨습니다. 그리하여 우리 양심으로 죽은 행실에서 깨끗하게 하고 살아 계신 하나님을 섬길 수 있게 하셨습니다.

또한 우리를 위하여 영원한 대제사장이 되어 지금도 하나님 우편에 항상 살아 계셔서 우리를 위하여 친히 간구하고 계십니다.

다시 말하면 우리가 회개하고 예수님의 십자가의 피로써 죄 사함을 받아 단번에 구원을 얻었지만, 그 이후에도 계속하여 우리 구원받은 성도들에게 구속 곧 죄 사함을 주시는 없어서는 안 될 영원한 대제사장 직분의 역할을 감당하고 계시는 현재 진행형이라는 사실입니다.

> "하나님의 아들 예수 그리스도 복음의 시작이라 선지자 이사야의 글에 보라 내가 내 사자를 네 앞에 보내노니 저가 네 길을 예비하리라 광야에 외치는 자의 소리가 있어 가로되 너희는 주의 길을 예비하라 그의 첩경을 평탄케 하라 기록된 것과 같이 세례 요한이 이르러 광야에서 죄 사함을 받게 하는 회개의 세례를 전파하니 온 유대 지방과 예루살렘 사람이 다 나아가 자기 죄를 자복하고 요단강에서 그에게 세례를 받더라"(막 1:1-5).
>
> "그러므로 저가 범사에 형제들과 같이 되심이 마땅하도다 이는 하나님의 일에 자비하고 충성된 대제사장이 되어 백성(성도)의 죄를 구속하려 하심이라"(히 2:17)(새 언약).
>
> "나는 알파와 오메가요 처음과 나중이요 시작과 끝이라"(계 22:13).

이 말씀과 같이 죄 사함을 받게 하는 회개의 세례과 예수 그리스도 복음의 시작이라면 하나님의 일에 자비하고 충성된 대제사장이 되어 백성(성도)의 죄를 구속하심은 복음의 마침이라는 것입니다. 그래서 조건부 구원(영생)이라는 것입니다.

이와 같이 구속함을 받은 자가 이긴 자가 되어 하나님의 아들이 되는 것입니다(계 21:5-7).

위의 말씀은 죄 사함을 받게 하는 회개에 대하여 잘 설명해 주고 있습니다. 여기서 회개에 대하여 왜 죄 사함을 받게 하는 회개라고 표현하고 있을까요?

이 질문에 대하여 말씀을 살펴보도록 하겠습니다.

우리가 예수 그리스도를 믿으려면 먼저 하나님께 회개하고 예수 그리스도의 십자가의 피로써 죄 사함을 받아 구원을 얻은 것은 시작에 불과하다는 것입니다.

구원을 얻은 후에도 성도의 죄는 예수님이 하나님의 일에 자비하고 충성된 대제사장이 되어 백성(성도)의 죄를 구속하신다는 것입니다(히 2:17).

다시 말하면 우리가 하나님께 죄를 회개함으로 하나님께서 미리 한 숫양을 친히 준비하셨듯이, 이와 마찬가지로 하나님께서 미리 유월절 어린양 되신 예수님을 친히 준비하셔서, 그 피로써 우리의 죄를 사하신다는 것입니다. 여기서 회개는 언약의 말씀을 뜻하며, 예수 그리스도의 십자가의 피는 언약의 피를 뜻합니다.

즉 우리가 언약의 말씀을 준행함으로 하나님께서 미리 한 숫양을 친히 준비하셨듯이, 이와 마찬가지로 하나님께서 미리 유월절 어린양 되신 예수님을 친히 준비하셔서 그 피로 우리의 죄를 사하신다는 것입니다.

여기서 우리가 분명히 알 수 있는 것은 언약의 말씀, 곧 회개가 죄 사함을 받게 한다는 것입니다. 그래서 회개를 일컬어 죄 사함을 받게 하는 회개라고 부르기도 하는 것입니다. 바로 이 회개가 곧 예수 그리스도 복음의 시작이며, 주의 길을 예비하는 것이고, 그의 첩경을 평탄케 하는 것이기도 합니다.

> "거기 유대인의 결례를 따라 두세 통 드는 돌항아리 여섯이 놓였는지라 예수께서 저희에게 이르시되 항아리에 물을 채우라 하신즉 아구까지 채우니 이제는 떠서 연회장에게 갖다 주라 하시매 갖다 주었더니 연회장은 물로 된 포도주를 맛보고 어디서 났는지 알지 못하되 물 떠온 하인들은 알더라……예수께서 이 처음 표적을 갈릴리 가나에서 행하여 그 영광을 나타내시매 제자들이 그를 믿으니라"(요 2:6-11).

이 말씀은 예수님께서 갈릴리 가나에서 물로 포도주가 되게 하신 처음 표적을 행한 내용입니다. 예수께서 처음 표적으로 물이 포도주가 되게 하신 사건은, 이것이 하나님의 크고 첫째 되는 일이기 때문입니다.

물이 포도주가 되게 하신 사건이 왜 하나님의 크고 첫째 되는 일인지 말씀을 통해 살펴보도록 하겠습니다.

이 말씀 중에 결례를 따라 두세 통 드는 돌항아리의 물은 우리를 정결케 하는 물입니다. 이렇게 결례를 따라 돌항아리에 물을 채웠을 때에 그 물이 포도주로 바뀌었다는 사실입니다(히 2:17).

여기서 돌항아리의 물은 언약의 말씀을 의미하며, 포도주는 언약의 피를 의미합니다. 다시 말하면 주께서 하나님의 택하신 백성들에게 언약의 말씀을 세우신 후에, 또 하나님께서 아브라함이 독자 이삭을 번제로 드리려고 할 때에 미리 한 숫양을 친히 준비하셨듯이, 이와 마찬가지로 하나님께서 미리 유월절 어린양 되신 예수님도 함께 친히 준비하셔서 그 피로 죄를 사하셨던 것입니다. 바로 이것이 '물로 된 포도주' 사건이 의미하는 바입니다.

이렇게 '물로 된 포도주'는 하나님의 말씀을 뜻하며, 하나님의 말씀은 곧 예수 그리스도를 뜻하며 예수 그리스도는 언약의 말씀과 언약의 피 곧 영생을 의미합니다(히 2:17)(새 언약).

"진실로 진실로 너희에게 이르노니 믿는 자는 영생을 가졌나니 내가 곧 생명의 떡이로라 너희 조상들은 광야에서 만나를 먹었어도 죽었거니와 이는 하늘로서 내려오는 떡이니 사람으로 하여금 먹고 죽지 아니하게 하는 것이니라 나는 하늘로서 내려온 산 떡이니 사람이 이 떡을 먹으면 영생하리라 나의 줄 떡은 곧 세상의 생명을 위한 내 살이로라 하시니라"(요 6:47–51).

이 말씀은 예수께서 친히 하신 말씀입니다. 예수님은 "믿는 자는 영생을 가졌나니 내가 곧 생명의 떡이로라"고 말씀하셨습니다. 이 말씀은 곧 생명의 떡을 믿는 자는 영생을 가졌다는 것을 의미하는 것입니다. 여기서 생명의 떡은 곧 하나님의 생명의 말씀을 의미하며, 이 생명의 말씀은 곧 하나님의 거룩한 말씀을 의미합니다.

그러므로 이 생명의 말씀은 곧 언약의 말씀을 뜻합니다. 다시 말하면 주께서 하나님의 택하신 백성들에게 언약의 말씀을 세우신 후에, 또 하나님께서 아브라함이 독자 이삭을 번제로 드리려고 할 때에 미리 한 숫양을 준비하셨듯이, 이와 마찬가지로 하나님은 미리 유월절 어린양 되신 예수님을 친히 준비하셔서 그 피로써 죄를 사하신 것입니다(히 2:17)(새 언약).

"머리에 있는 보배로운 기름이 수염 곧 아론의 수염에 흘러서 그 옷깃까지 내림 같고 헐몬의 이슬이 시온의 산들에 내림 같도다 거기서 여호와께서 복을 명하셨나니 곧 영생이로다"(시 133:2-3).

이 말씀의 내용 중 보배로운 기름은 곧 보배로운 성령을 의미하며, 보배로운 성령은 곧 보배로운 진리를 뜻합니다. 이 보배로운 진리는 곧 하나님의 말씀을 뜻하며, 하나님의 말씀은 곧 예수 그리스도를 뜻합니다. 그리고 이 예수 그리스도는 곧 영생을 뜻합니다(히 2:17).

또한 시온의 산은 여호와 하나님이 거하시는 거룩한 산을 말합니다. 이렇게 여호와 하나님이 거하시는 거룩한 산에 내리는 헐몬의 이슬은 곧 하나님의 거룩한 말씀을 뜻하는 것입니다. 이 하나님의 거룩한 말씀은 곧 예수 그리스도를 뜻하며, 이 예수 그리스도가 바로 영생입니다. 그러므로 이 말씀은 내용 그대로 영생에 대하여 잘 나타내 주고 있는 것입니다.

위의 말씀들을 깨달았으면 바로 아래의 구절도 이해할 수 있으리라 여겨집니다.

"또 그가 피 뿌린 옷을 입었는데 그 이름은 하나님의 말씀이라 칭하더라"(계 19:13).

요한계시록의 말씀에 대하여 언급할 때에는 정말 많이 조심스러워집니다. 이 점을 충분히 인지하여 말씀을 볼 수 있기를 바랍니다.

이 말씀에서 '그가'는 예수 그리스도를 뜻하고, '옷'은 하나님의 말씀으로 거룩한 생활, 옳은 행실을 의미하는 것으로 믿습니다. 그래서 가나의 혼인잔치에 돌항아리의 물이 포도주로 변화되었듯이, 하나님의 거룩한 말씀이 예수 그리스도의 십자가의 피 뿌림을 받게 하였다고 믿어집니다(히 2:17)(새 언약). 바로 이와 같은 피 뿌린 옷을 예수 그리스도가 입었는데, 그 이름은 곧 하나님의 말씀이라는 것입니다. 이 하나님의 말씀이 곧 영생입니다.

결론적으로 말씀드리면 하나님은 곧 하나님의 말씀을 뜻하며, 하나님의 말씀은 예수 그리스도를 뜻합니다. 예수 그리스도는 언약의 피와 언약의 말씀을 뜻하며, 이는 곧 영생을 의미하는 것입니다(히 2:17)(새 언약). 그래서 우리는 오직 예수 그리스도를 믿음으로 영생을 얻을 수 있는 것입니다(히 2:17).

> "태초에 말씀이 계시니라 이 말씀이 하나님과 함께 계셨으니 이 말씀은 곧 하나님이시니라"(요 1:1).

새 언약에 대한 하나님의 말씀을 더 상고해 봄으로써 여러분의 이해를 돕도록 하겠습니다.

"너희를 사랑하신 것같이 너희도 사랑 가운데서 행하라 그는 우리를 위하여 자신을 버리사 향기로운 제물과 생축으로 하나님께 드리셨느니라"(엡 5:2).

너희를 사랑하신 것같이 너희도 사랑 가운데서 행하라, 그는 우리를 위하여 자신을 버리사 향기로운 제물과 생축으로 하나님께 드림으로써 새 언약을 세우셨습니다(히 2:17).

"사랑은 여기 있으니 우리가 하나님을 사랑한 것이 아니요 오직 하나님이 우리를 사랑하사 우리 죄를 위하여 화목제로 그 아들을 보내셨음이니라"(요일 4:10).

이 말씀과 같이 우리가 하나님을 사랑한 것이 아니요 오직 하나님이 우리를 사랑하사 우리 죄를 위하여 화목제로 그 아들을 보내주셔서 오직 믿음으로 구원을 받을 수 있도록 우리들에게 새 언약을 세우셨던 것입니다(히 2:17)(새 언약).

"그 후에 말씀하시기를 보시옵소서 내가 하나님의 뜻을 행하러 왔나이다 하셨으니 그 첫 것을 폐하심은 둘째 것을 세우려 하심이니라 이 뜻을 좇아 예수 그리스도의 몸을 단번에 드리심으로 말미

> 암아 우리가 거룩함을 얻었노라 제사장마다 매일 서서 섬기며 자주 같은 제사를 드리되 이 제사는 언제든지 죄를 없게 하지 못하거니와 오직 그리스도는 죄를 위하여 한 영원한 제사를 드리시고 하나님 우편에 앉으사 그 후에 자기 원수들로 자기 발등상이 되게 하실 때까지 기다리시나니 저가 한 제물로 거룩하게 된 자들을 영원히 온전케 하셨느니라 또한 성령이 우리에게 증거하시되 주께서 가라사대 그날 후로는 저희와 세울 언약이 이것이라 하시고 내 법을 저희 마음에 두고 저희 생각에 기록하리라 하신 후에 또 저희 죄와 저희 불법을 내가 다시 기억지 아니하리라 하셨으니 이것을 사하셨은즉 다시 죄를 위하여 제사 드릴 것이 없느니라"(히 10:9-18).

이 말씀에서 예수 그리스도가 오시기 전 구약시대에는 제사장이 매일 서서 섬기며 자주 같은 제사를 드렸습니다. 그런데 이 제사는 언제든지 죄를 없게 하지 못하므로 예수 그리스도께서 죄를 위하여 유월절 어린양으로서 화목 제물로 바쳐지게 되었습니다. 그렇게 한 영원한 제사를 드리시고 영원한 대제사장이 되셔서 저희 죄(성도의 죄)를 사하심으로써, 거룩하게 된 자들을 영원히 온전케 하신 후에 저희와 새 언약을 세우신다는 것입니다.

그 언약은 바로 위의 말씀 가운데 "주께서 가라사대 그날 후로는 저희와 세울 언약이 이것이라 하시고 내 법을 저희 마음에 두고 저희 생각에 기록하리라 하신 후에 또 저희 죄와 저희 불법을 내가 다시 기억지 아니하리라 하셨으니"의 내용과 같습니다.

여기서 분명히 알 수 있는 것은 "내 법을 저희 마음에 두고 저희 생각에 기록하리라 하신 후에 또 저희 죄와 저희 불법을 내가 다시 기억지 아니하리라"입니다. 이 말씀에서 "내 법을 저희 마음에 두고 저희 생각에 기록하리라"는 언약의 말씀을 의미하며, "저희 죄와 저희 불법을 내가 다시 기억지 아니하리라"는 언약의 피를 의미합니다. 바로 이와 같이 예수님이 영원한 대젱사장으로서 죄를 사하시는 것을 일컬어 '새 언약'이라고 합니다. 여기서 새 언약은 언약의 피만 가지고 세운 것이 아닙니다. 언약의 말씀과 언약의 피로써 함께 세운 것임을 분명히 짚고 넘어가야만 하는 것입니다(히 2:17).

또한 이것은 곧 예수 그리스도를 뜻합니다. 예수 그리스도는 물과 피를 뜻합니다. 여기서 물은 언약의 말씀을 뜻하며, 피는 언약의 피를 뜻합니다. 이것은 바로 하나님의 말씀을 의미합니다. 하나님의 말씀은 영생에 대하여 기록되어 있습니다. 영생은 바로 예수 그리스도를 뜻합니다. 즉 하나님의 말씀은 예수 그리스도에 대하여 기록되어 있다는 것입니다. 그러므로 예수 그리스도를 믿음으로 영생을 얻을 수 있는 것입니다.

"주께서 가라사대 그날 후로는 저희와 세울 언약이 이것이라 하시고 내 법을 저희 마음에 두고 저희 생각에 기록하리라 하신 후에 또 저희 죄와 저희 불법을 내가 다시 기억지 아니하리라"는 예수님의 십자가의 언약의 피도 함께 세우심을 의미합니다. 이것이 바로 새 언약입니다.

이미 언약의 말씀에서 언급하였듯이 "내 법을 저희 마음에 두고 저희 생각에 기록하리라"는 이 언약의 말씀은, 너무나 중대하고 의미심장한 하나님의 말씀이기에 다시 한번 강조해도 지나침이 없을 것입니다.

또 여기서 우리가 분명히 알아야 할 것은, 예수 그리스도께서 죄를 위하여 단번에 자기를 드려 한 영원한 제사를 드리시고, 하나님 우편에 항상 살아 계신 영원한 대제사장이 되셨다는 것입니다.

즉 예수님을 하나님께서 그의 피로 인하여 믿음으로 말미암는 화목 제물로 세우시고, 지금도 우리를 위하여 영원한 대제사장이 되어 죄를 사하고 계신다는 것입니다. 다시 말하면 예수 그리스도께서 죄를 사하기 위하여 영원한 화목 제물로 십자가에 돌아가심은 단번이지만, 지금도 우리에게 항상 살아서 영원한 대제사장으로서 우리를 위하여 이루 다 헤아릴 수 없을 만큼 많이 죄를 사하고 계신다는 것입니다. 그러므로 예수 그리스도를 믿음으로 말미암아 구속, 곧 죄 사함을 받아 구원을 얻었지만 구원을 받고 난 이후의 성도의 죄를 사하고 계신다는 이 사실을 분명히 알아야만 하는 것입니다. 바로 이것이 새 언약인 것입니다(히 2:17).

그래서 우리는 죄를 범할 때마다 예수님이 그 죄를 사하시기 위하여 또다시 십자가에 화목 제물로 죽으실 필요가 없다는 것입니다.

이에 대하여 오늘날 많은 사람들이 곡해하는 것을 보게 됩니다. 그들은 말하기를, 예수님을 믿음으로 나의 모든 죄가 다 사함을 받았기 때문에 이제 더 이상 나에게는 죄가 없다고 합니다. 즉 나의 과거, 현재, 미래의 죄까지 모두 다 죄 사함을 받은 것으로 잘못 이해하고 있다는 것입니다.

다시 한번 더 강조하여 말씀드립니다.

성경은 분명히 앞서 로마서 3장 25절의 말씀에서 하나님이 예수님의 피로써 믿음으로 말미암는 화목 제물로 세우실 때에, "전에 지은 죄를 간과하심으로 예수 믿는 자를 의롭다 하려 하심"이라고 가르쳐주고 있습니다. 즉 구속 곧 죄 사함을 받을 당시를 현재로 기준하여 "이전에 지은 죄를 간과"하신다는 것입니다. 그런데 이 말씀 속에는 앞으로 미래에 지을 죄는 포함되어 있지 않다는 사실입니다.

왜냐하면 구원받기 이전에는 나(자아) 곧 옛사람이 살았지만, 구원을 받고 난 이후에는 나 자신 곧 옛사람은 장사함을 지내고, 이제 이 세상에 더 이상 존재하지 않기 때문입니다. 그래서 옛사람이 범하는 죄는 더 이상 있을 수가 없는 것입니다. 다시 말하면 '이전에 지은 죄'는 이 세상 곧 옛사람이 지은 죄만 말하는 것입니다. 구원받고 난 이후의 새로운 피조물의 죄는 여기에 포함되어 있지 않다는 것입니다.

이것은 마치 이스라엘 백성들이 애굽으로부터 홍해를 건넘으로써 구원을 얻은 이후 하나님께서 낮에는 구름 기둥, 밤에는 불 기둥으로 인도하심을 따라 젖과 꿀이 흐르는 가나안 땅을 향하여 광야에서 나그네 삶을 살아간 것과 같습니다. 이제 구원을 받은 우리는 이 세상 백성이 아니라 천국 백성의 삶을 살아야 합니다. 즉 이 세상과 작별하고 성령의 인도하심을 따라 우리의 본향인 천국을 향하여 이 땅에서 나그네의 삶을 살아가야만 하는 존재입니다.

그래서 구원받은 이후에는 성령으로 거듭난 새로운 피조물로서 성령으로 살아가도록 하셨습니다. 이는 그리스도 예수 안에 있는 생명의 성령의 법이 죄와 사망의 법에서 우리를 해방하여 친히 인도하시기 때문입니다. 이제 우리는 성령의 인도하심으로 죄에게서 해방되고 하나님께 종이 되어 거룩함에 이르는 열매를 맺는 새로운 피조물의 삶을 마땅히 살아가야만 합니다.

이렇게 성령으로 살아갈 때에 새 생명 가운데서 행하여 살아갈 수가 있는 것입니다. 그래서 성령은 우리로 하여금 일상생활 가운데서 죄를 범하였을 때에 하나님께 회개나 죄의 자백을 드리도록 하여 물로 씻어 말씀으로 깨끗하게 하는 것입니다(히 2:17)(새 언약).

> "이제는 율법 외에 하나님의 한 의가 나타났으니 율법과 선지자들에게 증거를 받은 것이라 곧 예수 그리스도를 믿음으로 말미암아 모든 믿는 자에게 미치는 하나님의 의니 차별이 없느니라 모든 사람이 죄를 범하였으매 하나님의 영광에 이르지 못하더니 그리스도 예수 안에 있는 구속으로 말미암아 하나님의 은혜로 값없이 의롭다 하심을 얻은 자 되었느니라 이 예수를 하나님이 그의 피로 인하여 믿음으로 말미암는 화목 제물로 세우셨으니 이는 하나님께서 길이 참으시는 중에 전에 지은 죄를 간과하심으로 자기의 의로우심을 나타내려 하심이니 곧 이때에 자기의 의로우심을 나타내사 자기도 의로우시며 또한 예수 믿는 자를 의롭다 하려 하심이니라"(롬 3:21-26).

바로 이 말씀에서 분명히 알 수 있는 것은, 하나님이 예수님의 피로써 믿음으로 말미암는 화목 제물로 세우실 때에 전에 지은 죄를 간과하심으로 예수 믿는 자를 의롭다 하려 하심입니다. 즉 그리스도 예수 안에 있는 구속으로 말미암아 하나님의 은혜로 값없이 의롭다 하심을 얻을 수 있는 것입니다. 이 말씀 가운데 각별히 유의하여야 할 것은 '전에 지은 죄를 간과하심'의 내용입니다. 즉 죄 사함을 받을 당시를 현재로 기준하여 이전에 지은 죄를 간과하심입니다. 이 죄 속에 앞으로 미래에 지을 죄는 포함되어 있지 않습니다.

하나님의 구원에 있어서 염두에 둘 것은 과거나 미래가 아닙니다. 오직 현재를 기준으로 한다는 사실을 반드시 기억해야 하겠습니다(겔 33:12-16).

구약 성경은 오늘날에 있어서 영적 거울로서 우리들의 모습을 바로 볼 수 있도록 비추어 주고 있습니다. 이에 대한 말씀을 살펴봄으로써 우리의 현재 모습과 자신을 돌아볼 수가 있는 것입니다.

바로 위의 말씀은 아래에 있는 여호와의 유월절 제사의 비유에 관한 말씀입니다.

이것은 마치 여호와께서 애굽 사람을 치러 두루 다니실 때에, 문 인방과 좌우 설주의 피를 보고 그 문을 넘으셔서, 멸하는 자로 그들의 집에 들어가서 그들을 치지 못하게 하심으로 그 집을 구원함과 같습니다.

즉 이것은 하나님이 예수님의 피로 인하여 믿음으로 말미암는 화목 제물로 세우셔서 전에 지은 죄를 간과하심으로 구원하심과 같은 비유의 말씀입니다.

"모세가 이스라엘 모든 장로를 불러서 그들에게 이르되 너희는 나가서 너희 가족대로 어린 양을 택하여 유월절 양으로 잡고 너희는 우슬초 묶음을 취하여 그릇에 담은 피에 적시어서 그 피를 문 인방과 좌우 설주에 뿌리고 아침까지 한 사람도 자기 집 문 밖에 나가지 말라 여호와께서 애굽 사람을 치러 두루 다니실 때에 문 인방과 좌우 설주의 피를 보시면 그 문을 넘으시고 멸하는 자로 너희 집에 들어가서 너희를 치지 못하게 하실 것임이니라 너희는 이 일을 규례로 삼아 너희와 너희 자손이 영원히 지킬 것이니 너희는 여호와께서 허락하신 대로 너희에게 주시는 땅에 이를 때에 이 예식을 지킬 것이라 이후에 너희 자녀가 묻기를 이 예식이 무슨 뜻이냐 하거든 너희는 이르기를 이는 여호와의 유월절 제사라 여호와께서 애굽 사람을 치실 때에 애굽에 있는 이스라엘 자손의 집을 넘으사 우리의 집을 구원하셨느니라 하라 하매 백성이 머리 숙여 경배하니라 이스라엘 자손이 물러가서 그대로 행하되 여호와께서 모세와 아론에게 명하신 대로 행하니라"(출 12:21-28).

계속해서 이와 관련된 하나님의 말씀을 더 깊이 살펴보도록 하겠습니다.

"만일 우리가 우리 죄를 자백하면 저는 미쁘시고 의로우사 우리 죄를 사하시며 모든 불의에서 우리를 깨끗케 하실 것이요"(요일 1:9).

이렇게 물로 씻어 말씀으로 깨끗하게 하시므로 다시 빛 가운데 거하면 예수님의 십자가의 피로써 영원한 대제사장이 되어 우리를 모든 죄에서 깨끗하게 하시는 것입니다(히 2:17).

"저가 빛 가운데 계신 것같이 우리도 빛 가운데 행하면 우리가 서로 사귐이 있고 그 아들 예수의 피가 우리를 모든 죄에서 깨끗하게 하실 것이요"(요일 1:7).

이처럼 우리는 예수 그리스도 안에서 옛 사람이 죽고, 이제 성령으로 살아가야만 하는 새 사람이 된 것입니다.

이에 대한 하나님의 말씀을 좀 더 살펴봄으로써 이해를 돕고자 합니다.

"너희는 유혹의 욕심을 따라 썩어져 가는 구습을 좇는 옛사람을 벗어 버리고 오직 심령으로 새롭게 되어 하나님을 따라 의와 진리의 거룩함으로 지으심을 받은 새 사람을 입으라"(엡 4:22-24).

구원을 받기 전에는 유혹의 욕심을 따라 썩어져 가는 구습을 좇는 옛 사람이었지만, 예수님을 믿고 구원을 받은 이후에는 오직 심령으로 새롭게 되어 하나님을 따라 의와 진리의 거룩함으로 지으심을 받은 새 사람이 된 것입니다(히 2:17)(새 언약).

> "무릇 그리스도 예수와 합하여 세례를 받은 우리는 그의 죽으심과 합하여 세례 받은 줄을 알지 못하느뇨 그러므로 우리가 그의 죽으심과 합하여 세례를 받음으로 그와 함께 장사되었나니 이는 아버지의 영광으로 말미암아 그리스도를 죽은 자 가운데서 살리심과 같이 우리로 또한 새 생명 가운데서 행하게 하려 함이니라 만일 우리가 그의 죽으심을 본받아 연합한 자가 되었으면 또한 그의 부활을 본받아 연합한 자가 되리라"(롬 6:3-5).

우리가 그의 죽으심과 합하여 세례를 받음으로 그와 함께 장사되었으니, 이는 아버지의 영광으로 말미암아 그리스도를 죽은 자 가운데서 살리심과 같이, 우리로 또한 새 생명 가운데서 행하게 하려 함인 것입니다. 만일 우리가 그의 죽으심을 본받아 연합한 자가 되었으면 또한 그의 부활을 본받아 연합한 자가 되어야만 하며, 이로 인하여 새 생명을 얻을 수가 있는 것입니다(히 2:17)(새 언약).

"우리가 알거니와 우리 옛 사람이 예수와 함께 십자가에 못 박힌 것은 죄의 몸이 멸하여 다시는 우리가 죄에게 종노릇하지 아니하려 함이니 이는 죽은 자가 죄에서 벗어나 의롭다 하심을 얻었음이니라"(롬 6:6-7).

우리 옛 사람이 예수와 함께 십자가에 못 박힌 것은 죄의 몸이 멸하여 다시는 우리가 죄에게 종노릇하지 아니하려 함입니다. 이는 곧 죽은 자가 죄에서 벗어나 의롭다 하심을 얻음과 같이 또한 우리로 하여금 죄에서 벗어나 의롭다 하심을 얻게 하기 위함입니다(히 2:17)(새 언약).

"내가 그리스도와 함께 십자가에 못 박혔나니 그런즉 이제는 내가 산 것이 아니요 오직 내 안에 그리스도께서 사신 것이라 이제 내가 육체 가운데 사는 것은 나를 사랑하사 나를 위하여 자기 몸을 버리신 하나님의 아들을 믿는 믿음 안에서 사는 것이라"(갈 2:20).

내가 그리스도와 함께 십자가에 못 박힘으로써 이제는 내가 사는 것이 아니고 오직 내 안에 그리스도께서 사시는 것입니다. 그러므로 이 땅에서 나를 살아가게 하는 것은 내(자아)가 아니라 오직 내 안에 계신 그리스도인 것입니다. 이 같은 삶이 그리스도 안에서 온전한 믿음을 이루는 것입니다. 바로 이것이 곧 "나를 사랑하사 나를 위하여 자기 몸을 버리신 하나님의 아들을 믿는 믿음 안에서 사는 것"을 의미합니다. 여기서 "하나님의 아들을 믿는 믿음"은 언약의 말씀과 언약의 피, 곧 온전한 믿음을 의미합니다. 그래서 이제 내가 육체 가운데 사는 것은 이 온전한 믿음으로 말미암아 사는 것입니다. "오직 의인은 믿음으로 말미암아 살리라"(롬 1:17)라는 말씀에서 믿음은 바로 이 온전한 믿음을 뜻합니다. 이 온전한 믿음이 우리로 하여금 영생을 얻게 합니다(히 2:17)(새 언약).

> "복음에는 하나님의 의가 나타나서 믿음으로 믿음에 이르게 하나니 기록된 바 오직 의인은 믿음으로 말미암아 살리라 함과 같으니라"(롬 1:17).
> "친히 나무에 달려 그 몸으로 우리 죄를 담당하셨으니 이는 우리로 죄에 대하여 죽고 의에 대하여 살게 하려 하심이라"(벧전 2:24).

예수님께서 친히 나무에 달려 그 몸으로 우리 죄를 담당하심은, 우리로 죄에 대하여 죽고 의에 대하여 살게 하려 하심입니다(히 2:17).

여기서 하나님의 구원에 있어서 반드시 알아야 할 것은 과거도 미래도 아니며 오직 현재를 기준으로 한다는 사실입니다(겔 33:12-16).

그래서 사도 바울도 오직 한 일, 즉 뒤에 있는 것은 잊어버리고 앞에 있는 것, 곧 그리스도 예수께 잡힌 바 된 그것을 잡으려고 좇아갔던 것입니다.

"어찌하든지 죽은 자 가운데서 부활에 이르려 하노니 내가 이미 얻었다 함도 아니요 온전히 이루었다 함도 아니라 오직 내가 그리스도 예수께 잡힌 바 된 그것을 잡으려고 좇아가노라 형제들아 나는 아직 내가 잡은 줄로 여기지 아니하고 오직 한 일 즉 뒤에 있는 것은 잊어버리고 앞에 있는 것을 잡으려고"(빌 3:11-13).

그러면 구원을 받은 이후에 죄를 범했을 때는 어떻게 해야 죄 사함을 받을 수 있을까요?

이것은 마치 하나님의 택한 이스라엘 백성들이 홍해를 건너 애굽 백성으로부터 구원을 받은 이후 광야 생활을 할 때에 낮에는 구름 기둥, 밤에는 불 기둥으로 그들 앞에서 인도하여 만나를 먹고 반석에서 나는 물을 마시고 살다가, 그들 중에 죄나 허물을 범하였을 때에 제물을 하나님께 바쳐 제사장이 속죄제나 속건제를 드리는 것과 같습니다.

그렇게 제사를 통해 속죄하여 사함을 얻도록 하였듯이, 오늘날은 예수님의 십자가 보혈을 믿음으로 말미암아 구속, 곧 죄 사함 받아 구원을 얻게 됩니다. 그 이후에는 성령이 진리 가운데로 인도하심으로 죄나 허물을 드러나게 하였을 때에, 하나님께 회개나 죄의 자백을 드리도록 해야 합니다. 이렇듯 물로 씻어 말씀으로 깨끗하게 하심으로, 영원한 대제사장이신 예수 그리스도의 영원한 속죄 제물의 십자가의 피로써, 우리의 죄를 사하시고 모든 불의에서 우리를 깨끗하게 하신다는 말씀입니다.

다시 말하면 이렇게 하나님께 회개나 죄의 자백을 드림으로써 죄 사함을 받고 모든 불의에서 깨끗하게 되면, 우리는 다시 빛 가운데 거하여 성령으로 살아갈 수 있습니다. 또한 우리가 빛 가운데 거함으로 서로 사귐이 있고, 그 아들 예수의 피가 우리를 모든 죄에서 깨끗하게 하신다는 것입니다(히 2:17)(새 언약).

> "곧 하나님 아버지의 미리 아심을 따라 성령의 거룩하게 하심으로 순종함과 예수 그리스도의 피 뿌림을 얻기 위하여 택하심을 입은 자들에게 편지하노니 은혜와 평강이 너희에게 더욱 많을지어다" (벧전 1:2).

성령의 거룩하게 하심으로 순종함과 예수 그리스도의 피 뿌림을 얻기 위하여 택하심을 입은 자들이 된 것입니다(히 2:17)(새 언약).

> "그러므로 자기를 힘입어 하나님께 나아가는 자들을 온전히 구원하실 수 있으니 이는 그가 항상 살아서 저희를 위하여 간구하심이니라"(히 7:25).

이와 같이 예수 그리스도 안에서 그를 힘입어 하나님께 나아가는 자들을 온전히 구원할 수 있음은, 그가 항상 살아서 저희를 위하여 간구하시기 때문입니다.

예수님은 우리를 구원하시고 구원을 받은 이후에도 영원한 대제사장으로서 우리의 죄를 사하고 계신다는 사실을 결코 잊어서는 안 될 것입니다.

다시 말하면 예수 그리스도가 우리의 영원한 대제사장이 되셔서 구원을 받고 난 이후에도 성도의 죄를 사하신다는 것입니다. 여기서 확실히 짚고 넘어가야 할 것은 구원받을 때의 죄와 구원받고 난 이후의 죄는 동일한 죄가 아니라 별개의 죄로 각각 다르다는 것입니다.

또한 여기서 분명히 알아야 할 것은, 예수 그리스도의 십자가의 피로써 영원한 속죄를 이루사 우리의 "믿음의 제물"(빌 2:17)을 하나님께 드려 예수 그리스도가 영원한 대제사장이 되셔서 속죄한즉, 우리 죄가 사함을 받는다는 사실입니다(히 2:17)(새 언약).

이를 위하여 예수 그리스도께서 유월절 어린양으로 영원한 화목 제물로 자신을 드려 오직 자기 피로 영원한 속죄를 이루셨습니다. 또한 장래 좋은 일의 대제사장으로 오사 손으로 짓지 아니한, 곧 이 창조에 속하지 아니한 더 크고 온전한 장막에서 영원한 대제사장이 되셨습니다. 그리고 오늘도 항상 살아서 우리를 위하여 간구하고 계신다는 사실을 결코 잊어서는 안 될 것입니다(히 2:17)(새 언약).

이러한 대제사장은 우리에게 합당하니 거룩하고 악이 없고 더러움이 없고, 죄인에게서 떠나 계시고 하늘보다 높이 되신 자입니다. 대제사장이 먼저 자기 죄를 위하고 다음에 백성의 죄를 위하여 날마다 제사를 드리는 것과 같이 할 필요가 없으니, 이는 예수께서 단번에 자기를 드려 대속을 이루었기 때문입니다. 또한 율법은 약점을 가진 사람들을 제사장으로 세웠지만, 율법 후에 하신 맹세의 말씀은 영원히 온전케 되신 아들을 세우신 것입니다(히 2:17)(새 언약).

"또 예수께서 제사장 된 것은 맹세 없이 된 것이 아니니 저희는 맹세 없이 제사장이 되었으되 오직 예수는 자기에게 말씀하신 자로 말미암아 맹세로 되신 것이라 주께서 맹세하시고 뉘우치지 아니하시리니 네가 영원히 제사장이라 하셨도다 이와 같이 예수는 더 좋은 언약의 보증이 되셨느니라 저희 제사장 된 자의 수효가 많은 것은 죽음을 인하여 항상 있지 못함이로되 예수는 영원히 계시므로 그 제사 직분도 갈리지 아니하나니 그러므로 자기를 힘입어 하나님께 나아가는 자들을 온전히 구원하실 수 있으니 이는 그가 항상 살아서 저희를 위하여 간구하심이니라 이러한 대제사장은 우리에게 합당하니 거룩하고 악이 없고 더러움이 없고 죄인에게서 떠나 계시고 하늘보다 높이 되신 자라 저가 저 대제사장들이 먼저 자기 죄를 위하고 다음에 백성의 죄를 위하여 날마다 제사 드리는 것과 같이 할 필요가 없으되 이는 저가 단번에 자기를 드려 이루셨음이니라 율법은 약점을 가진 사람들을 제사장으로 세웠거니와 율법 후에 하신 맹세의 말씀은 영원히 온전케 되신 아들을 세우셨느니라"(히 7:20-28).

또한 예수 그리스도가 우리 구원받은 자들을 위하여 하늘에 승천하셔서 영원한 대제사장이 되셔서 항상 살아서 간구하시므로, 우리가 긍휼하심을 받고 때를 따라 돕는 은혜를 얻기 위하여 은혜의 보좌 앞에 담대히 나아갈 수가 있는 것입니다(히 2:17)(새 언약).

"그러므로 우리에게 큰 대제사장이 있으니 승천하신 자 곧 하나님 아들 예수시라 우리가 믿는 도리를 굳게 잡을지어다 우리에게 있는 대제사장은 우리 연약함을 체휼하지 아니하는 자가 아니요 모든 일에 우리와 한결같이 시험을 받은 자로되 죄는 없으시니라 그러므로 우리가 긍휼하심을 받고 때를 따라 돕는 은혜를 얻기 위하여 은혜의 보좌 앞에 담대히 나아갈 것이니라"(히 4:14-16).

그리스도께서 장래 좋은 일의 대제사장으로 오사 영원하신 성령으로 말미암아 흠 없는 자기를 하나님께 드린 그리스도의 피가 어찌 우리 양심으로 죽은 행실에서 깨끗하게 하고 살아 계신 하나님을 섬기게 못하겠습니까? 이를 인하여 그는 새 언약의 중보니 이는 첫 언약 때에 범한 죄를 속하려고 죽으사, 부르심을 입은 자로 하여금 영원한 기업의 약속을 얻게 하려 하심인 것입니다(히 2:17)(새 언약).

"그리스도께서 장래 좋은 일의 대제사장으로 오사 손으로 짓지 아니한 곧 이 창조에 속하지 아니한 더 크고 온전한 장막으로 말미암아 염소와 송아지의 피로 아니하고 오직 자기 피로 영원한 속죄를 이루사 단번에 성소에 들어가셨느니라 염소와 황소의 피와 및 암송아지의 재로 부정한 자에게 뿌려 그 육체를 정결케 하여 거룩케 하거든 하물며 영원하신 성령으로 말미암아 흠 없는 자기를 하나님께 드린 그리스도의 피가 어찌 너희 양심으로 죽은 행실에서 깨끗하게 하고 살아 계신 하나님을 섬기게 못하겠느뇨 이를 인하여 그는 새 언약의 중보니 이는 첫 언약 때에 범한 죄를 속하려고

> 죽으사 부르심을 입은 자로 하여금 영원한 기업의 약속을 얻게 하려 하심이니라"(히 9:11-15).
>
> "또 하나님의 집 다스리는 큰 제사장이 계시매 우리가 마음에 뿌림을 받아 양심의 악을 깨닫고 몸을 맑은 물로 씻었으니 참 마음과 온전한 믿음으로 하나님께 나아가자"(히 10:21-22).

또 하나님의 집 다스리는 큰 제사장이 계시매 우리가 마음에 뿌림을 받아 양심의 악을 깨닫고 몸을 맑은 물로 씻었으므로 참 마음과 온전한 믿음으로 하나님께 나아갈 수가 있는 것입니다(히 2:17)(새 언약).

그러므로 이제 우리는 이런 영원한 구원의 근원이 되시고 장래 좋은 일의 대제사장으로 오사 손으로 짓지 아니한, 곧 이 창조에 속하지 아니한 더 크고 온전한 장막에서 영원한 대제사장이 되어, 항상 살아서 저희를 위하여 간구하고 계시는 예수 그리스도에게 구원의 권능이 있음을 분명히 직시하지 않으면 안 될 것입니다(히 2:17).

우리가 이 보배를 질그릇에 가진 것은 능력의 심히 큰 것이 하나님께 있고 우리에게 있지 아니함을 알게 하려 함인 것입니다. 여기서 보배는 곧 예수 그리스도를 뜻하며, 예수 그리스도는 곧 영생을 말합니다.

> “우리가 이 보배를 질그릇에 가졌으니 이는 능력의 심히 큰 것이 하나님께 있고 우리에게 있지 아니함을 알게 하려 함이라”(고후 4:7).

저를 세우시는 권능이 하인인 우리에게 있지 아니하고 제 주인인 주께 그 권능이 있습니다.

> “남의 하인을 판단하는 너는 누구뇨 그 섰는 것이나 넘어지는 것이 제 주인에게 있으매 저가 세움을 받으리니 이는 저를 세우시는 권능이 주께 있음이니라”(롬 14:4).

입법자와 재판자는 오직 한 분으로서 하나님이시며, 그는 능히 구원하기도 하시며 멸하기도 하시는 권능을 갖고 계십니다.

> “입법자와 재판자는 오직 하나이시니 능히 구원하기도 하시며 멸하기도 하시느니라”(약 4:12).

그 좋은 예로 후메내오와 알렉산더가 있습니다. 이들은 그들의 착한 양심을 버림으로써 그 믿음에 관하여는 파선하였던 것입니다.

그러나 우리는 거칠고 세찬 풍랑이 높이 일더라도 우리의 믿음의 배가 부서지지 않도록 구원의 밧줄을 예수 그리스도의 반석에 단단히 매야만 하는 것입니다. 그러면 구원의 근원이신 예수 그리스도가 우리의 믿음의 배를 세찬 비, 바람과 파도에도 흔들리지 않고 안전하게 보존하여 지켜 줄 것입니다.

이와 같이 구원의 권능이 우리에게 있는 것이 아니라 하나님에게 있으므로 우리는 이 보배를 질그릇에 가진 것입니다. 그러므로 우리는 예수 그리스도의 십자가의 피로써 죄 사함 받아 구원을 받음으로써 그리스도 안에서 새 사람으로서 새 마음을 갖고 살아야만 하는 것입니다(히 2:17)(새 언약).

> "믿음과 착한 양심을 가지라 어떤 이들이 이 양심을 버렸고 그 믿음에 관하여는 파선하였느니라 그 가운데 후메내오와 알렉산더가 있으니 내가 사단에게 내어준 것은 저희로 징계를 받아 훼방하지 말게 하려 함이니라"(딤전 1:19-20).
>
> "하나님이 주를 다시 살리셨고 또한 그의 권능으로 우리를 다시 살리시리라"(고전 6:14).

하나님이 주를 다시 살리셨고 또한 그의 권능으로 우리를 다시 살리시는 것입니다.

영광과 권능은 우리에게 있지 아니하고 오직 하나님께 세세에 무궁토록 있는 것입니다.

“누가 봉사하려면 하나님의 공급하시는 힘으로 하는 것같이 하라 이는 범사에 예수 그리스도로 말미암아 하나님이 영광을 받으시게 하려 함이니 그에게 영광과 권능이 세세에 무궁토록 있느니라 아멘”(벧전 4:11).

또한 앞서 하나님의 권능과 마찬가지로 하나님의 긍휼에 있어서도 이런 영원한 구원의 근원이 되시고 장래 좋은 일의 대제사장으로 오사 손으로 짓지 아니한 곧 이 창조에 속하지 아니한 더 크고 온전한 장막에서 영원한 대제사장이 되어 항상 살아서 우리를 위하여 간구하고 계시는 예수 그리스도에게 긍휼이 있음을 우리는 확실히 알아야만 할 것입니다.

바로 이와 같은 긍휼에 대한 하나님의 말씀을 살펴보도록 하겠습니다.

“너희는 가서 내가 긍휼을 원하고 제사를 원치 아니하노라 하신 뜻이 무엇인지 배우라 내가 의인을 부르러 온 것이 아니요 죄인을 부르러 왔노라 하시니라”(마 9:13).

예수님께서 의인을 부르러 오신 것이 아니라 죄인을 부르러 이 땅에 오신 것은 그들을 긍휼히 여기사 구원하시기 위함입니다.

"모세에게 이르시되 내가 긍휼히 여길 자를 긍휼히 여기고 불쌍히 여길 자를 불쌍히 여기리라 하셨으니 그런즉 원하는 자로 말미암음도 아니요 달음박질하는 자로 말미암음도 아니요 오직 긍휼히 여기시는 하나님으로 말미암음이니라"(롬 9:15-16).

우리의 구원은 원하는 자로 말미암음도 아니요, 달음박질하는 자로 말미암음도 아니요, 오직 하나님께서 긍휼히 여길 자를 긍휼히 여기고 불쌍히 여길 자를 불쌍히 여기심으로 말미암음입니다.

"이 사람아 네가 뉘기에 감히 하나님을 힐문하느뇨 지음을 받은 물건이 지은 자에게 어찌 나를 이같이 만들었느냐 말하겠느뇨 토기장이가 진흙 한 덩이로 하나는 귀히 쓸 그릇을, 하나는 천히 쓸 그릇을 만드는 권이 없느냐 만일 하나님이 그 진노를 보이시고 그 능력을 알게 하고자 하사 멸하기로 준비된 진노의 그릇을 오래 참으심으로 관용하시고 또한 영광 받기로 예비하신 바 긍휼의 그릇에 대하여 그 영광의 부요함을 알게 하고자 하셨을지라도 무슨 말하리요 이 그릇은 우리니 곧 유대인 중에서뿐 아니라 이방인 중에서도 부르신 자니라"(롬 9:20-24).

토기장이가 진흙 한 덩이로 하나는 귀히 쓸 그릇을, 하나는 천히 쓸 그릇을 만드는 권이 있듯이 이처럼 하나님은 토기장이로서 우리를 그릇으로 만드시고 부르셔서 하나님의 긍휼을 입게 하시고, 또한 하나님의 영광의 부요함을 알게 하고자 하셨습니다. 이와 같은 하나님의 크신 사랑과 은혜에 대하여 늘 감사와 찬양을 드린다고 할지라도 다함이 없을 것입니다.

예수님이 이 세상에 오심은 세상 죄를 지고 영원한 속죄 제물로 하나님께 바쳐지기 위함입니다. 이 제사를 하나님께 드리기 전에 모든 의를 이루기 위하여(마 3:15) 먼저 세례 요한으로부터 회개의 세례를 받으셨습니다. 이렇게 세례 요한으로부터 물로 세례를 받으신 후에 세상 죄를 지고 영원한 속죄 제물로 하나님께 바쳐짐으로 단번에 제사를 드려 세상 죄를 없게 하셨습니다.

"내가 여호와께 제사하러 왔으니 스스로 성결케 하고 와서 나와 함께 제사하자 하고 이새와 그 아들들을 성결케 하고 제사에 청하니라"(삼상 16:5).

이 말씀에서 사무엘이 여호와 하나님께 제사를 드릴 때에, 그 먼저 자신을 스스로 성결케 하고, 이새와 그 아들들도 성결케 한 다음 제사를 드리는 모습을 볼 수 있습니다.

이와 마찬가지로 예수님 자신도 유월절 어린양으로서 영원한 속죄 제물로 하나님께 바쳐 제사를 드리기 전에, 죄는 없으시지만(히 4:15) 모든 의를 이루기 위하여 세례 요한으로부터 회개의 세례를 받으셨던 것입니다. 여기서 회개의 세례는 언약의 말씀을 뜻하며, 제사는 언약의 피를 뜻합니다. 이것은 바로 예수 그리스도를 의미합니다. 그러므로 예수 그리스도를 믿음으로 영생을 얻을 수 있는 것입니다.

이처럼 우리는 예수 그리스도 안에서 옛 사람이 죽고, 이제 성령으로 살아가야만 하는 새 사람이 된 것입니다.

이에 대한 하나님의 말씀을 좀 더 살펴봄으로써 이해를 돕고자 합니다.

> "너희는 유혹의 욕심을 따라 썩어져 가는 구습을 좇는 옛사람을 벗어 버리고 오직 심령으로 새롭게 되어 하나님을 따라 의와 진리의 거룩함으로 지으심을 받은 새 사람을 입으라"(엡 4:22-24).

구원을 받기 전에는 유혹의 욕심을 따라 썩어져 가는 구습을 좇는 옛 사람이었지만, 예수님을 믿고 구원을 받은 이후에는 오직 심령으로 새롭게 되어 하나님을 따라 의와 진리의 거룩함으로 지으심을 받은 새 사람이 된 것입니다(히 2:17)(새 언약).

> "그가 아들이시라도 받으신 고난으로 순종함을 배워서 온전하게 되었은즉 자기를 순종하는 모든 자에게 영원한 구원의 근원이 되시고 하나님께 멜기세덱의 반차를 좇은 대제사장이라 칭하심을 받았느니라"(히 5:8-10).

이 말씀과 같이 그가 아들이시라도 받으신 고난으로 순종함을 배워서 온전하게 되었은즉 자기를 순종하는 모든 자에게 영원한 구원의 근원이 되시고 하나님께 멜기세덱의 반차를 좇은 대제사장이 되셔서 백성(성도)의 죄를 구속(히 2:17)하고 계시는 것입니다.

> "그리로 앞서 가신 예수께서 멜기세덱의 반차를 좇아 영원히 대제사장이 되어 우리를 위하여 들어 가셨느니라"(히 6:20).

그리로 앞서 가신 예수께서 멜기세덱의 반차를 좇아 영원히 대제사장이 되어 우리를 위하여 들어가신 것입니다.

“이 멜기세덱은 살렘 왕이요 지극히 높으신 하나님의 제사장이라 여러 왕을 쳐서 죽이고 돌아오는 아브라함을 만나 복을 빈 자라 아브라함이 모든 것의 십분의 일을 그에게 나누어 주니라 그 이름을 해석하면 먼저는 의의 왕이요 그 다음은 살렘 왕이니 곧 평강의 왕이요 아버지도 없고 어머니도 없고 족보도 없고 시작한 날도 없고 생명의 끝도 없어 하나님의 아들과 닮아서 항상 제사장으로 있느니라 이 사람이 얼마나 높은가를 생각해 보라 조상 아브라함도 노략물 중 십분의 일을 그에게 주었느니라 레위의 아들들 가운데 제사장의 직분을 받은 자들은 율법을 따라 아브라함의 허리에서 난 자라도 자기 형제인 백성에게서 십분의 일을 취하라는 명령을 받았으나 레위 족보에 들지 아니한 멜기세덱은 아브라함에게서 십분의 일을 취하고 약속을 받은 그를 위하여 복을 빌었나니 논란의 여지 없이 낮은 자가 높은 자에게서 축복을 받느니라 또 여기는 죽을 자들이 십분의 일을 받으나 저기는 산다고 증거를 얻은 자가 받았느니라 또한 십분의 일을 받는 레위도 아브라함으로 말미암아 십분의 일을 바쳤다고 할 수 있나니 이는 멜기세덱이 아브라함을 만날 때에 레위는 이미 자기 조상의 허리에 있었음이라 레위 계통의 제사 직분으로 말미암아 온전함을 얻을 수 있었으면 (백성이 그 아래에서 율법을 받았으니) 어찌하여 아론의 반차를 따르지 않고 멜기세덱의 반차를 따르는 다른 한 제사장을 세울 필요가 있느냐 제사 직분이 바꾸어졌은즉 율법도 반드시 바꾸어지리니 이것은 한 사람도 제단 일을 받들지 않는 다른 지파에 속한 자를 가리켜 말한 것이라 우리 주께서는 유다로부터 나신 것이 분명하도다 이 지파에는 모세가 제사장들에 관하여 말한 것이 하나도 없고 멜기세덱과 같은 별다른 한 제사장이 일어난 것을 보니 더욱 분명하도다 그는 육신에 속한 한 계명의 법을 따르지 아니하고 오직 불멸의 생명의 능력을 따라 되었으니 증언하기를 네가 영원히 멜기세덱의 반차를 따르는 제사장이라 하였도다 전에 있던 계명은 연약하고 무익하므로 폐하고 (율법은 아무것도 온전하게 못할지라) 이에 더 좋은 소망이 생기니 이것으로 우리가 하나님께 가까이 가느니라 또 예수께서 제사장이 되신 것은 맹세 없이 된 것이 아니니 (그들은 맹세 없이 제사장이 되었으되 오직 예수는 자기에게 말씀하신 이로 말미암아 맹세로 되신 것이라 주께서 맹세하시고 뉘우치지 아니하시리니 네가 영원히 제사장이라 하셨도다) 이와 같이 예수는 더 좋은 언약의 보증이 되셨느니라 제사장 된 그들의 수효가 많은 것은 죽음으로 말미암아 항상 있지 못함이로되 예수는 영원히 계시므로 그 제사장 직분도 갈리지 아니하느니라 그러므로 자기를 힘입어 하나님께 나아가는 자들을 온전히 구원하실 수 있으니 이는 그가 항상 살아 계셔서 그들을 위하여 간구하심이라 이러한 대제사장은 우리에게 합당하니 거룩하고 악이 없고 더러움이 없고 죄인에게서 떠나 계시고 하늘보다 높이 되신 이라 그는 저 대제사장들이 먼저 자기 죄를 위하고 다음에 백성의 죄를 위하여 날마다 제사 드리는 것과 같이 할 필요가 없으니 이는 그가 단번에 자기를 드려 이루셨음이라 율법은 약점을 가진 사람들을 제사장으로 세웠거니와 율법 후에 하신 맹세의 말씀은 영원히 온전하게 되신 아들을 세우셨느니라"(히 7:1-28).

우리 주께서는 유다로부터 나신 것이 분명하도다, 이 지파에는 모세가 제사장들에 관하여 말한 것이 하나도 없고 멜기세덱과 같은 별다른 한 제사장이 일어난 것을 보니 더욱 분명하도다, 그는 육신에 속한 한 계명의 법을 따르지 아니하고 오직 불멸의 생명의 능력을 따라 되었으니 증언하기를 네가 영원히 멜기세덱의 반차를 따르는 제사장이 되신 것입니다.

그는 저 대제사장들이 먼저 자기 죄를 위하고 다음에 백성의 죄를 위하여 날마다 제사 드리는 것과 같이 할 필요가 없으니 이는 그가 단번에 자기를 드려 이루셨음이라, 율법은 약점을 가진 사람들을 제사장으로 세웠거니와 율법 후에 하신 맹세의 말씀은 영원히 온전하게 되신 아들을 영원한 대제사장으로 세우신 것입니다(히 2:17)(새 언약).

"지금 우리가 하는 말의 요점은 이러한 대제사장이 우리에게 있다는 것이라 그는 하늘에서 지극히 크신 이의 보좌 우편에 앉으셨으니 성소와 참 장막에서 섬기는 이시라 이 장막은 주께서 세우신 것이요 사람이 세운 것이 아니니라 대제사장마다 예물과 제사 드림을 위하여 세운 자니 그러므로 그도 무엇인가 드릴 것이 있어야 할지니라 예수께서 만일 땅에 계셨더라면 제사장이 되지 아니하셨을 것이니 이는 율법을 따라 예물을 드리는 제사장이 있음이라 그들이 섬기는 것은 하늘에 있는 것의 모형과 그림자라 모세가 장막을 지으려 할 때에 지시하심을 얻음과 같으니 이르시되 삼가 모든 것을 산에서 네게 보이던 본을 따라 지으라 하셨느니라 그러나 이제 그는 더 아름다운 직분을 얻으셨으니 그는 더 좋은 약속으로 세우신 더 좋은 언약의 중보자시라 저 첫 언약이 무흠하였더라면 둘째 것을 요구할 일이 없었으려니와 그들의 잘못을 지적하여 말씀하시되 주께서 이르시되 볼지어다 날이 이르리니 내가 이스라엘 집과 유다 집과 더불어 새 언약을 맺으리라 또 주께서 이르시기를 이 언약은 내가 그들의 열조의 손을 잡고 애굽 땅에서 인도하여 내던 날에 그들과 맺은 언약과 같지 아니하도다 그들은 내 언약 안에 머물러 있지 아니하므로 내가 그들을 돌보지 아니하였노라 또 주께서 이르시되 그 날 후에 내가 이스라엘 집과 맺을 언약은 이것이니 내 법을 그들의 생각에 두고 그들의 마음에 이것을 기록하리라 나는 그들에게 하나님이 되고 그들은 내게 백성이 되리라 또 각각 자기 나라 사람과 각각 자기 형제를 가르쳐 이르기를 주를 알라 하지 아니할 것은 그들이 작은 자로부터 큰 자까지 다 나를 앎이라 내가 그들의 불의를 긍휼히 여기고 그들의 죄를 다시 기억하지 아니하리라 하셨느니라 새 언약이라 말씀하셨으매 첫 것은 낡아지게 하신 것이니 낡아지고 쇠하는 것은 없어져 가는 것이니라"(히 8:1-13).

이제 그는 더 아름다운 직분을 얻으셨으니 그는 더 좋은 약속으로 세우신 더 좋은 언약의 중보자시라 저 첫 언약이 무흠하였더라면 둘째 것을 요구할 일이 없었으려니와 그들의 잘못을 지적하여 말씀하시되 주께서 이르시되 볼지어다 날이 이르리니 내가 이스라엘 집과 유다 집과 더불어 새 언약을 맺으리라, 또 주께서 이르시기를 이 언약은 내가 그들의 열조의 손을 잡고 애굽 땅에서 인도하여 내던 날에 그들과 맺은 언약과 같지 아니하도다 그들은 내 언약 안에 머물러 있지 아니하므로 내가 그들을 돌보지 아니하였노라, 또 주께서 이르시되 그 날 후에 내가 이스라엘 집과 맺을 언약은 이것이니 내 법을 그들의 생각에 두고 그들의 마음에 이것을 기록하리라, 나는 그들에게 하나님이 되고 그들은 내게 백성이 되리라.

바로 이것이 예수님이 영원한 대제사장이 되셔서 새 언약을 세우신 것입니다(히 2:17)(새 언약).

"그러나 너희가 이른 곳은 시온산과 살아계신 하나님의 도성인 하늘의 예루살렘과 천만 천사와 하늘에 기록한 장자들의 총회와 교회와 만민의 심판자이신 하나님과 및 온전케 된 의인의 영들과 새 언약의 중보이신 예수와 및 아벨의 피보다 더 낫게 말하는 뿌린 피니라"(히 12:22-24).

너희가 이른 곳은 시온산과 살아계신 하나님의 도성인 하늘의 예루살렘과 천만 천사와 하늘에 기록한 장자들의 총회와 교회와 만민의 심판자이신 하나님과 및 온전케 된 의인의 영들과 새 언약의 중보이신 예수와 및 아벨의 피보다 더 낫게 말하는 뿌린 피로 새 언약을 세우신 것입니다(히 2:17)(새 언약).

"믿음으로 유월절과 피 뿌리는 예를 정하였으니 이는 장자를 멸하는 자로 저희를 건드리지 않게 하려 한 것이며"(히 11:28).

믿음으로 유월절과 피 뿌리는 예를 정하였으니 이는 장자를 멸하는 자로 저희를 건드리지 않게 하려 한 것입니다.

"내가 가로되 내 주여 당신이 알리이다 하니 그가 나더러 이르되 이는 큰 환난에서 나오는 자들인데 어린양의 피에 그 옷을 씻어 희게 하였느니라"(계 7:14).

예수님이 영원한 대제사장이 되셔서 어린양의 피에 그 옷을 씻어 희게 하는 것입니다(히 2:17).

"보좌에 앉으신 이가 가라사대 이 말은 신실하고 참되니 기록하라 하시고 또 내게 말씀하시되 이루었도다 나는 알파와 오메가요 처음과 나중이라 내가 생명수 샘물로 목 마른 자에게 값 없이 주리니 이기는 자는 이것들을 유업으로 얻으리라 나는 저의 하나님이 되고 그는 내 아들이 되리라 그러나 두려워하는 자들과 믿지 아니하는 자들과 흉악한 자들과 살인자들과 행음자들과 술객들과 우상 숭배자들과 모든 거짓말 하는 자들은 불과 유황으로 타는 못에 참예하리니 이것이 둘째 사망이라"(계 21:5-8).

보좌에 앉으신 이가 가라사대 이 말은 신실하고 참되니 기록하라 하시고, 또 내게 말씀하시되 이루었도다 나는 알파와 오메가요 처음과 나중이라, 내가 생명수 샘물로 목 마른 자에게 값 없이 주리니 이기는 자는 이것들을 유업으로 얻으리라, 나는 저의 하나님이 되고 그는 내 아들이 되리라(히 2:17)(새 언약).

바로 이것이 예수님이 영원한 대제사장이 되셔서 새 언약을 세웠기 때문에 피 뿌림을 받을 수가 있고 또한 바로 이것이 이긴 자가 되는 것입니다(히 2:17).

"그런즉 육신으로 우리 조상된 아브라함이 무엇을 얻었다 하리요 만일 아브라함이 행위로써 의롭다 하심을 얻었으면 자랑할 것이 있으려니와 하나님 앞에서는 없느니라 성경이 무엇을 말하느뇨 아브라함이 하나님을 믿으매 이것이 저에게 의로 여기신 바 되었느니라 일하는 자에게는 그 삯을 은혜로 여기지 아니하고 빚으로 여기거니와 일을 아니할지라도 경건치 아니한 자를 의롭다 하시는 이를 믿는 자에게는 그의 믿음을 의로 여기시나니 일한 것이 없이 하나님께 의로 여기심을 받는 사람의 행복에 대하여 다윗의 말한 바 그 불법을 사하심을 받고 그 죄를 가리우심을 받는 자는 복이 있고 주께서 그 죄를 인정치 아니하실 사람은 복이 있도다 함과 같으니라 그런즉 이 행복이 할례자에게뇨 혹 무할례자에게도뇨 대저 우리가 말하기를 아브라함에게는 그 믿음을 의로 여기셨다 하노라 그런즉 이를 어떻게 여기셨느뇨 할례시냐 무할례시냐 할례시가 아니라 무할례시니라 저가 할례의 표를 받은 것은 무할례시에 믿음으로 된 의를 인친 것이니 이는 무할례자로서 믿는 모든 자의 조상이 되어 저희로 의로 여기심을 얻게 하려 하심이라 또한 할례자의 조상이 되었나니 곧 할례 받을 자에게 뿐아니라 우리 조상 아브라함의 무할례시에 가졌던 믿음의 자취를 좇는 자들에게도니라 아브라함이나 그 후손에게 세상의 후사가 되리라고 하신 언약은 율법으로 말미암은 것이 아니요 오직 믿음의 의로 말미암은 것이니라 만일 율법에 속한 자들이 후사이면 믿음은 헛것이 되고 약속은 폐하여졌느니라 율법은 진노를 이루게 하나니 율법이 없는 곳에는 범함도 없느니라 그러므로 후사가 되는 이것이 은혜에 속하기 위하여 믿음으로 되나니 이는 그 약속을 그 모든 후손에게 굳게 하려 하심이라 율법에 속한 자에게 뿐아니라 아브라함의 믿음에 속한 자에게도니 아브라함은 하나님 앞에서 우리 모든 사람의 조상이라 기록된 바 내가 너를 많은 민족의 조상으로 세웠다 하심과 같으니 그의 믿은 바 하나님은 죽은 자를 살리시며 없는 것을 있는 것같이 부르시는 이시니라 아브라함이 바랄 수 없는 중에 바라고 믿었으니 이는 네 후손이 이같으리라 하신 말씀대로 많은 민족의 조상이 되게 하려 하심을 인함이라 그가 백세나 되어 자기 몸의 죽은 것 같음과 사라의 태의 죽은 것 같음을 알고도 믿음이 약하여지지 아니하고 믿음이 없어 하나님의 약속을 의심치 않고 믿음에 견고하여져서 하나님께 영광을 돌리며 약속하신 그것을 또한 능히 이루실 줄을 확신하였으니 그러므로 이것을 저에게 의로 여기셨느니라 저에게 의로 여기셨다 기록된 것은 아브라함만 위한 것이 아니요 의로 여기심을 받을 우리도 위함이니 곧 예수 우리 주를 죽은 자 가운데서 살리신 이를 믿는 자니라 예수는 우리 범죄함을 위하여 내어줌이 되고 또한 우리를 의롭다 하심을 위하여 살아나셨느니라"(롬 4:1-25).

예수는 우리 범죄함을 위하여 내어줌이 되고 또한 우리를 의롭다 하심을 위하여 살아나신 것입니다.

"그런즉 우리가 무슨 말 하리요 은혜를 더하게 하려고 죄에 거하겠느뇨 그럴 수 없느니라 죄에 대하여 죽은 우리가 어찌 그 가운데 더 살리요 무릇 그리스도 예수와 합하여 세례를 받은 우리는 그의 죽으심과 합하여 세례 받은 줄을 알지 못하느뇨 그러므로 우리가 그의 죽으심과 합하여 세례를 받음으로 그와 함께 장사되었나니 이는 아버지의 영광으로 말미암아 그리스도를 죽은 자 가운데서 살리심과 같이 우리로 또한 새 생명 가운데서 행하게 하려 함이니라 만일 우리가 그의 죽으심을 본받아 연합한 자가 되었으면 또한 그의 부활을 본받아 연합한 자가 되리라 우리가 알거니와 우리 옛 사람이 예수와 함께 십자가에 못 박힌 것은 죄의 몸이 멸하여 다시는 우리가 죄에게 종노릇 하지 아니하려 함이니 이는 죽은 자가 죄에서 벗어나 의롭다 하심을 얻었음이니라 만일 우리가 그리스도와 함께 죽었으면 또한 그와 함께 살 줄을 믿노니 이는 그리스도께서 죽은 자 가운데서 사셨으매 다시 죽지 아니하시고 사망이 다시 그를 주장하지 못할 줄을 앎이로라 그의 죽으심은 죄에 대하여 단번에 죽으심이요 그의 살으심은 하나님께 대하여 살으심이니 이와 같이 너희도 너희 자신을 죄에 대하여는 죽은 자요 그리스도 예수 안에서 하나님을 대하여는 산 자로 여길지어다 그러므로 너희는 죄로 너희 죽을 몸에 왕노릇하지 못하게 하여 몸의 사욕을 순종치 말고 또한 너희 지체를 불의의 병기로 죄에게 드리지 말고 오직 너희 자신을 죽은 자 가운데서 다시 산 자 같이 하나님께 드리며 너희 지체를 의의 병기로 하나님께 드리라 죄가 너희를 주관치 못하리니 이는 너희가 법 아래 있지 아니하고 은혜 아래 있음이니라 그런즉 어찌하리요 우리가 법 아래 있지 아니하고 은혜 아래 있으니 죄를 지으리요 그럴 수 없느니라 너희 자신을 종으로 드려 누구에게 순종하든지 그 순종함을 받는 자의 종이 되는 줄을 너희가 알지 못하느냐 혹은 죄의 종으로 사망에 이르고 혹은 순종의 종으로 의에 이르느니라 하나님께 감사하리로다 너희가 본래 죄의 종이더니 너희에게 전하여 준 바 교훈의 본을 마음으로 순종하여 죄에게서 해방되어 의에게 종이 되었느니라 너희 육신이 연약하므로 내가 사람의 예대로 말하노니 전에 너희가 너희 지체를 부정과 불법에 드려 불법에 이른 것같이 이제는 너희 지체를 의에게 종으로 드려 거룩함에 이르라 너희가 죄의 종이 되었을 때에는 의에 대하여 자유하였느니라 너희가 그때에 무슨 열매를 얻었느뇨 이제는 너희가 그 일을 부끄러워하나니 이는 그 마지막이 사망임이니라 그러나 이제는 너희가 죄에게서 해방되고 하나님께 종이 되어 거룩함에 이르는 열매를 얻었으니 이 마지막은 영생이라 죄의 삯은 사망이요 하나님의 은사는 그리스도 예수 우리 주 안에 있는 영생이니라"(롬 6:1-23).

이제는 너희가 죄에게서 해방되고 하나님께 종이 되어 거룩함에 이르는 열매를 얻었으니 이 마지막은 영생이라, 죄의 삯은 사망이요 하나님의 은사는 그리스도 예수 우리 주 안에 있는 영생인 것입니다(히 2:17)(새 언약).

"사람이 마음으로 믿어 의에 이르고 입으로 시인하여 구원에 이르느니라"(롬 10:10).

사람이 마음으로 믿어 의에 이르고 입으로 시인하여 구원에 이른다는 것은 사람이 마음으로 믿어 의에 이르고 실제로 성령으로 행함으로 구원에 이른다는 것입니다(히 2:17)(새 언약).

> “형제들아 내가 우리 주 예수 그리스도로 말미암고 성령의 사랑으로 말미암아 너희를 권하노니 너희 기도에 나와 힘을 같이하여 나를 위하여 하나님께 빌어”(롬 15:30).

성령의 사랑은 진리이고 진리는 성령인 것입니다(히 2:17).

> “그 안에서 너희도 진리의 말씀 곧 너희의 구원의 복음을 듣고 그 안에서 또한 믿어 약속의 성령으로 인치심을 받았으니”(엡 1:13).

그 안에서 너희도 진리의 말씀 곧 너희의 구원의 복음을 듣고 그 안에서 또한 믿어 약속의 성령으로 인치심을 받은 것입니다(히 2:17)(새 언약).

> “그 안에서 너희도 진리의 말씀 곧 너희의 구원의 복음을 듣고 그 안에서 또한 믿어 약속의 성령으로 인치심을 받았으니 이는 우리의 기업에 보증이 되사 그 얻으신 것을 구속하시고”(엡 1:13-14).

그 안에서 너희도 진리의 말씀 곧 너희의 구원의 복음을 듣고 그 안에서 또한 믿어 약속의 성령으로 인치심을 받았으니 이는 우리의 기업에 보증이 되사 그 얻으신 것을 구속하시는 것입니다(히 2:17)(새 언약).

"주도 하나이요 믿음도 하나이요 세례도 하나이요 하나님도 하나이시니 곧 만유의 아버지시라 만유 위에 계시고 만유를 통일하시고 만유 가운데 계시도다 우리 각 사람에게 그리스도의 선물의 분량대로 은혜를 주셨나니 그러므로 이르기를 그가 위로 올라가실 때에 사로잡힌 자를 사로잡고 사람들에게 선물을 주셨다 하였도다 올라가셨다 하였은즉 땅 아랫곳으로 내리셨던 것이 아니면 무엇이냐 내리셨던 그가 곧 모든 하늘 위에 오르신 자니 이는 만물을 충만케 하려 하심이니라 그가 혹은 사도로, 혹은 선지자로, 혹은 복음 전하는 자로, 혹은 목사와 교사로 주셨으니 이는 성도를 온전케 하며 봉사의 일을 하게 하며 그리스도의 몸을 세우려 하심이라 우리가 다 하나님의 아들을 믿는 것과 아는 일에 하나가 되어 온전한 사람을 이루어 그리스도의 장성한 분량이 충만한데까지 이르리니 이는 우리가 이제부터 어린 아이가 되지 아니하여 사람의 궤술과 간사한 유혹에 빠져 모든 교훈의 풍조에 밀려 요동치 않게 하려 함이라 오직 사랑 안에서 참된 것을 하여 범사에 그에게까지 자랄지라 그는 머리니 곧 그리스도라 그에게서 온몸이 각 마디를 통하여 도움을 입음으로 연락하고 상합하여 각 지체의 분량대로 역사하여 그 몸을 자라게 하며 사랑 안에서 스스로 세우느니라"(엡 4:5-16).

이는 성도를 온전케 하며 봉사의 일을 하게 하며 그리스도의 몸을 세우려 하심이라, 우리가 다 하나님의 아들을 믿는 것과 아는 일에 하나가 되어 온전한 사람을 이루어 그리스도의 장성한 분량이 충만한 데까지 이르리니 이는 우리가 이제부터 어린 아이가 되지 아니하여 사람의 궤술과 간사한 유혹에 빠져 모든 교훈의 풍조에 밀려 요동치 않게 하려 함이라, 오직 사랑 안에서 참된 것을 하여 범사에 그에게까지 자랄지라, 그는 머리니 곧 그리스도라 그에게서 온 몸이 각 마디를 통하여 도움을 입음으로 연락하고 상합하여 각 지체의 분량대로 역사하여 그 몸을 자라게 하며 사랑 안에서 스스로 세우는 것입니다(히 2:17)(새 언약).

"하나님의 성령을 근심하게 하지 말라 그 안에서 너희가 구속의 날까지 인치심을 받았느니라"(엡 4:30).

하나님의 성령을 근심하게 하지 말라, 그 안에서 너희가 구속의 날까지 인치심을 받은 것입니다(히 2:17)(새 언약).

"이 교훈은 내게 맡기신 바 복되신 하나님의 영광의 복음을 좇음이니라"(딤전 1:11).

이 교훈은 내게 맡기신 바 복되신 하나님의 영광의 복음을 좇음인 것입니다(히 2:17)(새 언약).

"경계의 목적은 청결한 마음과 선한 양심과 거짓이 없는 믿음으로 나는 사랑이거늘"(딤전 1:5).

경계의 목적은 청결한 마음과 선한 양심과 거짓이 없는 믿음으로 나는 사랑인 것입니다(히 2:17)(새 언약).

"우리 주의 은혜가 그리스도 예수 안에 있는 믿음과 사랑과 함께 넘치도록 풍성하였도다"(딤전 1:14).

그리스도 예수 안에 있는 믿음과 사랑이 바른 말, 바른 교훈인 것입니다(히 2:17)(새 언약).

"아들 디모데야 내가 네게 이 경계로써 명하노니 전에 너를 지도한 예언을 따라 그것으로 선한 싸움을 싸우며 믿음과 착한 양심을 가지라 어떤 이들이 이 양심을 버렸고 그 믿음에 관하여는 파선하였느니라"(딤전 1:18-19).

믿음과 착한 양심이 바른 말, 바른 교훈인 것입니다(히 2:17).

> "하나님은 모든 사람이 구원을 받으며 진리를 아는 데 이르기를 원하시느니라"(딤전 2:4).

하나님은 모든 사람이 구원을 받으며 진리를 아는 데 이르기를 원하시는 것입니다(히 2:17)(새 언약).

> "그러나 여자들이 만일 정절로써 믿음과 사랑과 거룩함에 거하면 그 해산함으로 구원을 얻으리라"(딤전 2:15).

여자들이 만일 정절로써 믿음과 사랑과 거룩함에 거하면 그 해산함으로 구원을 얻을 수 있는 것입니다. 여기서 여자는 구원 받은 성도를 뜻하는 것입니다(히 2:17)(새 언약).

> "만일 내가 지체하면 너로 하나님의 집에서 어떻게 행하여야 할 것을 알게 하려 함이니 이 집은 살아 계신 하나님의 교회요 진리의 기둥과 터이니라 크도다 경건의 비밀이여, 그렇지 않다 하는 이 없도다 그는 육신으로 나타난 바 되시고 영으로 의롭다 하심을 입으시고 천사들에게 보이시고 만국에서 전파되시고 세상에서 믿은

바 되시고 영광 가운데서 올리우셨음이니라”(딤전 3:15-16).

이 집은 살아 계신 하나님의 교회요 진리의 기둥과 터이니라, 크도다 경건의 비밀이여 그렇지 않다 하는 이 없도다, 그는 육신으로 나타난 바 되시고 영으로 의롭다 하심을 입으시고 천사들에게 보이시고 만국에서 전파되시고 세상에서 믿은 바 되시고 영광 가운데서 올리우셨음이니라, 그리고 충성된 대제사장이 되어 백성(성도)의 죄를 구속하심입니다(히 2:17)(새 언약).

“믿음의 선한 싸움을 싸우라 영생을 취하라 이를 위하여 네가 부르심을 입었고 많은 증인 앞에서 선한 증거를 증거하였도다”(딤전 6:12).

믿음의 선한 싸움을 싸우라, 영생을 취하라, 이를 위하여 네가 부르심을 입었고 많은 증인 앞에서 선한 증거를 증거하는 것입니다(히 2:17)(새 언약).

“너는 그리스도 예수 안에 있는 믿음과 사랑으로써 내게 들은 바 바른 말을 본받아 지키고”(딤후 1:13).

너는 그리스도 예수 안에 있는 믿음과 사랑으로써 내게 들은 바 바른 말을 본받아 지키는 것입니다(히 2:17)(새 언약).

"그가 우리를 대신하여 자신을 주심은 모든 불법에서 우리를 구속하시고 우리를 깨끗하게 하사 선한 일에 열심하는 친 백성이 되게 하려 하심이니라"(딛 2:14).

그가 우리를 대신하여 자신을 주심은 모든 불법에서 우리를 구속하시고 우리를 깨끗하게 하사 선한 일에 열심하는 친 백성이 되게 하려 하심입니다(히 2:17)(새 언약).

"그런즉 어찌하리요 우리가 법 아래 있지 아니하고 은혜 아래 있으니 죄를 지으리요 그럴 수 없느니라 너희 자신을 종으로 드려 누구에게 순종하든지 그 순종함을 받는 자의 종이 되는 줄을 너희가 알지 못하느냐 혹은 죄의 종으로 사망에 이르고 혹은 순종의 종으로 의에 이르느니라 하나님께 감사하리로다 너희가 본래 죄의 종이더니 너희에게 전하여 준 바 교훈의 본을 마음으로 순종하여 죄에게서 해방되어 의에게 종이 되었느니라 너희 육신이 연약하므로 내가 사람의 예대로 말하노니 전에 너희가 너희 지체를 부정과 불법에 드려 불법에 이른 것같이 이제는 너희 지체를 의에게 종으로 드려 거룩함에 이르라 너희가 죄의 종이 되었을 때에는 의에 대하여 자유하였느니라 너희가 그 때에 무슨 열매를 얻었느뇨 이제는 너희가 그 일을 부끄러워하나니 이는 그 마지막이 사망임이니라 그러나 이제는 너희가 죄에게서 해방되고 하나님께 종이 되어 거룩함에 이르는 열매를 얻었으니 이 마지막은 영생이라 죄의 삯은 사망이요 하나님의 은사는 그리스도 예수 우리 주 안에 있는 영생이니라"(롬 6:15-23).

이제는 너희 지체를 의에게 종으로 드려 거룩함에 이르라, 너희가 죄의 종이 되었을 때에는 의에 대하여 자유하였느니라, 너희가 그때에 무슨 열매를 얻었느뇨 이제는 너희가 그 일을 부끄러워하나니 이는 그 마지막이 사망임이니라, 그러나 이제는 너희가 죄에게서 해방되고 하나님께 종이 되어 거룩함에 이르는 열매를 얻었으니 이 마지막은 영생이라, 죄의 삯은 사망이요 하나님의 은사는 그리스도 예수 우리 주 안에 있는 영생인 것입니다(히 2:17)(새 언약).

"저희에게 자유를 준다 하여도 자기는 멸망의 종들이니 누구든지 진 자는 이긴 자의 종이 됨이니라"(벧후 2:19).

누구든지 진 자는 이긴 자의 종이 되는 것입니다.

"사랑하는 자들아 주께는 하루가 천 년 같고 천년이 하루 같은 이 한 가지를 잊지 말라 주의 약속은 어떤 이의 더디다고 생각하는 것 같이 더딘 것이 아니라 오직 너희를 대하여 오래 참으사 아무도 멸망치 않고 다 회개하기에 이르기를 원하시느니라"(벧후 3:8-9).

주의 약속은 어떤 이의 더디다고 생각하는 것같이 더딘 것이 아니라 오직 너희를 대하여 오래 참으사 아무도 멸망치 않고 다 회개하기에 이르기를 원하시는 것입니다(히 2:17)(새 언약).

"하나님이 우리를 사랑하시는 사랑을 우리가 알고 믿었노니 하나님은 사랑이시라 사랑 안에 거하는 자는 하나님 안에 거하고 하나님도 그 안에 거하시느니라 이로써 사랑이 우리에게 온전히 이룬 것은 우리로 심판 날에 담대함을 가지게 하려 함이니 주의 어떠하심과 같이 우리도 세상에서 그러하니라 사랑 안에 두려움이 없고 온전한 사랑이 두려움을 내어 쫓나니 두려움에는 형벌이 있음이라 두려워하는 자는 사랑 안에서 온전히 이루지 못하였느니라"(요일 4:16-18).

하나님은 사랑이시라, 사랑 안에 거하는 자는 하나님 안에 거하고 하나님도 그 안에 거하시느니라, 이로써 사랑이 우리에게 온전히 이룬 것은 우리로 심판 날에 담대함을 가지게 하려 함이니 주의 어떠하심과 같이 우리도 세상에서 그러하니라, 사랑 안에 두려움이 없고 온전한 사랑이 두려움을 내어 쫓는 것입니다(히 2:17)(새 언약).

> "이는 물과 피로 임하신 자니 곧 예수 그리스도시라 물로만 아니요 물과 피로 임하셨고 증거하는 이는 성령이시니 성령은 진리니라 증거하는 이가 셋이니 성령과 물과 피라 또한 이 셋이 합하여 하나이니라"(요일 5:6-8).

이는 물과 피로 임하신 자니 곧 예수 그리스도시라, 물로만 아니요 물과 피로 임하셨고 증거하는 이는 성령이시니 성령은 진리니라, 증거하는 이가 셋이니 성령과 물과 피라, 또한 이 셋이 합하여 하나인 것입니다(히 2:17).

> "자녀들아 내가 너희에게 쓰는 것은 너희 죄가 그의 이름으로 말미암아 사함을 얻음이요 아비들아 내가 너희에게 쓰는 것은 너희가 태초부터 계신 이를 앎이요 청년들아 내가 너희에게 쓰는 것은 너희가 악한 자를 이기었음이니라 아이들아 내가 너희에게 쓴 것은 너희가 아버지를 알았음이요 아비들아 내가 너희에게 쓴 것은 너희가 태초부터 계신 이를 알았음이요 청년들아 내가 너희에게

쓴 것은 너희가 강하고 하나님의 말씀이 너희 속에 거하시고 너희가 흉악한 자를 이기었음이라"(요일 2:12-14).

자녀들아 내가 너희에게 쓰는 것은 너희 죄가 그의 이름으로 말미암아 사함을 얻음이요, 아비들아 내가 너희에게 쓰는 것은 너희가 태초부터 계신 이를 앎이요, 청년들아 내가 너희에게 쓰는 것은 너희가 악한 자를 이기었음이니라, 아이들아 내가 너희에게 쓴 것은 너희가 아버지를 알았음이요, 아비들아 내가 너희에게 쓴 것은 너희가 태초부터 계신 이를 알았음이요, 청년들아 내가 너희에게 쓴 것은 너희가 강하고 하나님의 말씀이 너희 속에 거하시고 너희가 흉악한 자를 이기었음인 것입니다(히 2:17)(새 언약).

"너희를 위하여 하늘에 쌓아둔 소망을 인함이니 곧 너희가 전에 복음 진리의 말씀을 들은 것이라 이 복음이 이미 너희에게 이르매 너희가 듣고 참으로 하나님의 은혜를 깨달은 날부터 너희 중에서와 같이 또한 온 천하에서도 열매를 맺어 자라는도다"(골 1:5-6).

너희가 전에 복음 진리의 말씀을 들은 것이라, 이 복음이 이미 너희에게 이르매 너희가 듣고 참으로 하나님의 은혜를 깨달은 날부터 너희 중에서와 같이 또한 온 천하에서도 열매를 맺어 자라는 것입니다(히 2:17)(새 언약).

"주께 합당히 행하여 범사에 기쁘시게 하고 모든 선한 일에 열매를 맺게 하시며 하나님을 아는 것에 자라게 하시고 그 영광의 힘을 좇아 모든 능력으로 능하게 하시며 기쁨으로 모든 견딤과 오래 참음에 이르게 하시고 우리로 하여금 빛 가운데서 성도의 기업의 부분을 얻기에 합당하게 하신 아버지께 감사하게 하시기를 원하노라 그가 우리를 흑암의 권세에서 건져내사 그의 사랑의 아들의 나라로 옮기셨으니 그 아들 안에서 우리가 구속 곧 죄 사함을 얻었도다"(골 1:10-14).

주께 합당히 행하여 범사에 기쁘시게 하고 모든 선한 일에 열매를 맺게 하시며, 하나님을 아는 것에 자라게 하시고 그 영광의 힘을 좇아 모든 능력으로 능하게 하시며, 기쁨으로 모든 견딤과 오래 참음에 이르게 하시고 우리로 하여금 빛 가운데서 성도의 기업의 부분을 얻기에 합당하게 하시는 하나님인 것입니다(히 2:17).

"그가 혹은 사도로, 혹은 선지자로, 혹은 복음 전하는 자로, 혹은 목사와 교사로 주셨으니 이는 성도를 온전케 하며 봉사의 일을 하게 하며 그리스도의 몸을 세우려 하심이라 우리가 다 하나님의 아들을 믿는 것과 아는 일에 하나가 되어 온전한 사람을 이루어 그리스도의 장성한 분량이 충만한데까지 이르리니 이는 우리가 이제부터 어린 아이가 되지 아니하여 사람의 궤술과 간사한 유혹에 빠져 모든 교훈의 풍조에 밀려 요동치 않게 하려 함이라 오직 사랑 안에서 참된 것을 하여 범사에 그에게까지 자랄지라 그는 머리니 곧 그리스도라 그에게서 온 몸이 각 마디를 통하여 도움을 입음으로 연락하고 상합하여 각 지체의 분량대로 역사하여 그 몸을 자라게 하며 사랑 안에서 스스로 세우느니라"(엡 4:11-16).

우리가 다 하나님의 아들을 믿는 것과 아는 일에 하나가 되어 온전한 사람을 이루어 그리스도의 장성한 분량이 충만한 데까지 이르리니, 이는 우리가 이제부터 어린 아이가 되지 아니하여 사람의 궤술과 간사한 유혹에 빠져 모든 교훈의 풍조에 밀려 요동치 않게 하려 함이라, 오직 사랑 안에서 참된 것을 하여 범사에 그에게까지 자랄지라 그는 머리니 곧 그리스도라, 그에게서 온몸이 각 마디를 통하여 도움을 입음으로 연락하고 상합하여 각 지체의 분량대로 역사하여 그 몸을 자라게 하며 사랑 안에서 스스로 세우는 것입니다(히 2:17)(새 언약).

"이뿐 아니라 또한 우리 곧 성령의 처음 익은 열매를 받은 우리까지도 속으로 탄식하여 양자 될 것 곧 우리 몸의 구속을 기다리느니라"(롬 8:23).

우리 곧 성령의 처음 익은 열매를 받은 우리까지도 속으로 탄식하여 양자 될 것 곧 우리 몸의 구속을 기다리는 것입니다(히 2:17)(새 언약).

"믿음으로 말미암아 그리스도께서 너희 마음에 계시게 하옵시고 너희가 사랑 가운데서 뿌리가 박히고 터가 굳어져서 능히 모든 성도와 함께 지식에 넘치는 그리스도의 사랑을 알아 그 넓이와 길이와 높이와 깊이가 어떠함을 깨달아 하나님의 모든 충만하신 것으로 너희에게 충만하게 하시기를 구하노라"(엡 3:17-19).

믿음으로 말미암아 그리스도께서 너희 마음에 계시게 하옵시고 너희가 사랑 가운데서 뿌리가 박히고 터가 굳어져서 능히 모든 성도와 함께 지식에 넘치는 그리스도의 사랑을 알아 그 넓이와 길이와 높이와 깊이가 어떠함을 깨달아 하나님의 모든 충만하신 것으로 너희에게 충만하게 하시는 것입니다(히 2:17)(새 언약).

"영생은 곧 유일하신 참 하나님과 그의 보내신 자 예수 그리스도를 아는 것이니이다"(요 17:3).

영생은 곧 유일하신 참 하나님과 그의 보내신 자 예수 그리스도를 아는 것입니다(히 2:17)(새 언약).

"내 아버지께서 모든 것을 내게 주셨으니 아버지 외에는 아들을 아는 자가 없고 아들과 또 아들의 소원대로 계시를 받는 자 외에는 아버지를 아는 자가 없느니라"(마 11:27).

내 아버지께서 모든 것을 내게 주셨으니 아버지 외에는 아들을 아는 자가 없고 아들과 또 아들의 소원대로 계시를 받는 자 외에는 아버지를 아는 자가 없는 것입니다.

"나의 계명을 가지고 지키는 자라야 나를 사랑하는 자니 나를 사랑하는 자는 내 아버지께 사랑을 받을 것이요 나도 그를 사랑하여 그에게 나를 나타내리라"(요 14:21).

나의 계명을 가지고 지키는 자라야 나를 사랑하는 자니 나를 사랑하는 자는 내 아버지께 사랑을 받을 것이요, 나도 그를 사랑하여 그에게 나를 나타내는 것입니다.

"나를 사랑하는 자들이 나의 사랑을 입으며 나를 간절히 찾는 자가 나를 만날 것이니라"(잠 8:17).

나를 사랑하는 자들이 나의 사랑을 입으며 나를 간절히 찾는 자가 나를 만날 것입니다.

"그러므로 형제들아 우리가 빚진 자로되 육신에게 져서 육신대로 살 것이 아니니라 너희가 육신대로 살면 반드시 죽을 것이로되 영으로써 몸의 행실을 죽이면 살리니 무릇 하나님의 영으로 인도함을 받는 그들은 곧 하나님의 아들이라 너희는 다시 무서워하는 종의 영을 받지 아니하였고 양자의 영을 받았으므로 아바 아버지라 부르짖느니라"(롬 8:12-15).

너희가 육신대로 살면 반드시 죽을 것이로되 영으로써 몸의 행실을 죽이면 살게 되는 것입니다(히 2:17)(새 언약).

"우리가 주 예수로 말미암아 너희에게 무슨 명령으로 준 것을 너희가 아느니라 하나님의 뜻은 이것이니 너희의 거룩함이라 곧 음란을 버리고 각각 거룩함과 존귀함으로 자기의 아내 취할 줄을 알고 하나님을 모르는 이방인과 같이 색욕을 좇지 말고 이 일에 분수를 넘어서 형제를 해하지 말라 이는 우리가 너희에게 미리 말하

> 고 증거한 것과 같이 이 모든 일에 주께서 신원하여 주심이니라 하나님이 우리를 부르심은 부정케 하심이 아니요 거룩케 하심이니 그러므로 저버리는 자는 사람을 저버림이 아니요 너희에게 그의 성령을 주신 하나님을 저버림이니라"(살전 4:2-8).

우리가 주 예수로 말미암아 너희에게 무슨 명령으로 준 것을 너희가 아느니라, 하나님의 뜻은 이것이니 너희의 거룩함이라, 하나님이 우리를 부르심은 부정케 하심이 아니요 거룩케 하심이니, 그러므로 저버리는 자는 사람을 저버림이 아니요, 너희에게 그의 성령을 주신 하나님을 저버림인 것입니다(히 2:17)(새 언약).

> "때가 오래므로 너희가 마땅히 선생이 될 터인데 너희가 다시 하나님의 말씀의 초보가 무엇인지 누구에게 가르침을 받아야 할 것이니 젖이나 먹고 단단한 식물을 못 먹을 자가 되었도다 대저 젖을 먹는 자마다 어린 아이니 의의 말씀을 경험하지 못한 자요 단단한 식물은 장성한 자의 것이니 저희는 지각을 사용하므로 연단을 받아 선악을 분변하는 자들이니라 그러므로 우리가 그리스도 도의 초보를 버리고 죽은 행실을 회개함과 하나님께 대한 신앙과 세례들과 안수와 죽은 자의 부활과 영원한 심판에 관한 교훈의 터를 다시 닦지 말고 완전한 데 나아갈지니라(히 5:12-6:2).

대저 젖을 먹는 자마다 어린 아이니 의의 말씀을 경험하지 못한 자요 단단한 식물은 장성한 자의 것이니 저희는 지각을 사용하므로 연단을 받아 선악을 분변하는 자들이니라, 그러므로 우리가 그리스도 도의 초보를 버리고 죽은 행실을 회개함과 하나님께 대한 신앙과 세례들과 안수와 죽은 자의 부활과 영원한 심판에 관한 교훈의 터를 다시 닦지 말고 완전한 데 나아가야 하는 것입니다(히 2:17)(새 언약).

"내 아버지의 뜻은 아들을 보고 믿는 자마다 영생을 얻는 이것이니 마지막 날에 내가 이를 다시 살리리라 하시니라"(요 6:40).

내 아버지의 뜻은 아들을 보고 믿는 자마다 영생을 얻는 이것이니 마지막 날에 내가 이를 다시 살리는 것입니다(히 2:17)(새 언약).

"진실로 진실로 너희에게 이르노니 믿는 자는 영생을 가졌나니 내가 곧 생명의 떡이로라 너희 조상들은 광야에서 만나를 먹었어도 죽었거니와 이는 하늘로서 내려오는 떡이니 사람으로 하여금 먹고 죽지 아니하게 하는 것이니라 나는 하늘로서 내려온 산 떡이니 사람이 이 떡을 먹으면 영생하리라 나의 줄 떡은 곧 세상의 생명을 위한 내 살이로라 하시니라 이러므로 유대인들이 서로 다투어 가로되 이 사람이 어찌 능히 제 살을 우리에게 주어 먹게 하겠느냐 예수께서 이르시되 내가 진실로 진실로 너희에게 이르노니 인자의 살을 먹지 아니하고 인자의 피를 마시지 아니하면 너희 속에 생명이 없느니라 내 살을 먹고 내 피를 마시는 자는 영생을 가졌고 마지막 날에 내가 그를 다시 살리리니 내 살은 참된 양식이요 내 피는 참된 음료로다 내 살을 먹고 내 피를 마시는 자는 내 안에 거하고 나도 그 안에 거하나니 살아계신 아버지께서 나를 보내시매 내가 아버지로 인하여 사는 것같이 나를 먹는 그 사람도 나로 인하여 살리라 이것은 하늘로서 내려온 떡이니 조상들이 먹고도 죽은 그것과 같지 아니하여 이 떡을 먹는 자는 영원히 살리라 이 말씀은 예수께서 가버나움 회당에서 가르치실 때에 하셨느니라 제자 중 여럿이 듣고 말하되 이 말씀은 어렵도다 누가 들을 수 있느냐 한대 예수께서 스스로 제자들이 이 말씀에 대하여 수군거리는 줄 아시고 가라사대 이 말이 너희에게 걸림이 되느냐 그러면 너희가 인자의 이전 있던 곳으로 올라가는 것을 볼 것 같으면 어찌 하려느냐 살리는 것은 영이니 육은 무익하니라 내가 너희에게 이른 말이 영이요 생명이라 그러나 너희 중에 믿지 아니하는 자들이 있느니라 하시니 이는 예수께서 믿지 아니하는 자들이 누구며 자기를 팔 자가 누군지 처음부터 아심이러라 또 가라사대 이러하므로 전에 너희에게 말하기를 내 아버지께서 오게 하여 주지 아니하시면 누구든지 내게 올 수 없다 하였노라 하시니라 이러므로 제자 중에 많이 물러가고 다시 그와 함께 다니지 아니하더라 예수께서 열 두 제자에게 이르시되 너희도 가려느냐 시몬 베드로가 대답하되 주여 영생의 말씀이 계시매 우리가 뉘게로 가오리이까 우리가 주는 하나님의 거룩하신 자신 줄 믿고 알았삽나이다"(요 6:47-69).

내가 진실로 진실로 너희에게 이르노니 인자의 살을 먹지 아니하고 인자의 피를 마시지 아니하면 너희 속에 생명이 없느니라, 내 살을 먹고 내 피를 마시는 자는 영생을 가졌고 마지막 날에 내가 그를 다시 살리리니 내 살은 참된 양식이요 내 피는 참된 음료인 것입니다(히 2:17)(새 언약).

"저녁 잡수시던 자리에서 일어나 겉옷을 벗고 수건을 가져다가 허리에 두르시고 이에 대야에 물을 담아 제자들의 발을 씻기시고 그 두르신 수건으로 씻기기를 시작하여 시몬 베드로에게 이르시니 가로되 주여 주께서 내 발을 씻기시나이까 예수께서 대답하여 가라사대 나의 하는 것을 네가 이제는 알지 못하나 이후에는 알리라 베드로가 가로되 내 발을 절대로 씻기지 못하시리이다 예수께서 대답하시되 내가 너를 씻기지 아니하면 네가 나와 상관이 없느니라 시몬 베드로가 가로되 주여 내 발뿐아니라 손과 머리도 씻겨 주옵소서 예수께서 가라사대 이미 목욕한 자는 발밖에 씻을 필요가 없느니라 온몸이 깨끗하니라 너희가 깨끗하나 다는 아니니라 하시니 이는 자기를 팔 자가 누구인지 아심이라 그러므로 다는 깨끗지 아니하다 하시니라 저희 발을 씻기신 후에 옷을 입으시고 다시 앉아 저희에게 이르시되 내가 너희에게 행한 것을 너희가 아느냐 너희가 나를 선생이라 또는 주라 하니 너희 말이 옳도다 내가 그러하다 내가 주와 또는 선생이 되어 너희 발을 씻겼으니 너희도 서로 발을 씻기는 것이 옳으니라 내가 너희에게 행한 것같이 너희도 행하게 하려 하여 본을 보였노라 내가 진실로 진실로 너희에게 이르노니 종이 상전보다 크지 못하고 보냄을 받은 자가 보낸 자보다 크지 못하니 너희가 이것을 알고 행하면 복이 있으리라"(요 13:4-17).

저녁 잡수시던 자리에서 일어나 겉옷을 벗고 수건을 가져다가 허리에 두르시고 이에 대야에 물을 담아 제자들의 발을 씻기시고 그 두르신 수건으로 씻기기를 시작하여 시몬 베드로에게 이르시니 가로되 주여 주께서 내 발을 씻기시나이까, 예수께서 대답하여 가라사대 나의 하는 것을 네가 이제는 알지 못하나 이후에는 알리라, 베드로가 가로되 내 발을 절대로 씻기지 못하시리이다, 예수께서 대답하시되 내가 너를 씻기지 아니하면 네가 나와 상관이 없느니라, 시몬 베드로가 가로되 주여 내 발뿐아니라 손과 머리도 씻겨 주옵소서,

예수께서 가라사대 이미 목욕한 자는 발밖에 씻을 필요가 없느니라 온몸이 깨끗하니라는 말씀과 같이 회개나 죄를 자백 드려 성령의 인도하심으로 빛 가운데 살아가는 것입니다(히 2:17)(새 언약).

"저희가 조반 먹은 후에 예수께서 시몬 베드로에게 이르시되 요한의 아들 시몬아 네가 이 사람들보다 나를 더 사랑하느냐 하시니 가로되 주여 그러하외다 내가 주를 사랑하는 줄 주께서 아시나이다 가라사대 내 어린 양을 먹이라 하시고 또 두 번째 가라사대 요한의 아들 시몬아 네가 나를 사랑하느냐 하시니 가로되 주여 그러하외다 내가 주를 사랑하는 줄 주께서 아시나이다 가라사대 내 양을 치라 하시고 세 번째 가라사대 요한의 아들 시몬아 네가 나를 사랑하느냐 하시니 주께서 세 번째 네가 나를 사랑하느냐 하시므로 베드로가 근심하여 가로되 주여 모든 것을 아시오매 내가 주를 사랑하는 줄을 주께서 아시나이다 예수께서 가라사대 내 양을 먹이라"(요 21:15-17).

이 말씀은 양에게 꼴을 먹여야 할 것을 당부하여 세 번이나 강조하고 있는 것입니다(히 2:17)(새 언약).

"곧 하나님 아버지의 미리 아심을 따라 성령의 거룩하게 하심으로 순종함과 예수 그리스도의 피 뿌림을 얻기 위하여 택하심을 입은 자들에게 편지하노니 은혜와 평강이 너희에게 더욱 많을지어다" (벧전 1:2).

하나님 아버지의 미리 아심을 따라 성령의 거룩하게 하심으로 순종함과 예수 그리스도의 피 뿌림을 얻기 위하여 택하심을 입은 자들인 것입니다(히 2:17)(새 언약).

"그 중 한 군병이 창으로 옆구리를 찌르니 곧 피와 물이 나오더라 이를 본 자가 증거하였으니 그 증거가 참이라 저가 자기의 말하는 것이 참인줄 알고 너희로 믿게 하려 함이니라"(요 19:34-35).

이 말씀과 같이 예수님은 십자가에서 피와 물을 쏟으신 것입니다(히 2:17).

"그러므로 나의 사랑하는 자들아 너희가 나 있을 때뿐 아니라 더욱 지금 나 없을 때에도 항상 복종하여 두렵고 떨림으로 너희 구원을 이루라 너희 안에서 행하시는 이는 하나님이시니 자기의 기쁘신 뜻을 위하여 너희로 소원을 두고 행하게 하시나니"(빌 2:12-13).

이 말씀과 같이 항상 복종하여 두렵고 떨림으로 구원을 이루어야 하는 것입니다(히 2:17)(새 언약).

"그 안에서 발견되려 함이니 내가 가진 의는 율법에서 난 것이 아니요 오직 그리스도를 믿음으로 말미암은 것이니 곧 믿음으로 하나님께로서 난 의라 내가 그리스도와 그 부활의 권능과 그 고난에 참예함을 알려하여 그의 죽으심을 본받아 어찌하든지 죽은 자 가운데서 부활에 이르려 하노니 내가 이미 얻었다 함도 아니요 온전히 이루었다 함도 아니라 오직 내가 그리스도 예수께 잡힌 바 된 그것을 잡으려고 좇아가노라 형제들아 나는 아직 내가 잡은 줄로 여기지 아니하고 오직 한 일 즉 뒤에 있는 것은 잊어버리고 앞에 있는 것을 잡으려고 푯대를 향하여 그리스도 예수 안에서 하나님이 위에서 부르신 부름의 상을 위하여 좇아가노라 그러므로 누구든지 우리 온전히 이룬 자들은 이렇게 생각할지니 만일 무슨 일에 너희가 달리 생각하면 하나님이 이것도 너희에게 나타내시리라 오직 우리가 어디까지 이르렀든지 그대로 행할 것이라"(빌 3:9-16).

사도 바울은 내가 가진 의는 율법에서 난 것이 아니요 오직 그리스도를 믿음으로 말미암은 것이니 곧 믿음으로 하나님께로서 난 의라, 내가 그리스도와 그 부활의 권능과 그 고난에 참예함을 알려 하여 그의 죽으심을 본받아 어찌하든지 죽은 자 가운데서 부활에 이르려 하노니, 내가 이미 얻었다 함도 아니요 온전히 이루었다 함도 아니라 오직 내가 그리스도 예수께 잡힌 바 된 그것을 잡으려고 좇아갔던 것입니다(히 2:17)(새 언약).

"이는 저희로 마음에 위안을 받고 사랑 안에서 연합하여 원만한 이해의 모든 부요에 이르러 하나님의 비밀인 그리스도를 깨닫게 하려 함이라 그 안에는 지혜와 지식의 모든 보화가 감취어 있느니라"(골 2:2-3).

사랑 안에서 연합하여 원만한 이해의 모든 부요에 이르러 하나님의 비밀인 그리스도를 깨닫게 하려 함이라, 그 안에는 지혜와 지식의 모든 보화가 감취어 있는 것입니다(히 2:17)(새 언약).

"이는 그리스도 예수 안에 너희의 믿음과 모든 성도에 대한 사랑을 들음이요 너희를 위하여 하늘에 쌓아둔 소망을 인함이니 곧 너희가 전에 복음 진리의 말씀을 들은 것이라 이 복음이 이미 너희에게 이르매 너희가 듣고 참으로 하나님의 은혜를 깨달은 날부터 너희 중에서와 같이 또한 온 천하에서도 열매를 맺어 자라는도다"(골 1:4-6).

너희가 전에 복음 진리의 말씀을 들은 것이라, 이 복음이 이미 너희에게 이르매 너희가 듣고 참으로 하나님의 은혜를 깨달은 날부터 너희 중에서와 같이 또한 온 천하에서도 열매를 맺어 자라는 것입니다(히 2:17)(새 언약).

> "있는 자는 받을 것이요 없는 자는 그 있는 것까지 빼앗기리라 또 가라사대 하나님의 나라는 사람이 씨를 땅에 뿌림과 같으니 저가 밤낮 자고 깨고 하는 중에 씨가 나서 자라되 그 어떻게 된 것을 알지 못하느니라 땅이 스스로 열매를 맺되 처음에는 싹이요 다음에는 이삭이요 그다음에는 이삭에 충실한 곡식이라 열매가 익으면 곧 낫을 대나니 이는 추수 때가 이르렀음이니라"(막 4:25-29).

하나님의 나라는 사람이 씨를 땅에 뿌림과 같으니 저가 밤낮 자고 깨고 하는 중에 씨가 나서 자라되 그 어떻게 된 것을 알지 못하느니라, 땅이 스스로 열매를 맺되 처음에는 싹이요 다음에는 이삭이요 그다음에는 이삭에 충실한 곡식으로 열매를 맺는 것입니다(히 2:17)(새 언약).

> "진리가 예수 안에 있는 것같이 너희가 과연 그에게서 듣고 또한 그 안에서 가르침을 받았을진대 너희는 유혹의 욕심을 따라 썩어

져 가는 구습을 좇는 옛 사람을 벗어 버리고 오직 심령으로 새롭게 되어 하나님을 따라 의와 진리의 거룩함으로 지으심을 받은 새 사람을 입으라"(엡 4:21-24).

너희는 유혹의 욕심을 따라 썩어져 가는 구습을 좇는 옛 사람을 벗어 버리고 오직 심령으로 새롭게 되어 하나님을 따라 의와 진리의 거룩함으로 지으심을 받은 새 사람을 입어야 하는 것입니다(히 2:17)(새 언약).

"너희는 하나님께로부터 나서 그리스도 예수 안에 있고 예수는 하나님께로서 나와서 우리에게 지혜와 의로움과 거룩함과 구속함이 되셨으니"(고전 1:30).

너희는 하나님께로부터 나서 그리스도 예수 안에 있고 예수는 하나님께로서 나와서 우리에게 지혜와 의로움과 거룩함과 구속함이 되셨습니다(히 2:17)(새 언약).

"도적이나 탐람하는 자나 술 취하는 자나 후욕하는 자나 토색하는 자들은 하나님의 나라를 유업으로 받지 못하리라 너희 중에 이와 같은 자들이 있더니 주 예수 그리스도의 이름과 우리 하나님의 성령 안에서 씻음과 거룩함과 의롭다 하심을 얻었느니라”(고전 6:10-11).

도적이나 탐람하는 자나 술 취하는 자나 후욕하는 자나 토색하는 자들은 하나님의 나라를 유업으로 받지 못하리라, 너희 중에 이와 같은 자들이 있더니 주 예수 그리스도의 이름과 우리 하나님의 성령 안에서 씻음과 거룩함과 의롭다 하심으로 얻을 수가 있는 것입니다(히 2:17)(새 언약).

“너희가 전에는 어두움이더니 이제는 주 안에서 빛이라 빛의 자녀들처럼 행하라 빛의 열매는 모든 착함과 의로움과 진실함에 있느니라”(엡 5:8-9).

너희가 전에는 어두움이더니 이제는 주 안에서 빛이라 빛의 자녀들처럼 행하라, 빛의 열매는 모든 착함과 의로움과 진실함으로 있는 것입니다(히 2:17)(새 언약).

“이는 곧 물로 씻어 말씀으로 깨끗하게 하사 거룩하게 하시고 자기 앞에 영광스러운 교회로 세우사 티나 주름잡힌 것이나 이런 것들이 없이 거룩하고 흠이 없게 하려 하심이니라”(엡 5:26-27).

이는 곧 물로 씻어 말씀으로 깨끗하게 하사 거룩하게 하시고 자기 앞에 영광스러운 교회로 세우사 티나 주름잡힌 것이나 이런 것들이 없이 거룩하고 흠이 없게 하려 하심인 것입니다(히 2:17)(새 언약).

> "우리의 씨름은 혈과 육에 대한 것이 아니요 정사와 권세와 이 어두움의 세상 주관자들과 하늘에 있는 악의 영들에게 대함이라 그러므로 하나님의 전신갑주를 취하라 이는 악한 날에 너희가 능히 대적하고 모든 일을 행한 후에 서기 위함이라 그런즉 서서 진리로 너희 허리 띠를 띠고 의의 흉배를 붙이고 평안의 복음의 예비한 것으로 신을 신고 모든 것 위에 믿음의 방패를 가지고 이로써 능히 악한 자의 모든 화전을 소멸하고 구원의 투구와 성령의 검 곧 하나님의 말씀을 가지라"(엡 6:12-17).

하나님의 전신갑주를 취하라, 이는 악한 날에 너희가 능히 대적하고 모든 일을 행한 후에 서기 위함이라, 그런즉 서서 진리로 너희 허리 띠를 띠고 의의 흉배를 붙이고 평안의 복음의 예비한 것으로 신을 신고 모든 것 위에 믿음의 방패를 가지고 이로써 능히 악한 자의 모든 화전을 소멸하고 구원의 투구와 성령의 검 곧 하나님의 말씀을 가져야 하는 것입니다(히 2:17)(새 언약).

"또 네가 어려서부터 성경을 알았나니 성경은 능히 너로 하여금 그리스도 예수 안에 있는 믿음으로 말미암아 구원에 이르는 지혜가 있게 하느니라 모든 성경은 하나님의 감동으로 된 것으로 교훈과 책망과 바르게 함과 의로 교육하기에 유익하니 이는 하나님의 사람으로 온전케 하며 모든 선한 일을 행하기에 온전케 하려 함이니라"(딤후 3:15-17).

모든 성경은 하나님의 감동으로 된 것으로 교훈과 책망과 바르게 함과 의로 교육하기에 유익하니, 이는 하나님의 사람으로 온전케 하며 모든 선한 일을 행하기에 온전케 하려 함인 것입니다(히 2:17)(새 언약).

"우리를 구원하시되 우리의 행한 바 의로운 행위로 말미암지 아니하고 오직 그의 긍휼하심을 좇아 중생의 씻음과 성령의 새롭게 하심으로 하셨나니 성령을 우리 구주 예수 그리스도로 말미암아 우리에게 풍성히 부어 주사 우리로 저의 은혜를 힘입어 의롭다 하심을 얻어 영생의 소망을 따라 후사가 되게 하려 하심이라 이 말이 미쁘도다 원컨대 네가 이 여러 것에 대하여 굳세게 말하라 이는 하나님을 믿는 자들로 하여금 조심하여 선한 일을 힘쓰게 하려 함이라 이것은 아름다우며 사람들에게 유익하니라"(딛 3:5-8).

우리를 구원하시되 우리의 행한 바 의로운 행위로 말미암지 아니하고 오직 그의 긍휼하심을 좇아 중생의 씻음과 성령의 새롭게 하심으로 하셨나니 이는 하나님을 믿는 자들로 하여금 조심하여 선한 일을 힘쓰게 하려 함이라, 이것은 아름다우며 사람들에게 유익한 것입니다(히 2:17)(새 언약).

"사랑하는 자들아 우리가 지금은 하나님의 자녀라 장래에 어떻게 될 것은 아직 나타나지 아니하였으나 그가 나타내심이 되면 우리가 그와 같을 줄을 아는 것은 그의 계신 그대로 볼 것을 인함이니 주를 향하여 이 소망을 가진 자마다 그의 깨끗하심과 같이 자기를 깨끗하게 하느니라"(요일 3:2-3).

사랑하는 자들아 우리가 지금은 하나님의 자녀라 장래에 어떻게 될 것은 아직 나타나지 아니하였으나 그가 나타내심이 되면 우리가 그와 같을 줄을 아는 것은 그의 계신 그대로 볼 것을 인함이니 주를 향하여 이 소망을 가진 자마다 그의 깨끗하심과 같이 자기를 깨끗하게 하는 것입니다(히 2:17)(새 언약).

"아들을 믿는 자는 영생이 있고 아들을 순종치 아니하는 자는 영생을 보지 못하고 도리어 하나님의 진노가 그 위에 머물러 있느니라"(요 3:36).

아들을 믿는 자는 영생이 있고 아들을 순종치 아니하는 자는 영생을 보지 못하고 도리어 하나님의 진노가 그 위에 머물러 있는 것입니다(히 2:17)(새 언약).

"내가 주는 물을 먹는 자는 영원히 목마르지 아니하리니 나의 주는 물은 그 속에서 영생하도록 솟아나는 샘물이 되리라"(요 4:14).

내가 주는 물을 먹는 자는 영원히 목마르지 아니하리니 나의 주는 물은 그 속에서 영생하도록 솟아나는 샘물이 되는 것입니다(히 2:17)(새 언약).

"예수께서 이르시되 나의 양식은 나를 보내신 이의 뜻을 행하며 그의 일을 온전히 이루는 이것이니라 너희가 넉 달이 지나야 추수할 때가 이르겠다 하지 아니하느냐 내가 너희에게 이르노니 눈을 들어 밭을 보라 희어져 추수하게 되었도다 거두는 자가 이미 삯도 받고 영생에 이르는 열매를 모으나니 이는 뿌리는 자와 거두는 자가 함께 즐거워하게 하려 함이니라"(요 4:34-36).

예수께서 이르시되 나의 양식은 나를 보내신 이의 뜻을 행하며 그의 일을 온전히 이루는 것입니다(히 2:17)(새 언약).

> "내가 내 자의로 말한 것이 아니요 나를 보내신 아버지께서 나의 말할 것과 이를 것을 친히 명령하여 주셨으니 나는 그의 명령이 영생인 줄 아노라 그러므로 나의 이르는 것은 내 아버지께서 내게 말씀하신 그대로 이르노라 하시니라"(요 12:49-50).

내가 내 자의로 말한 것이 아니요 나를 보내신 아버지께서 나의 말할 것과 이를 것을 친히 명령하여 주셨으니 나는 그의 명령이 영생인 줄 아노라, 그러므로 나의 이르는 것은 내 아버지께서 내게 말씀하신 그대로 이르기 때문에 영생인 것입니다(히 2:17)(새 언약).

> "물은 예수 그리스도의 부활하심으로 말미암아 이제 너희를 구원하는 표니 곧 세례라 육체의 더러운 것을 제하여 버림이 아니요 오직 선한 양심이 하나님을 향하여 찾아가는 것이라"(벧전 3:21).

물은 예수 그리스도의 부활하심으로 말미암아 이제 너희를 구원하는 표니 곧 세례라, 육체의 더러운 것을 제하여 버림이 아니요 오직 선한 양심이 하나님을 향하여 찾아가는 것입니다(히 2:17)(새 언약).

영적 거울

앞서 우리는 구원에 대한 말씀을 살펴보았습니다.

이 구원에 대한 일례로서, 이스라엘 백성들의 애굽으로부터 구원을 살펴보면, 이에 대하여 보다 쉽게 이해가 되리라 생각됩니다.

이스라엘 백성들은 애굽의 종 되었던 삶에서 구원을 받았지만, 그들은 하나님께 불순종함으로 광야에서 멸망을 받게 됩니다. 이는 우리 신앙생활의 영적 거울로서, 또한 말세를 만난 우리의 경계로 기록하였음을 볼 수 있습니다(고전 10:1-11).

그래서 우리의 경계로 기록된 영적 거울인 구약의 말씀을 통하여 우리 자신의 현재의 모습이 어떠하며, 또한 신앙의 바른 길을 가기 위해서는 어떻게 살아야 하는지, 이에 대한 말씀을 살펴보지 않을 수가 없습니다.

그러면 이스라엘 백성들이 애굽의 종 되었던 삶에서 구원을 받은 후 가나안 땅에 들어가기까지의 삶의 여정을 살펴봄으로써 교훈을 얻을 수 있기를 바랍니다.

이스라엘 백성들은 애굽(이 세상)의 종이었으나 여호와께서 모세와 아론에게 명하신 대로 행하여 유월절 어린양의 피를 문 인방과 좌우 설주에 뿌림으로써 각 집이 구원을 받고, 또한 이스라엘 백성들이 홍해를 건너 구원을 받음으로써 광야에 들어가게 됩니다. 이스라엘 백성들이 구원을 받고 광야(나그네 세상)에 들어간 이후에 하나님께서는 낮에는 구름 기둥, 밤에는 불 기둥으로 그들을 인도하시고 반석에서 물을 내시고 만나로 먹이시고, 요단 강을 건너 가나안 땅(천국)에 들어가게 하셨습니다. 이것은 이스라엘 백성들의 삶의 여정을 잘 나타내 주고 있습니다.

여기서 우리가 분명히 알 수 있는 것은, 이스라엘 백성들이 말씀을 준행하여 유월절 어린 양의 피를 문 인방과 좌우 설주에 뿌림으로써 각 집이 구원을 얻고, 하나님의 능력으로 홍해를 육지와 같이 건너 구원을 얻게 되었다는 사실입니다. 이는 그들이 온전하게 되어 마친 것이 아니라 이제 시작에 불과하다는 사실입니다. 오히려 그들이 구원을 받고 난 이후에 광야 생활을 하는 가운데, 하나님께서 낮에는 구름 기둥 밤에는 불 기둥으로 인도하셔서 만나를 먹고, 반석에서 나는 물을 마시며, 하나님의 능력으로 요단 강을 육지와 같이 건너서 가나안 땅에 들어가야 할, 훨씬 더 많은 일이 남아 있었던 것입니다.

이와 마찬가지로 우리가 예수 그리스도 안에서 그의 은혜의 풍성함을 따라 그의 피로 말미암아 구속 곧 죄 사함을 받아 구원을 얻었지만, 아직도 우리에게는 예수 그리스도 안에 있는 거룩함과 의로움과 지혜를 얻어야 할 하나님의 일이 훨씬 더 많이 남아 있음을 잘 나타내 주고 있는 것입니다.

> "너희는 하나님께로부터 나서 그리스도 예수 안에 있고 예수는 하나님께로서 나와서 우리에게 지혜와 의로움과 거룩함과 구속함이 되셨으니"(고전 1:30).

다시 말하면 예수 그리스도 안에는 구속함과 거룩함과 의로움과 지혜가 있습니다. 바로 이 지혜가 곧 예수 그리스도를 뜻하며, 예수 그리스도는 하나님의 비밀이며, 하나님의 지혜로서 그 안에는 지혜와 지식의 모든 보화가 감추어져 있습니다. 여기서 보화는 곧 보배를 뜻하며, 이 보배는 곧 예수 그리스도를 의미합니다. 예수 그리스도는 곧 영생을 말합니다.

이와 같은 보배는 단순하고 쉽게 얻어지는 것이 아니라 불로 연단할 때에 여러 과정을 거쳐 불순물과 찌꺼기를 제거하여서 매우 힘들고 어렵게 얻어집니다.

"라오디게아 교회의 사자에게 편지하기를……네가 말하기를 나는 부자라 부요하여 부족한 것이 없다 하나 네 곤고한 것과 가련한 것과 가난한 것과 눈먼 것과 벌거벗은 것을 알지 못하도다 내가 너를 권하노니 내게서 불로 연단한 금을 사서 부요하게 하고 흰옷을 사서 입어 벌거벗은 수치를 보이지 않게 하고 안약을 사서 눈에 발라 보게 하라"(계 3:14-18).

"나의 가는 길을 오직 그가 아시나니 그가 나를 단련하신 후에는 내가 정금같이 나오리라"(욥 23:10).

이와 같이 하나님께서 우리를 말씀으로 연단하신 후에 보배 곧 영생을 얻게 하는 것이 하나님의 뜻입니다.

그래서 하나님은 우리에게 환난을 주시는 것입니다. 이 환난은 인내를, 인내는 연단을, 연단은 소망 곧 영생을 이루는 줄 믿습니다.

"다만 이뿐 아니라 우리가 환난 중에도 즐거워하나니 이는 환난은 인내를, 인내는 연단을, 연단은 소망을 이루는 줄 앎이로다"(롬

5:3-4).

이 같은 하나님의 뜻을 이루어야 할 하나님의 일이 우리에게 훨씬 더 많이 남아 있다는 사실을 결코 잊어서는 안 될 것입니다. 또한 예수 그리스도는 하나님의 지혜이며, 이것은 곧 영생인 것입니다.

그런데 하나님의 지혜에 있어서는 이 세상이 자기 지혜로 하나님을 알지 못하는 고로, 하나님께서 전도의 미련한 것으로 믿는 자들을 구원하시기를 기뻐하셨다는 것입니다(고전 1:21). 즉 인간이 자기 지혜로 하나님을 알지 못하기 때문에, 인간이 이해할 수 있는 수준에 맞추어서 전도의 미련한 것으로 믿는 자들을 구원하셨다는 말씀입니다. 그리고 구원을 받은 이후에 우리의 믿음이 자라서 하나님의 지혜(영생)에 이를 수 있도록 하는 하나님의 일이, 아직도 우리에게 훨씬 더 많이 남아 있다는 사실을 결코 잊어서는 안 된다는 것입니다.

또 이것은 전도의 미련한 것으로 믿고 구원받는 것은, 하나님의 말씀의 초보로 젖을 먹는 어린 아이이기 때문에, 앞으로 믿음이 자라서 단단한 식물을 먹고 의의 말씀을 경험한 장성한 자가 되어야 할, 하나님의 일이 훨씬 더 많이 남아 있다는 뜻이기도 합니다.

"때가 오래므로 너희가 마땅히 선생이 될 터인데 너희가 다시 하나님의 말씀의 초보가 무엇인지 누구에게 가르침을 받아야 할 것이니 젖이나 먹고 단단한 식물을 못 먹을 자가 되었도다 대저 젖을 먹는 자마다 어린 아이니 의의 말씀을 경험하지 못한 자요 단단한 식물은 장성한 자의 것이니 저희는 지각을 사용하므로 연단을 받아 선악을 분변하는 자들이니라"(히 5:12-14).

이처럼 하나님의 미련한 것이 사람보다 지혜 있고 하나님의 약한 것이 사람보다 강한 것입니다.

"하나님의 미련한 것이 사람보다 지혜 있고 하나님의 약한 것이 사람보다 강하니라"(고전 1:25).

위의 하나님의 말씀을 살펴봄으로써 우리가 지금 어떠한 자이며, 또한 앞으로 어떠한 사람이 되어야 마땅한지를 알게 되었을 것입니다. 이제 이에 관련된 여러 하나님의 말씀을 상고해 봄으로써 이해를 돕고자 합니다.

"너희 중에 이와 같은 자들이 있더니 주 예수 그리스도의 이름과 우리 하나님의 성령 안에서 씻음과 거룩함과 의롭다 하심을 얻었느니라"(고전 6:11).

우리는 예수 그리스도의 이름을 믿음으로 구원받고, 성령으로 살아감으로써 씻음과 거룩함과 의롭다 하심을 얻어야만 하는, 그리스도 안에서 새로운 피조물인 것을 알 수 있습니다.

"그 눈을 뜨게 하여 어두움에서 빛으로, 사단의 권세에서 하나님께로 돌아가게 하고 죄 사함과 나를 믿어 거룩케 된 무리 가운데서 기업을 얻게 하리라 하더이다"(행 26:18).

죄 사함으로 구원받고 그리스도 안에서 새로운 피조물이 되어 성령으로 살아감으로써 거룩하게 된 무리 가운데서 기업을 얻게 하시는 것입니다.

"또한 모든 것을 해로 여김은 내 주 그리스도 예수를 아는 지식이 가장 고상함을 인함이라 내가 그를 위하여 모든 것을 잃어버리고 배설물로 여김은 그리스도를 얻고 그 안에서 발견되려 함이니"(빌 3:8-9).

그리스도 예수를 아는 지식은 곧 영생을 뜻합니다. 다시 말하면 사도 바울은 모든 것을 잃어버리고 배설물로 여김은 예수 그리스도 곧 영생을 얻고 그 안에서 발견되려 함이라는 것입니다.

"또 가라사대 하나님의 나라는 사람이 씨를 땅에 뿌림과 같으니 ……땅이 스스로 열매를 맺되 처음에는 싹이요 다음에는 이삭이요 그 다음에는 이삭에 충실한 곡식이라 열매가 익으면 곧 낫을 대나니 이는 추수 때가 이르렀음이니라"(막 4:26-29).

하나님의 나라는 사람이 씨를 땅에 뿌림과 같습니다. 처음에는 싹이요 다음에는 이삭이요 그 다음에는 이삭에 충실한 곡식인 것입니다. 열매가 익으면 곧 낫으로 추수를 하게 됩니다. 바로 이것은 우리의 영생에 대하여 비유로 가르쳐주는 말씀입니다.

"예수께서 가라사대 내가 곧 길이요 진리요 생명이니 나로 말미암지 않고는 아버지께로 올 자가 없느니라"(요 14:6).

앞서 언급하였듯이 예수님은 길입니다. 그 길로 가면 구원을 얻고, 진리 곧 생명의 말씀으로 살아가게 되며, 이것은 우리에게 생명을 얻게 합니다. 다시 말하면 마가복음 4장 26-29절 말씀과 같이 처음은 길이요 다음에는 진리요 그 다음은 생명을 뜻하는 것입니다. 바로 이것도 우리의 영생에 대하여 비유로 가르쳐주는 말씀입니다.

"나는 양의 문이라……내가 문이니 누구든지 나로 말미암아 들어가면 구원을 얻고 또는 들어가며 나오며 꼴을 얻으리라……내가 온 것은 양으로 생명을 얻게 하고 더 풍성히 얻게 하려는 것이라" (요 10:7-10).

앞서 언급하였듯이 예수 그리스도는 양의 문입니다. 누구든지 그 문으로 들어가면 구원을 얻고, 또는 들어가며 나오며 꼴을 얻을 것이며, 이 꼴은 생명을 얻게 합니다. 다시 말하면 마가복음 4장 26-29절 말씀과 같이 처음은 문이요 다음에는 꼴, 곧 생명의 양식이요 그 다음은 생명을 말하는 것입니다. 바로 이것도 우리의 영생에 대하여 비유로 말씀하여 주시는 것입니다.

"자녀들아 내가 너희에게 쓰는 것은 너희 죄가 그의 이름으로 말미암아 사함을 얻음이요 아비들아 내가 너희에게 쓰는 것은 너희가 태초부터 계신 이를 앎이요 청년들아 내가 너희에게 쓰는 것은 너희가 악한 자를 이기었음이니라"(요일 2:12-13).

이 말씀도 마가복음 4장 26-29절 말씀과 같이 처음은 "자녀들아 내가 너희에게 쓰는 것은 너희 죄가 그의 이름으로 말미암아 사함을 얻음"이요, 다음에는 "청년들아 내가 너희에게 쓰는 것은 너희가 악한 자를 이기었음"이요, 그 다음은 "아비들아 내가 너희에게 쓰는 것은 너희가 태초부터 계신 이를 앎"을 뜻하는 것입니다. 여기서 태초부터 계신 이를 앎은 곧 영생을 뜻합니다(요 17:3). 바로 이것도 우리의 영생에 대하여 비유로 하시는 말씀입니다.

> "우리가 이 보배를 질그릇에 가졌으니 이는 능력의 심히 큰 것이 하나님께 있고 우리에게 있지 아니함을 알게 하려 함이라"(고후 4:7).
>
> "이는 저희로 마음에 위안을 받고 사랑 안에서 연합하여 원만한 이해의 모든 부요에 이르러 하나님의 비밀인 그리스도를 깨닫게 하려 함이라 그 안에는 지혜와 지식의 모든 보화가 감취어 있느니라"(골 2:2-3).

하나님의 비밀인 예수 그리스도 안에는 지혜와 지식의 모든 보화가 감추어져 있습니다. 이 보화는 곧 보배를 뜻하며, 이 보배는 영생을 뜻합니다. 우리는 이 보배를 질그릇에 가졌으므로 능력의 심히 큰 것이 하나님께 있고 우리에게 있지 아니함을 알아야만 하는 것입니다. 다시 말하면 영생의 권능이 하나님께 있고 우리에게 있지 아니하므로 하나님께서 우리를 긍휼히 여기심으로 영생을 얻을 수 있는 것입니다.

"그러므로 우리에게 큰 대제사장이 있으니 승천하신 자 곧 하나님 아들 예수시라 우리가 믿는 도리를 굳게 잡을지어다 우리에게 있는 대제사장은 우리 연약함을 체휼하지 아니하는 자가 아니요 모든 일에 우리와 한결같이 시험을 받은 자로되 죄는 없으시니라 그러므로 우리가 긍휼하심을 받고 때를 따라 돕는 은혜를 얻기 위하여 은혜의 보좌 앞에 담대히 나아갈 것이니라"(히 4:14-16).

예수님의 십자가의 피로써 죄 사함을 받아 구원 얻은 우리는 하나님의 긍휼하심을 받고 때를 따라 돕는 은혜를 얻기 위하여 승천하셔서 큰 대제사장으로 계시는 은혜의 보좌 앞으로 담대히 나아가야 하는 것입니다.

"그러므로 자기를 힘입어 하나님께 나아가는 자들을 온전히 구원하실 수 있으니 이는 그가 항상 살아서 저희를 위하여 간구하심이니라"(히 7:25).

지금도 하늘에 승천하여 대제사장으로 계시는 예수님이, 자기를 힘입어 하나님께 나아가는 자들을 온전히 구원하실 수 있는 것은, 그가 항상 살아서 저희를 위하여 간구하시기 때문입니다.

하나님이 인도하시는 삶

하나님이 택하신 이스라엘 백성들은 다 구름 아래 있고 바다 가운데로 지나며, 모세에게 속하여 다 구름과 바다에서 세례를 받게 하고, 낮에는 구름 기둥 밤에는 불 기둥으로 인도하셔서, 만나를 먹고 반석의 물을 마시고 살아가도록 하셨습니다. 그런 후에 하나님이 요단 강을 갈라지게 하여 강 가운데 마른 땅으로 행하여 건너서 가나안 땅에 들어가도록 하셨습니다. 그들은 사십 년 동안 만나를 먹되 곧 가나안 지경에 이르기까지 만나를 먹었습니다.

> "이스라엘 자손이 사람 사는 땅에 이르기까지 사십 년 동안 만나를 먹되 곧 가나안 지경에 이르기까지 그들이 만나를 먹었더라"

(출 16:35).

바로 앞 구절 말씀은 이스라엘 백성들이 가나안 땅에 들어가려면 하나님이 그들에게 내려 주신 만나, 곧 영적인 양식을 먹어야만 들어갈 수 있음을 의미하는 것입니다. 즉 성령이 진리 가운데로 인도하셔서 말씀을 좇아 순종하여 살아감으로써, 물로 씻어 말씀으로 깨끗하게 하사 거룩함에 이르게 함으로 영생을 얻어 천국에 들어갈 수 있음을 가리키고 있는 것입니다.

"그러나 이제는 너희가 죄에게서 해방되고 하나님께 종이 되어 거룩함에 이르는 열매를 얻었으니 이 마지막은 영생이라"(롬 6:22).

이것은 하나님께서 택하신 이스라엘 백성들이 구름 아래 있고, 바다 가운데로 지나 홍해를 건너 애굽으로부터 구원받을 그때에, 세례를 받음으로써 그들 자신은 이미 장사된 것을 의미합니다. 이제 그들 자신은 죽고 없으며 그들을 인도하시는 분은 하나님이십니다. 그래서 하나님께서 그들을 낮에는 구름 기둥 밤에는 불 기둥으로 친히 인도하셔서, 마치 우리 인간이 육체의 생존을 위하여 양식을 먹고 살아가듯이, 그들에게도 영적인 생명을 위하여 만나를 주어 먹게 하시고 반석에서 물이 나게 하여 마시도록 하셨습니다.

그런 후에 하나님께서 요단 강을 갈라지게 하여 그들을 강 가운데 마른 땅으로 행하여 건너게 하고 가나안 땅에 들어가게 하셨습니다. 이 말씀 가운데 '만나'는 영적인 양식을 의미하며, 반석의 물은 성령을 의미합니다. 즉 하나님께서 이스라엘 백성들을 성령이 진리 가운데로 인도하여 영적인 양식을 먹고 살아가도록 하셨다는 것입니다.

여기서 우리가 분명히 알 수 있는 것은, 우리 인간이 이 땅에서 육체를 위하여 양식을 먹고 살아감으로써 생명을 보존할 수 있듯이, 이스라엘 백성들도 그렇게 하나님께서 낮에는 구름 기둥 밤에는 불기둥으로 친히 인도하시고, 또한 그들의 영적인 생명을 위하여 하늘에서 내린 만나를 먹고 살아가게 하셨다는 점입니다. 이로 말미암아 그들이 요단 강을 건너 가나안 땅(천국)에 들어갈 수 있음을 우리에게 영적인 거울로 비추어 경계를 주기 위함입니다.

> "너를 낮추시며 너로 주리게 하시며 또 너도 알지 못하며 네 열조도 알지 못하던 만나를 네게 먹이신 것은 사람이 떡으로만 사는 것이 아니요 여호와의 입에서 나오는 모든 말씀으로 사는 줄을 너로 알게 하려 하심이니라"(신 8:3).

이스라엘 백성들의 다수가 하나님의 말씀에 불순종함으로 광야에서 멸망을 받은 것은, 영적 거울로서 우리들에게 큰 교훈을 줍니다. 이 영적 거울이 오늘날 우리들에게 없다면 우리 자신의 모습과 상태가 어떠한지 도무지 알 수가 없을 것입니다. 이제 이 영적 거울이 우리 자신을 비추어 줌으로 우리 자신의 모습과 상태가 어떠한지 바로 볼 수가 있습니다. 이로써 넘어지지 않고 바로 설 수가 있는 것입니다.

> "그러나 저희의 다수를 하나님이 기뻐하지 아니하신 고로 저희가 광야에서 멸망을 받았느니라 그런 일은 우리의 거울이 되어 우리로 하여금 저희가 악을 즐겨 한 것같이 즐겨 하는 자가 되지 않게 하려 함이니……저희에게 당한 이런 일이 거울이 되고 또한 말세를 만난 우리의 경계로 기록하였느니라 그런즉 선 줄로 생각하는 자는 넘어질까 조심하라"(고전 10:5-12).

신약 시대인 오늘날에 있어서 이것은, 우리가 그리스도 안에서 그의 은혜의 풍성함을 따라 그의 피로 말미암아 구속, 곧 죄 사함 받아 구원을 얻은 바로 그때에 세례도 함께 받음으로써 우리 자신은 이미 장사되었고, 이제 하나님으로부터 새로운 피조물이 되었다는 사실입니다. 그렇기 때문에 우리 자신은 죽고 없으며 오직 성령이 우리의 주인이 되어 진리 가운데로 우리를 인도하여 하나님의 말씀 곧 만나를 먹고 살아가도록 하셨습니다. 이렇게 성령이 우리를 하나님의 말씀을 먹고 살아가도록 함으로, 이 말씀의 물로 우리를 씻어 깨끗하게 하사 거룩함에 이르는 열매를 얻게 합니다. 이로써 우리가 영생을 얻을 수가 있고, 이 영생으로 인하여 천국에 들어갈 수 있는 것입니다.

이것은 전적인 하나님의 은혜요, 하나님의 능력입니다.

> "형제들아 너희가 알지 못하기를 내가 원치 아니하노니 우리 조상들이 다 구름 아래 있고 바다 가운데로 지나며 모세에게 속하여 다 구름과 바다에서 세례를 받고 다 같은 신령한 식물을 먹으며 다 같은 신령한 음료를 마셨으니 이는 저희를 따르는 신령한 반석으로부터 마셨으매 그 반석은 곧 그리스도시라 그러나 저희의 다수를 하나님이 기뻐하지 아니하신 고로 저희가 광야에서 멸망을 받았느니라"(고전 10:1-5).

이 말씀 가운데 "우리 조상들이 다 구름 아래 있고 바다 가운데로 지나며 모세에게 속하여 다 구름과 바다에서 세례를 받고"라고 하신 말씀의 내용은, 하나님께서 택하신 이스라엘 백성들이 홍해를 건너서 애굽의 종 되었던 삶에서 구원을 받을 때에, 바다 가운데로 지나는 그 순간에 세례를 받음으로 그들 자신이 바다 가운데에서 장사를 지내고, 이제 그들 가운데 성령의 하나님이 친히 인도하시는 삶을 의미합니다.

여기서 구원을 받는 것은 순간이지만 성령이 인도하시는 삶은 구원을 받고 난 이후의 평생이라는 사실을 우리는 결코 잊어서는 안 될 것입니다.

"다 같은 신령한 식물을 먹으며 다 같은 신령한 음료를 마셨으니 이는 저희를 따르는 신령한 반석으로부터 마셨으매 그 반석은 곧 그리스도시라"는 말씀 중에 신령한 식물은 영적인 양식을 의미하며, 신령한 음료는 성령을 의미합니다. 즉 이것은 성령이 진리 가운데로 인도하시므로 영적인 양식을 먹고 살아가는 것을 말합니다. 다시 말하면 성령이 우리를 인도하셔서 하나님의 말씀을 좇아 순종하는 삶을 살도록 하십니다.

"그러나 저희의 다수를 하나님이 기뻐하지 아니하신 고로 저희가 광야에서 멸망을 받았느니라"라는 내용은, 이스라엘 백성들의 다수가 하나님의 말씀에 순종하지 아니하므로 하나님이 기뻐하지 아니하신 고로, 하나님께서 약속하신 가나안 땅에 그들이 들어가지 못하고 광야에서 멸망받았음을 말씀해 줍니다.

하나님이 모세에게 "세계가 다 내게 속하였나니 너희가 내 말을 잘 듣고 내 언약을 지키면 너희는 열국 중에서 내 소유가 되겠고 너희가 내게 대하여 제사장 나라가 되며 거룩한 백성이 되리라"는 조건부의 말씀을 이스라엘 자손에게 고하라고 하신 하나님의 말씀을 우리는 결코 간과해서는 안 될 것입니다.

여기서 "내 언약을 지키면"이라는 조건부의 말씀을 필히 염두에 두어야 합니다.

> "세계가 다 내게 속하였나니 너희가 내 말을 잘 듣고 내 언약을 지키면 너희는 열국 중에서 내 소유가 되겠고 너희가 내게 대하여 제사장 나라가 되며 거룩한 백성이 되리라 너는 이 말을 이스라엘 자손에게 고할지니라"(출 19:5-6).

우리가 시작할 때에 확실한 것을 끝까지 견고히 잡으면, 그리스도와 함께 참예한 자가 되리라는 이 말씀도 결단코 잊어서는 안 될 것입니다. 여기서도 "확실한 것을 끝까지 견고히 잡으면"이라는 조건부가 붙어 있음을 역시 염두에 두어야 합니다.

> "우리가 시작할 때에 확실한 것을 끝까지 견고히 잡으면 그리스도와 함께 참예한 자가 되리라"(히 3:14).

앞서 말한 바와 같이 이스라엘 백성들은 하나님의 말씀을 순종치 아니하므로 그의 안식에 들어가지 못한 것입니다.

> "또 하나님이 사십 년 동안에 누구에게 노하셨느뇨 범죄하여 그 시체가 광야에 엎드러진 자에게가 아니냐 또 하나님이 누구에게 맹세하사 그의 안식에 들어오지 못하리라 하셨느뇨 곧 순종치 아니하던 자에게가 아니냐 이로 보건대 저희가 믿지 아니하므로 능히 들어가지 못한 것이라"(히 3:17-19).
> "또 다시 거기 저희가 내 안식에 들어오지 못하리라 하였으니 그러면 거기 들어갈 자들이 남아 있거니와 복음 전함을 먼저 받은 자들은 순종치 아니함을 인하여 들어가지 못하였으므로"(히 4:5-6).

우리가 지금은 하나님의 자녀입니다. 장래에 어떻게 될 것은 아직 나타나지 아니하였습니다. 그러나 그가 나타내심이 되면 우리가 그와 같은 줄을 아는 것은 그의 계신 그대로 볼 것을 인함입니다. 주를 향하여 이 소망을 가진 자마다 그의 깨끗하심과 같이 자기를 깨끗하게 하는 것입니다.

> "사랑하는 자들아 우리가 지금은 하나님의 자녀라 장래에 어떻게 될 것은 아직 나타나지 아니하였으나 그가 나타내심이 되면 우리가 그와 같은 줄을 아는 것은 그의 계신 그대로 볼 것을 인함이니 주를 향하여 이 소망을 가진 자마다 그의 깨끗하심과 같이 자기를 깨끗하게 하느니라"(요일 3:2-3).

세례

우리 모두는 예수님의 십자가의 피를 믿음으로 말미암아 구속 곧 죄 사함 받고 구원을 받을 그때에, 그의 죽으심과 합하여 세례를 받음으로 그와 함께 장사되었습니다. 이제 나 자신은 죽고 없으며 성령의 하나님이 내 마음에 들어오셔서 나의 주인이 되어 새 생명으로 살아가도록 하셨습니다. 그래서 우리는 그리스도로 옷 입고 다른 이, 곧 죽은 자 가운데서 살아나신 이에게 가서 의의 열매를 맺어야만 합니다. 이로 인하여 우리가 영생을 얻을 수 있는 것입니다.

> "그러나 이제는 너희가 죄에게서 해방되고 하나님께 종이 되어 거룩함에 이르는 열매를 얻었으니 이 마지막은 영생이라"(롬 6:22).

"그러므로 내가 너희에게 이르노니 하나님의 나라를 너희는 빼앗기고 그 나라의 열매 맺는 백성이 받으리라"(마 21:43).

여기서 구원받는 것은 순간이지만 성령이 인도하시는 삶은 구원을 받고 난 이후의 평생인 사실을 보며, 그 안에 얼마나 크고 놀라운 하나님의 뜻이 숨겨져 있는지를 우리는 결코 간과해서는 안 될 것입니다.

바로 이와 같은 세례에 대한 이해를 돕기 위하여, 하나님의 여러 말씀들을 살펴보도록 하겠습니다.

세례에 대한 말씀을 살펴보면, 우리가 구원받을 때에 그의 죽으심과 합하여 세례도 함께 받음으로써 그의 죽으심을 본받아 연합한 자가 되었음을 알 수 있습니다. 이제 구원받은 이후에는 그리스도 안에서 새로운 피조물로서 그의 부활을 본받아 연합한 자가 되어 자신을 죄에 대하여는 죽은 자로 여기고, 그리스도 예수 안에서 하나님을 대하여는 산 자로 여겨지게 됩니다. 여기에는 새 생명 가운데서 행하여 의의 열매를 맺게 하는 크고 놀라운 하나님의 뜻이 숨겨져 있습니다. 이렇듯 세례를 통해 우리는 예수님의 십자가의 죽음과 죽음으로부터의 부활의 진정한 의미를 깨달을 수 있습니다.

"형제들아 너희가 알지 못하기를 내가 원치 아니하노니 우리 조상들이 다 구름 아래 있고 바다 가운데로 지나며 모세에게 속하여 다 구름과 바다에서 세례를 받고"(고전 10:1-2).

하나님께서 택하신 이스라엘 백성들이 홍해를 건너서 애굽의 종 되었던 삶에서 구원받을 그때에, 다 구름과 바다에서 세례를 받음으로 그들은 이미 바다 가운데에서 장사되었습니다. 이제 그들 자신은 죽고 없으며 하나님이 그들의 주인이 되어 그들을 인도하셨습니다. 그래서 하나님이 낮에는 구름 기둥, 밤에는 불 기둥으로 친히 그들을 인도하셔서 만나로 먹이시고, 반석에서 물이 나게 하여 마시게 하셨습니다.

"무릇 그리스도 예수와 합하여 세례를 받은 우리는 그의 죽으심과 합하여 세례 받은 줄을 알지 못하느뇨 그러므로 우리가 그의 죽으심과 합하여 세례를 받음으로 그와 함께 장사되었나니 이는 아버지의 영광으로 말미암아 그리스도를 죽은 자 가운데서 살리심과 같이 우리로 또한 새 생명 가운데서 행하게 하려 함이니라 만일 우리가 그의 죽으심을 본받아 연합한 자가 되었으면 또한 그의 부활을 본받아 연합한 자가 되리라 우리가 알거니와 우리 옛사람이 예수와 함께 십자가에 못 박힌 것은 죄의 몸이 멸하여 다시는 우리가 죄에게 종노릇하지 아니하려 함이니 이는 죽은 자가 죄에서 벗어나 의롭다 하심을 얻었음이니라 만일 우리가 그리스도와 함께 죽었으면 또한 그와 함께 살 줄을 믿노니 이는 그리스도께서 죽은 자 가운데서 사셨으매 다시 죽지 아니하시고 사망이 다시 그를 주장하지 못할 줄을 앎이로라 그의 죽으심은 죄에 대하여 단번에 죽으심이요 그의 살으심은 하나님께 대하여 살으심이니 이와 같이 너희도 너희 자신을 죄에 대하여는 죽은 자요 그리스도 예수 안에서 하나님을 대하여는 산 자로 여길지어다"(롬 6:3-11).

이 말씀은 세례에 대하여 자세히 설명해 주고 있습니다.

즉 세례를 받음으로 그리스도 예수의 죽으심과 부활에 대하여 잘 설명하고 있습니다. 자세한 내용은 성경 말씀을 읽으시면 될 것 같습니다. 여기서 꼭 주지하고 싶은 것은 그리스도 예수와 합하여 세례를 받은 우리는, 그의 죽으심과 합하여 세례 받음으로 그와 함께 장사되었나니, 이는 아버지의 영광으로 말미암아 그리스도를 죽은 자 가운데서 살리심과 같이 우리로 또한 새 생명 가운데서 행하게 하려 함입니다. 그래서 그의 죽으심을 본받아 연합한 자가 되었으면, 또한 그의 부활을 본받아 연합한 자가 되어 자신을 죄에 대하여는 죽은 자로 여기고, 그리스도 예수 안에서 하나님을 대하여는 산 자로 여겨야만 하는 것입니다.

“그러므로 내 형제들아 너희도 그리스도의 몸으로 말미암아 율법에 대하여 죽임을 당하였으니 이는 다른 이 곧 죽은 자 가운데서 살아나신 이에게 가서 우리로 하나님을 위하여 열매를 맺히게 하려 함이니라 우리가 육신에 있을 때에는 율법으로 말미암는 죄의 정욕이 우리 지체 중에 역사하여 우리로 사망을 위하여 열매를 맺게 하였더니 이제는 우리가 얽매였던 것에 대하여 죽었으므로 율법에서 벗어났으니 이러므로 우리가 영의 새로운 것으로 섬길 것이요 의문의 묵은 것으로 아니할지니라”(롬 7:4-6).

우리가 육신에 있을 때에는 율법으로 말미암는 죄의 정욕이 우리 지체 중에 역사하여 우리로 사망을 위하여 열매를 맺게 하였습니다. 하지만 이제는 그리스도의 몸으로 말미암아 율법에 대하여 죽임을 당하였으므로, 이는 다른 이 곧 죽은 자 가운데서 살아나신 이에게 가서 우리로 하나님을 위하여 열매를 맺히게 하려 함입니다.

“친히 나무에 달려 그 몸으로 우리 죄를 담당하셨으니 이는 우리로 죄에 대하여 죽고 의에 대하여 살게 하려 하심이라 저가 채찍에 맞음으로 너희는 나음을 얻었나니 너희가 전에는 양과 같이 길을 잃었더니 이제는 너희 영혼의 목자와 감독 되신 이에게 돌아왔느니라”(벧전 2:24-25).

예수님께서 친히 나무에 달려 그 몸으로 우리 죄를 담당하셨음은 우리로 죄에 대하여 죽고 의에 대하여 살게 하려 하심입니다.

"그리스도 예수의 사람들은 육체와 함께 그 정과 욕심을 십자가에 못 박았느니라"(갈 5:24).

그리스도 예수의 사람들은 육체와 함께 그 정과 욕심을 십자가에 못 박았으므로, 이제 그리스도 예수 안에서 새로운 피조물로서 하나님에 대하여 산 자로 여겨야만 하는 것입니다.

"미쁘다 이 말이여, 우리가 주와 함께 죽었으면 또한 함께 살 것이요"(딤후 2:11).

"우리가 주와 함께 죽었으면 또한 함께 살 것이요"라는 말씀은 우리에게 정말 크고 놀랍고 미쁘신 말씀입니다. 이 말씀과 같이 우리가 주와 함께 십자가에서 죽었으므로, 이제 죄에 대하여 죽고 의에 대하여 살면 주와 함께 영원히 살 것입니다.

"그가 우리를 대신하여 자신을 주심은 모든 불법에서 우리를 구속하시고 우리를 깨끗하게 하사 선한 일에 열심하는 친 백성이 되게 하려 하심이니라"(딛 2:14).

그가 우리를 대신하여 자신을 주심은, 모든 불법에서 우리를 구속하시고 우리를 깨끗하게 하셔서, 선한 일에 열심을 내는 자기 백성이 되게 하려 하심입니다.

"물은 예수 그리스도의 부활하심으로 말미암아 이제 너희를 구원하는 표니 곧 세례라 육체의 더러운 것을 제하여 버림이 아니요 오직 선한 양심이 하나님을 향하여 찾아가는 것이라"(벧전 3:21).

우리가 예수님이 십자가에서 죽음으로써 그 피를 믿음으로 말미암아 구원받을 그때에 세례도 함께 받음으로써 장사함을 지내고, 예수 그리스도의 부활하심으로 말미암아 그의 부활을 본받아 연합한 자가 되어 선한 양심이 하나님을 향하여 찾아가게 되는 것입니다.

"너희가 세례로 그리스도와 함께 장사한 바 되고 또 죽은 자들 가운데서 그를 일으키신 하나님의 역사를 믿음으로 말미암아 그 안에서 함께 일으키심을 받았느니라"(골 2:12).

우리는 세례로 그리스도와 함께 장사한 바 되고, 또 죽은 자들 가운데서 그를 일으키신 하나님의 역사를 믿음으로 말미암아 그 안에서 함께 일으키심을 받았습니다. 그러므로 이제는 사도 바울과 같이 부활에 이르려고 오직 그리스도 예수께 잡힌 바 된 그것을 잡으려고 좇아가야만 하는 것입니다.

> "어찌하든지 죽은 자 가운데서 부활에 이르려 하노니 내가 이미 얻었다 함도 아니요 온전히 이루었다 함도 아니라 오직 내가 그리스도 예수께 잡힌 바 된 그것을 잡으려고 좇아가노라"(빌 3:11-12).
> "누구든지 그리스도와 합하여 세례를 받은 자는 그리스도로 옷 입었느니라"(갈 3:27).

누구든지 그리스도와 합하여 세례를 받은 자는 그리스도로 옷 입었으므로, 그리스도 안에서 새로운 피조물이 되어 성령으로 살아가야만 합니다.

또한 우리 구원받은 자는 하나님의 말씀을 순종하기 위하여 실제적으로 물에 들어가서 침례도 받아야만 합니다. 이와 같이 침례를 받음으로써 우리 자신을 실제적으로 죄에 대하여는 죽은 자요 그리스도 예수 안에서 하나님을 대하여는 산 자로 여기게 됩니다.

그리고 이제 우리 모두는 성령의 인도하심을 좇아 하나님의 말씀대로 순종하는 삶을 살아야만 하는 것입니다.

새로운 피조물

우리는 그리스도 예수의 십자가의 피를 믿음으로 구원받을 그때에, 그의 죽으심과 합하여 세례를 받음으로 그와 함께 장사되었고, 그리스도로 옷 입음으로 새로운 피조물이 되었습니다. 이제 그리스도 안에서 새로운 피조물이 되었으므로, 그의 부활을 본받아 연합한 자가 되어 자신을 죄에 대하여는 죽은 자로 여기고, 그리스도 예수 안에서 하나님을 대하여는 산 자로 여겨야 합니다. 그리하여 새 생명 가운데서 행하여 의의 열매 맺는 자가 되어야 하겠습니다.

이같이 우리는 그리스도 안에서 새로운 피조물로서 거룩한 행실과 경건함으로, 하나님의 날이 임하기를 바라보고 간절히 사모하는 자가 되어야만 합니다.

새로운 피조물에 대한 이해를 돕기 위하여 하나님의 말씀을 살펴보도록 하겠습니다.

> "저가 모든 사람을 대신하여 죽으심은 산 자들로 하여금 다시는 저희 자신을 위하여 살지 않고 오직 저희를 대신하여 죽었다가 다시 사신 자를 위하여 살게 하려 함이니라……그런즉 누구든지 그리스도 안에 있으면 새로운 피조물이라 이전 것은 지나갔으니 보라 새 것이 되었도다 모든 것이 하나님께로 났나니 저가 그리스도로 말미암아 우리를 자기와 화목하게 하시고 또 우리에게 화목하게 하는 직책을 주셨으니 이는 하나님께서 그리스도 안에 계시사 세상을 자기와 화목하게 하시며 저희의 죄를 저희에게 돌리지 아니하시고 화목하게 하는 말씀을 우리에게 부탁하셨느니라"(고후 5:15-19).

그리스도 예수가 모든 사람을 대신하여 죽으심은 산 자들로 하여금 다시는 저희 자신을 위하여 살지 않고 오직 저희를 대신하여 죽었다가 다시 사신 자를 위하여 살게 하려 함입니다. 또한 그리스도 안에서 새로운 피조물로서 하나님과 화목하게 하시고, 또 우리에게 화목하게 하는 직책을 주셔서, 저희의 죄를 저희에게 돌리지 아니하시고 화목하게 하는 말씀을 우리에게 부탁하셨습니다. 그래서 우리는 때를 얻든지 못 얻든지 예수 그리스도의 복음을 전파하여야만 하는 것입니다.

> "이제는 너희가 이 모든 것을 벗어버리라 곧 분과 악의와 훼방과 너희 입의 부끄러운 말이라 너희가 서로 거짓말을 말라 옛 사람과 그 행위를 벗어버리고 새 사람을 입었으니 이는 자기를 창조하신 자의 형상을 좇아 지식에까지 새롭게 하심을 받는 자니라"(골 3:8-10).

이제 예수님의 십자가의 피로써 구원받은 자는 옛 사람과 그 행위를 벗어버려야 합니다. 왜냐하면 그는 새 사람을 입었으므로 자기를 창조하신 자의 형상을 좇아 지식에까지 새롭게 하심을 받는 자이기 때문입니다.

> "오직 너 하나님의 사람아 이것들을 피하고 의와 경건과 믿음과 사랑과 인내와 온유를 좇으며 믿음의 선한 싸움을 싸우라 영생을 취하라 이를 위하여 네가 부르심을 입었고 많은 증인 앞에서 선한 증거를 증거하였도다"(딤전 6:11-12).

오직 하나님의 사람은 경건치 않은 것을 피하고 의와 경건과 믿음과 사랑과 인내와 온유를 좇아야 하며 믿음의 선한 싸움을 싸워야 합니다. 이는 그가 영생을 취하기 위하여 부르심을 입었기 때문입니다.

"죄가 있어 매를 맞고 참으면 무슨 칭찬이 있으리요 오직 선을 행함으로 고난을 받고 참으면 이는 하나님 앞에 아름다우니라 이를 위하여 너희가 부르심을 입었으니 그리스도도 너희를 위하여 고난을 받으사 너희에게 본을 끼쳐 그 자취를 따라오게 하려 하셨느니라"(벧전 2:20-21).

오직 선을 행함으로 고난을 받고 참으면 이는 하나님 앞에 아름다운 것입니다. 이를 위하여 우리가 부르심을 입었음은, 그리스도도 우리를 위하여 고난을 받으시고 우리에게 본을 끼쳐 그 자취를 따라오게 하려 하심입니다.

"친히 나무에 달려 그 몸으로 우리 죄를 담당하셨으니 이는 우리로 죄에 대하여 죽고 의에 대하여 살게 하려 하심이라 저가 채찍에 맞음으로 너희는 나음을 얻었나니"(벧전 2:24).

예수님이 친히 나무에 달려 그 몸으로 우리 죄를 담당하셨음은, 우리로 죄에 대하여 죽고 의에 대하여 살게 하려 하심입니다.

"그러므로 우리가 그의 죽으심과 합하여 세례를 받음으로 그와 함께 장사되었나니 이는 아버지의 영광으로 말미암아 그리스도를 죽은 자 가운데서 살리심과 같이 우리로 또한 새 생명 가운데서 행하게 하려 함이니라"(롬 6:4).

우리가 그의 죽으심과 합하여 세례를 받음으로 그와 함께 장사되었고 그리스도 예수 안에서 새로운 피조물이 된 것은, 아버지의 영광으로 말미암아 그리스도를 죽은 자 가운데서 살리심과 같이 우리로 또한 새 생명 가운데서 행하게 하려 함입니다.

"그가 우리를 대신하여 자신을 주심은 모든 불법에서 우리를 구속하시고 우리를 깨끗하게 하사 선한 일에 열심하는 친 백성이 되게 하려 하심이니라"(딛 2:14).

예수님이 우리를 대신하여 자신을 주심은, 모든 불법에서 우리를 구속하시고 우리를 깨끗하게 하사, 선한 일에 열심을 내는 자기 백성이 되게 하려 하심입니다.

"악을 악으로, 욕을 욕으로 갚지 말고 도리어 복을 빌라 이를 위하여 너희가 부르심을 입었으니 이는 복을 유업으로 받게 하려 하심이라 그러므로 생명을 사랑하고 좋은 날 보기를 원하는 자는 혀를 금하여 악한 말을 그치며 그 입술로 궤휼을 말하지 말고 악에서 떠나 선을 행하고 화평을 구하여 이를 좇으라"(벧전 3:9-11).

악을 악으로, 욕을 욕으로 갚지 말고 도리어 복을 빌라고 말씀하십니다. 이를 위하여 우리가 부르심을 입은 것은 복을 유업으로 받게 하려 하심입니다. 그러므로 생명을 사랑하고 좋은 날 보기를 원하는 자는 혀를 금하여 악한 말을 그쳐야 합니다. 그 입술로 궤휼을 말하지 말고 악에서 떠나 선을 행하고 화평을 구하여 이를 좇으라는 것입니다.

"우리는 그의 만드신 바라 그리스도 예수 안에서 선한 일을 위하여 지으심을 받은 자니 이 일은 하나님이 전에 예비하사 우리로 그 가운데서 행하게 하려 하심이니라"(엡 2:10).

우리는 그가 만드신 새로운 피조물입니다. 이는 그리스도 예수 안에서 선한 일을 위하여 지으심을 받은 자니 이 일은 하나님이 전에 예비하사 우리로 그 가운데서 행하게 하려 하심입니다.

"그리스도를 위하여 너희에게 은혜를 주신 것은 다만 그를 믿을 뿐 아니라 또한 그를 위하여 고난도 받게 하심이라 너희에게도 같은 싸움이 있으니 너희가 내 안에서 본 바요 이제도 내 안에서 듣는 바니라"(빌 1:29).

그리스도를 위하여 우리에게 은혜를 주신 것은 다만 그를 믿을 뿐 아니라 또한 그를 위하여 고난도 받게 하심입니다. 우리에게도 같은 싸움이 있습니다. 사도 바울도 이 같은 삶을 삶으로 본을 보인 것입니다.

> "우리가 너희 믿는 자들을 향하여 어떻게 거룩하고 옳고 흠없이 행한 것에 대하여 너희가 증인이요 하나님도 그러하시도다 너희도 아는 바와 같이 우리가 너희 각 사람에게 아비가 자기 자녀에게 하듯 권면하고 위로하고 경계하노니 이는 너희를 부르사 자기 나라와 영광에 이르게 하시는 하나님께 합당히 행하게 하려 함이니라"(살전 2:10-12).

이 말씀은 사도 바울이 데살로니가 교회에 보낸 서신서의 내용입니다.

사도 바울이 믿는 자들을 향하여 거룩하고 옳고 흠없이 행하여 본을 보인 것은, 각 사람에게 아비가 자기 자녀에게 하듯 권면하고 위로하고 경계하기 위함입니다. 또한 우리를 부르사 자기 나라와 영광에 이르게 하시는 하나님께 합당히 행하게 하려 함입니다. 즉 우리가 거룩하고 옳고 흠없이 행함으로 하나님께 합당한 자로 여김을 받을 수 있으며, 또한 이는 하나님 나라와 영광에 이르게 하는 것입니다.

"종말로 형제들아 우리가 주 예수 안에서 너희에게 구하고 권면하노니 너희가 마땅히 어떻게 행하며 하나님께 기쁘시게 할 것을 우리에게 받았으니 곧 너희 행하는 바라 더욱 많이 힘쓰라 우리가 주 예수로 말미암아 너희에게 무슨 명령으로 준 것을 너희가 아느니라 하나님의 뜻은 이것이니 너희의 거룩함이라 곧 음란을 버리고 각각 거룩함과 존귀함으로 자기의 아내 취할 줄을 알고 하나님을 모르는 이방인과 같이 색욕을 좇지 말고 이 일에 분수를 넘어서 형제를 해하지 말라 이는 우리가 너희에게 미리 말하고 증거한 것과 같이 이 모든 일에 주께서 신원하여 주심이니라 하나님이 우리를 부르심은 부정케 하심이 아니요 거룩케 하심이니 그러므로 저버리는 자는 사람을 저버림이 아니요 너희에게 그의 성령을 주신 하나님을 저버림이니라"(살전 4:1-8).

이 말씀은 사도 바울이 데살로니가 교회에 "마땅히 어떻게 행하며 하나님께 기쁘시게 할 것"을 명령으로 준 내용의 편지입니다. 명령으로 준 내용이므로 그만큼 중요한 내용임을 알 수 있습니다.

하나님이 우리를 부르심은 부정케 하심이 아니요 거룩하게 하심입니다. 그러므로 저버리는 자는 사람을 저버림이 아니요 그의 성령을 주신 하나님을 저버림입니다. 따라서 우리는 그리스도 안에서 새로운 피조물로서 성령의 인도하심으로 말씀을 좇아 살아감으로 하나님의 뜻인 거룩함을 이루어야만 하겠습니다.

> "왕 된 자는 말을 많이 두지 말 것이요 말을 많이 얻으려고 그 백성을 애굽으로 돌아가게 말 것이니 이는 여호와께서 너희에게 이르시기를 너희가 이후에는 그 길로 다시 돌아가지 말 것이라 하셨음이며"(신 17:16).

이스라엘 백성들은 유월절 어린양의 피로써 애굽 백성으로부터 홍해를 건넘으로 구원을 받았습니다. 구원을 받은 이후에는 다시 홍해를 건너 애굽으로 돌아가지 말 것을 하나님께서 이스라엘 백성에게 말씀하셨습니다.

이와 같이 오늘날 구원받은 우리도 성령의 인도하심으로 말씀을 좇아 살아가야 하는 것입니다. 구원받기 전의 옛 사람으로 되돌아가서는 결코 안 됩니다. 왜냐하면 옛 사람으로 다시 돌아가는 것은 멸망의 길이기 때문입니다. 그래서 하나님은 그 길로 다시 돌아가지 말라고 명령하십니다.

> "그러나 내게는 우리 주 예수 그리스도의 십자가 외에 결코 자랑할 것이 없으니 그리스도로 말미암아 세상이 나를 대하여 십자가에 못 박히고 내가 또한 세상을 대하여 그러하니라 할례나 무할

례가 아무것도 아니로되 오직 새로 지으심을 받은 자뿐이니라"(갈 6:14-15).

오직 새로 지으심을 받은 자는 그리스도로 말미암아 세상이 나를 대하여 십자가에 못 박히고, 내가 또한 세상을 대하여 그러하므로 우리 주 예수 그리스도의 십자가 외에 결코 자랑할 것이 없는 것입니다.

"또 그 안에서 너희가 손으로 하지 아니한 할례를 받았으니 곧 육적 몸을 벗는 것이요 그리스도의 할례니라 너희가 세례로 그리스도와 함께 장사한 바 되고 또 죽은 자들 가운데서 그를 일으키신 하나님의 역사를 믿음으로 말미암아 그 안에서 함께 일으키심을 받았느니라"(골 2:11-12).

우리는 세례를 통해 그리스도와 함께 장사한 바 되고, 또 죽은 자들 가운데서 그를 일으키신 하나님의 역사를 믿음으로 말미암아, 그 안에서 함께 일으키심을 받았습니다. 이는 육적 몸을 벗는 것이며, 또한 이것은 곧 그리스도의 할례인 것입니다. 우리가 이같이 함으로써 그리스도의 옷으로 갈아입을 수가 있는 것입니다.

"너희는 유혹의 욕심을 따라 썩어져 가는 구습을 좇는 옛 사람을

> 벗어 버리고 오직 심령으로 새롭게 되어 하나님을 따라 의와 진리의 거룩함으로 지으심을 받은 새 사람을 입으라"(엡 4:22-24).

구원받은 우리는 그리스도 안에서 새로운 피조물로서, 유혹의 욕심을 따라 썩어져 가는 구습을 좇는 옛 사람을 벗어 버려야 합니다. 오직 심령으로 새롭게 되어 하나님을 따라 의와 진리의 거룩함으로 지으심을 받은 새 사람을 입어야만 하는 것입니다.

> "그러나 주의 날이 도적같이 오리니 그 날에는 하늘이 큰 소리로 떠나가고 체질이 뜨거운 불에 풀어지고 땅과 그 중에 있는 모든 일이 드러나리로다 이 모든 것이 이렇게 풀어지리니 너희가 어떠한 사람이 되어야 마땅하뇨 거룩한 행실과 경건함으로 하나님의 날이 임하기를 바라보고 간절히 사모하라"(벧후 3:10-12).

주의 날이 도적같이 오리니 그날에는 하늘이 큰 소리로 떠나가고, 체질이 뜨거운 불에 풀어지고, 땅과 그 중에 있는 모든 일이 드러나므로 우리는 거룩한 행실과 경건함으로 하나님의 날이 임하기를 바라보고 간절히 사모하는 자가 되어야만 합니다.

> "이로써 그 보배롭고 지극히 큰 약속을 우리에게 주사 이 약속으

로 말미암아 너희로 정욕을 인하여 세상에서 썩어질 것을 피하여 신의 성품에 참예하는 자가 되게 하려 하셨으니"(벧후 1:4).

이로써 그 보배롭고 지극히 큰 약속을 우리에게 주사, 이 약속으로 말미암아 정욕을 인하여 세상에서 썩어질 것을 피하여, 신의 성품에 참예하는 자가 되게 하신 것입니다.

"너희가 전에는 어두움이더니 이제는 주 안에서 빛이라 빛의 자녀들처럼 행하라 빛의 열매는 모든 착함과 의로움과 진실함에 있느니라"(엡 5:8-9).

우리가 구원받기 전에는 어두움이었으나 구원받은 이후에는 주 안에서 빛입니다. 그러므로 이제는 빛의 자녀들처럼 행하여 모든 착함과 의로움과 진실함의 열매를 맺어야만 합니다. 이렇게 빛의 열매를 맺을 때에 하나님의 보배롭고 지극히 큰 약속이 우리에게 주어질 것입니다.

성령의 삶

이스라엘 백성들이 유월절 어린양의 피로써 애굽으로부터 홍해를 건너 구원받을 그때에, 세례도 함께 받음으로써 그와 함께 장사되었습니다. 광야에 들어간 이후로는 가나안 땅을 향하여 하나님께서 친히 그들을 낮에는 구름 기둥으로 밤에는 불 기둥으로 인도하시고 매일 만나를 먹고 살아가도록 하셨습니다.

이와 마찬가지로 오늘날 우리는 이 세상에서 예수님의 십자가의 피를 믿음으로 말미암아 구속 곧 죄 사함을 받아 구원받을 그때에, 그의 죽으심과 합하여 세례를 받음으로 그와 함께 장사되었습니다. 이제 나 자신은 죽고 없으며, 광야와 같은 나그네 세상에서 우리의 본향인 천국을 향하여 성령으로 살아가도록, 그리스도 예수 안에서 지음을 받은 새로운 피조물이 되었습니다.

성령이 인도하시는 삶은 만나를 먹고 살아가는 삶입니다. 즉 성령이 진리 가운데로 인도하여 하나님의 말씀을 좇아 순종하는 삶을 살아감으로써, 이 말씀의 물로 우리를 씻어 깨끗하게 하사 거룩함에 이르게 하고 의롭다 함을 얻게 합니다. 이는 발을 씻는 삶, 곧 죄를 자백 드리는 삶을 살아감으로써 거룩함에 이르게 하고 의롭다 함을 얻을 수 있게 합니다.

이와 같이 거룩함에 이르게 하고 의롭다 함을 얻게 하기 위하여, 예수님이 십자가에서 죽으신 후 부활하셔서 구원받은 우리들에게 성령으로 오신 것입니다.

성령으로 오셔서 구원받은 우리들을 하나님의 지혜에 이르게 하십니다. 하나님의 지혜는 곧 예수 그리스도이며, 예수 그리스도는 곧 영생입니다.

> "의로 여기심을 받을 우리도 위함이니 곧 예수 우리 주를 죽은 자 가운데서 살리신 이를 믿는 자니라 예수는 우리 범죄함을 위하여 내어 줌이 되고 또한 우리를 의롭다 하심을 위하여 살아나셨느니라"(롬 4:24-25).

예수 우리 주를 죽은 자 가운데서 살리신 이를 믿는 자는 의로 여기심을 받을 것입니다. 이것은 곧 예수는 우리 범죄함을 위하여 내어 줌이 되고, 또한 우리를 의롭다 하심을 위하여 살아나셨기 때문입니다. 즉 이것은 예수님이 죽음에서 부활하셔서 구원받은 우리에게 성령으로 오신 것을 의미합니다. 주님은 우리를 친히 인도하셔서 말씀을 좇아 살아감으로 말미암아 의롭다 하심을 얻도록 하셨습니다. 이는 곧 예수 우리 주를 죽은 자 가운데서 살리신 이를 믿는 자를 의미합니다.

> "너희는 하나님께로부터 나서 그리스도 예수 안에 있고 예수는 하나님께로서 나와서 우리에게 지혜와 의로움과 거룩함과 구속함이 되셨으니"(고전 1:30).

우리는 하나님께로부터 나서 그리스도 예수 안에 있고, 예수는 하나님께로서 나와서 우리에게 지혜와 의로움과 거룩함과 구속함이 되셨습니다. 이것은 처음에는 구속함이요, 다음은 거룩함이요, 그 다음은 의로움입니다. 이를 통틀어 '지혜'라고 합니다.

이 지혜는 곧 예수 그리스도를 말하며, 예수 그리스도는 영생입니다. 성령은 우리들을 이 같은 지혜에 이르게 하여 영생을 얻게 하십니다.

> "그러므로 우리가 그의 죽으심과 합하여 세례를 받음으로 그와 함께 장사되었나니 이는 아버지의 영광으로 말미암아 그리스도를 죽은 자 가운데서 살리심과 같이 우리로 또한 새 생명 가운데서 행하게 하려 함이니라"(롬 6:4).

우리가 그의 죽으심과 합하여 세례를 받음으로 그와 함께 장사되었으므로, 이제 우리는 그리스도 예수 안에서 새로운 피조물이 되었습니다. 이는 아버지의 영광으로 말미암아 그리스도를 죽은 자 가운데서 살리심과 같이, 우리로 하여금 성령의 인도하심을 따라 새 생명 가운데서 행하게 하려 함입니다. 이같이 우리가 새 생명 가운데서 행함으로써 새 생명을 얻을 수 있는 것입니다.

> "그러므로 내 형제들아 너희도 그리스도의 몸으로 말미암아 율법에 대하여 죽임을 당하였으니 이는 다른 이 곧 죽은 자 가운데서 살아나신 이에게 가서 우리로 하나님을 위하여 열매를 맺히게 하려 함이니라"(롬 7:4).

우리는 그리스도의 몸으로 말미암아 율법에 대하여 죽임을 당하였습니다. 이는 다른 이 곧 죽은 자 가운데서 살아나신 이에게 가서 우리로 하나님을 위하여 열매를 맺히게 하려 함입니다. 여기서 "죽은 자 가운데서 살아나신 이"는 그리스도 예수를 말하며, 이는 곧 성령을 뜻합니다. 즉 성령의 인도하심으로 말씀을 좇아 순종함으로써 하나님을 위하여 하나님의 거룩한 열매를 맺을 수 있습니다. 이렇게 거룩한 열매를 맺음으로써 영생을 얻을 수 있는 것입니다.

> "내가 너희를 고아와 같이 버려두지 아니하고 너희에게로 오리라 조금 있으면 세상은 다시 나를 보지 못할 터이로되 너희는 나를 보리니 이는 내가 살았고 너희도 살겠음이라 그날에는 내가 아버지 안에, 너희가 내 안에, 내가 너희 안에 있는 것을 너희가 알리라"(요 14:18-20).

예수 그리스도는 죽음에서 부활하여 성령으로 우리에게 오셔서 우리 안에 거하십니다. 우리가 진리 가운데 거하므로 예수 그리스도 안에 있게 되는 것입니다.

바로 이와 같은 성령에 대하여 이해를 돕기 위하여, 또 다른 하나님의 말씀들을 살펴보도록 하겠습니다.

> "보혜사 곧 아버지께서 내 이름으로 보내실 성령 그가 너희에게 모든 것을 가르치시고 내가 너희에게 말한 모든 것을 생각나게 하시리라"(요 14:26).

여기서 "내 이름으로 보내실 성령"은 곧 예수 그리스도의 이름으로 오신 성령을 뜻합니다. 이 성령이 우리에게 모든 것을 가르치시고 생각나게 하십니다.

> "성령이 아시아에서 말씀을 전하지 못하게 하시거늘 브루기아와 갈라디아 땅으로 다녀가 무시아 앞에 이르러 비두니아로 가고자 애쓰되 예수의 영이 허락지 아니하시는지라"(행 16:6-7).

여기서 '예수의 영'은 곧 성령을 말합니다.

> "이는 그리스도 예수 안에 있는 생명의 성령의 법이 죄와 사망의 법에서 너를 해방하였음이라"(롬 8:2).

여기서 "그리스도 예수 안에 있는 생명의 성령"은 곧 생명의 성령이 그리스도 예수 안에 있는 것을 말합니다. 그래서 그리스도 예수가 죽음에서 부활하여 성령으로 오심으로 죄와 사망의 법에서 우리를 해방하신 것입니다.

> "이것이 너희 간구와 예수 그리스도의 성령의 도우심으로 내 구원에 이르게 할 줄 아는 고로 나의 간절한 기대와 소망을 따라 아무

일에든지 부끄럽지 아니하고 오직 전과 같이 이제도 온전히 담대하여 살든지 죽든지 내 몸에서 그리스도가 존귀히 되게 하려 하나니 이는 내게 사는 것이 그리스도니 죽는 것도 유익함이니라"(빌 1:19-21).

이 말씀에서 보면 성령을 곧 "예수 그리스도의 성령"이라고 표현하고 있습니다. 그래서 "내게 사는 것이 그리스도니"의 뜻은, 이제 내가 사는 것이 아니라 오직 내 안에 예수 그리스도의 성령이 사시는 것을 의미합니다.

"내가 그리스도와 함께 십자가에 못 박혔나니 그런즉 이제는 내가 산 것이 아니요 오직 내 안에 그리스도께서 사신 것이라 이제 내가 육체 가운데 사는 것은 나를 사랑하사 나를 위하여 자기 몸을 버리신 하나님의 아들을 믿는 믿음 안에서 사는 것이라"(갈 2:20).

내가 그리스도와 함께 십자가에 못 박혔으니 그리스도 안에서 새로운 피조물이 되었습니다. 그러므로 이제는 내가 산 것이 아니요 오직 내 안에 그리스도께서 사시는 것입니다. 이제 내가 육체 가운데 사는 것은 나를 사랑하사 나를 위하여 자기 몸을 버리신 하나님의 아들을 믿는 믿음 안에서 사는 것입니다.

여기서 "내 안에 그리스도께서 사신 것"은 곧 예수 그리스도의 성령을 말합니다. 그리고 "하나님의 아들을 믿는 믿음"은 온전한 믿음을 말합니다. 즉 순종이 따르는 믿음, 곧 성령으로 살아가는 믿음을 뜻하는 것입니다.

다시 말하면 구원받은 성도가 성령의 인도하심으로 말씀을 좇아 순종하는 삶을 두고 온전한 믿음이라고 일컫는 것입니다.

> "볼지어다 내가 문 밖에 서서 두드리노니 누구든지 내 음성을 듣고 문을 열면 내가 그에게로 들어가 그로 더불어 먹고 그는 나로 더불어 먹으리라"(계 3:20).

이 말씀 중 '내가'는 곧 예수 그리스도를 뜻합니다. 예수 그리스도는 곧 예수 그리스도의 성령을 가리키고 있습니다.

> "그러하나 진리의 성령이 오시면 그가 너희를 모든 진리 가운데로 인도하시리니 그가 자의로 말하지 않고 오직 듣는 것을 말하시며 장래 일을 너희에게 알리시리라"(요 16:13).

여기서 진리의 성령은 곧 성령이 진리인 것을 가르쳐주고 있습니다. 아래 요한일서 5장 6-8절 말씀을 보면 예수 그리스도가 물과 피로 임하셨고, 이를 증거하신 이는 성령이었습니다. 그래서 구원받은 우리는 성령으로 살아가도록 지음을 받은 새로운 피조물인 것을 명확히 알 수 있는 것입니다. 이제 옛 사람인 나 자신은 이미 장사를 지냈으므로 이 세상은 끝이 났고, 남은 것은 오직 저 천국인 본향을 향하여 성령으로 살아가야만 하는 광야와 같은 나그네의 삶입니다.

> "이는 물과 피로 임하신 자니 곧 예수 그리스도시라 물로만 아니요 물과 피로 임하셨고 증거하는 이는 성령이시니 성령은 진리니라 증거하는 이가 셋이니 성령과 물과 피라 또한 이 셋이 합하여 하나이니라"(요일 5:6-8).

이 성경 구절에서 예수 그리스도는 곧 물과 피를 의미합니다. 여기서 물과 피는 성령 곧 진리를 말합니다. 진리는 곧 말씀을 뜻하며(엡 1:13; 요 17:17), 이 말씀은 곧 예수 그리스도를 뜻합니다(요 1:1-17). 또한 여기서 물은 언약의 말씀을 뜻하며, 피는 언약의 피를 뜻합니다. 이것은 바로 예수 그리스도를 말합니다.

그래서 하나님의 거룩한 말씀은 곧 물과 피를 뜻함을 알 수 있습니다. 다시 말하면 하나님의 말씀은 물과 피에 대하여 기록되어 있다는 것입니다.

이 물은 곧 하나님의 거룩한 말씀으로 우리를 깨끗하게 하므로,

예수 그리스도의 피가 우리를 모든 죄에서 깨끗하게 하시는 것입니다(요일 1:7).

다시 말하면 성령이 진리 가운데로 인도하여 우리를 하나님의 말씀의 물로써 깨끗하게 하므로, 예수 그리스도의 피가 우리를 모든 죄에서 깨끗하게 하시는 것을 의미합니다.

바로 이것이 위의 말씀 "이는 물과 피로 임하신 자니 곧 예수 그리스도시라 물로만 아니요 물과 피로 임하셨고 증거하는 이는 성령이시니 성령은 진리니라 증거하는 이가 셋이니 성령과 물과 피라 또한 이 셋이 합하여 하나이니라"(요일 5:6-8)를 의미하는 것입니다.

또한 이것은 성령의 사역 활동입니다. 즉 우리가 성령으로 살아가도록 그리스도 예수 안에서 지음을 받은 새로운 피조물이 된 것입니다. 따라서 우리는 성령으로만 살아갈 수밖에 없는 존재입니다. 왜냐하면 이제 우리는 빛의 자녀입니다. 빛의 자녀는 빛 가운데서만 살 수 있으며 어두움 가운데서는 살 수가 없습니다. 이와 마찬가지로 성령은 빛 가운데서만 거할 수 있으며, 어두움 가운데서는 거할 수가 없습니다.

우리는 그리스도 안에서 새로운 피조물로서 빛 가운데 성령으로 살아가야만 하는 존재입니다. 이와 같이 우리가 빛 가운데 성령으로 살아갈 때에야 비로소 거룩해질 수 있으며, 또한 하늘로부터 오는 우리 처소로 덧입을 수가 있는 것입니다.

이렇게 덧입음은 벗은 자들로 발견되지 않으려 함입니다.

그래서 사도 바울도 자기의 벌거벗은 수치를 보이지 않게 하려고 탄식하며 하늘로부터 오는 처소로 덧입고자 하였던 것입니다.

하나님은 이것을 우리에게 이루시려고 보증으로 성령을 우리에게 주셨습니다.

이렇게 하나님이 보증으로 주신 성령으로 말미암아 우리는 의의 처소로 덧입을 수가 있는 것입니다.

> "과연 우리가 여기 있어 탄식하며 하늘로부터 오는 우리 처소로 덧입기를 간절히 사모하노니 이렇게 입음은 벗은 자들로 발견되지 않으려 함이라 이 장막에 있는 우리가 짐 진 것 같이 탄식하는 것은 벗고자 함이 아니요 오직 덧입고자 함이니 죽을 것이 생명에게 삼킨바 되게 하려 함이라 곧 이것을 우리에게 이루게 하시고 보증으로 성령을 우리에게 주신 이는 하나님이시니라"(고후 5:2-5).

이것은 바로 우리가 발을 씻는 삶을 의미합니다. 즉 성령이 진리 가운데로 인도하여 우리를 하나님의 말씀의 물로 씻어 깨끗하게 하시는 것을 의미합니다. 만일 우리가 발을 씻지 않으면 주님과 아무런 상관이 없는 자가 되고 맙니다.

"베드로가 가로되 내 발을 절대로 씻기지 못하시리이다 예수께서 대답하시되 내가 너를 씻기지 아니하면 네가 나와 상관이 없느니라 시몬 베드로가 가로되 주여 내 발뿐 아니라 손과 머리도 씻겨 주옵소서 예수께서 가라사대 이미 목욕한 자는 발밖에 씻을 필요가 없느니라 온 몸이 깨끗하니라"(요 13:8-10).

바로 앞의 말씀의 발을 씻는 삶은 곧 죄를 자백 드리는 삶을 의미합니다. 이같이 죄를 자백 드릴 때에 하나님은 미쁘시고 의로우사 우리 죄를 사하시고 모든 불의에서 우리를 깨끗하게 하십니다.

"만일 우리가 우리 죄를 자백하면 저는 미쁘시고 의로우사 우리 죄를 사하시며 모든 불의에서 우리를 깨끗케 하실 것이요"(요일 1:9).

그래서 두루마기를 빠는 자들이 복이 있는 것입니다. 이는 저희가 생명나무에 나아가며 문들을 통하여 성에 들어갈 권세를 얻게 되기 때문입니다.

"그 두루마기를 빠는 자들은 복이 있으니 이는 저희가 생명나무에 나아가며 문들을 통하여 성에 들어갈 권세를 얻으려 함이로다"(계 22:14).

“너희 중에 이와 같은 자들이 있더니 주 예수 그리스도의 이름과 우리 하나님의 성령 안에서 씻음과 거룩함과 의롭다 하심을 얻었느니라”(고전 6:11).

“너희 중에 이와 같은 자들이 있더니”의 뜻은 고린도교회 성도 중에 불의를 행함으로 하나님의 나라를 유업으로 받지 못할 자들이 있었다는 것입니다. “주 예수 그리스도의 이름”의 뜻은 예수님을 믿고 구속 곧 죄 사함을 받아 구원받게 하는 언약의 피를 의미합니다. 그리고 “하나님의 성령 안에서 씻음과 거룩함과 의롭다 하심을 얻었느니라”의 뜻은, 구원받은 자가 그리스도 예수 안에서 새로운 피조물로서 성령의 인도하심으로 말씀을 좇아 순종하는 삶을 살아가는 것입니다.

이는 씻음과 거룩함과 의롭다 하심을 얻는 언약의 말씀을 의미합니다. 다시 말하면 구원받은 우리가 그리스도 안에서 새로운 피조물이 되어, 성령의 인도하심으로 거룩하게 살아가는 삶입니다. 이로써 빛 가운데 행하게 됨으로 예수의 피가 우리를 모든 죄에서 깨끗하게 하시는 것입니다(요일 1:7).

“나는 너희의 하나님이 되려고 너희를 애굽 땅에서 인도하여 낸 여호와라 내가 거룩하니 너희도 거룩할지어다”(레 11:45).

하나님은 우리의 하나님이 되려고 우리를 예수님의 십자가의 핏값으로 구원하셨습니다. 하나님이 거룩하시기 때문에 우리도 거룩할 때에 하나님이 우리 가운데 거하실 수가 있는 것입니다. 그래서 하나님께서 거룩한 것처럼 우리도 거룩해야만 하는 것입니다.

> "너희는 나의 성호를 욕되게 말라 나는 이스라엘 자손 중에서 거룩하게 함을 받을 것이니라 나는 너희를 거룩하게 하는 여호와요 너희 하나님이 되려고 너희를 애굽 땅에서 인도하여 낸 자니 나는 여호와니라"(레 22:32-33).

구원받은 우리가 하나님의 성호를 욕되게 말 것은 하나님이 우리 가운데에서 거룩함을 받으시기 때문입니다. 그래서 하나님은 우리를 거룩하게 하시므로 우리 가운데 거하여 우리의 하나님이 되실 수가 있는 것입니다. 이를 위하여 예수님이 십자가에서 피를 흘리사 우리를 구원하신 것입니다. 그러므로 구원받은 우리는 그리스도 안에서 새로운 피조물이 되어 성령으로 살아감으로써 거룩한 자가 되어야 합니다.

> "너희는 내게 거룩할지어다 이는 나 여호와가 거룩하고 내가 또 너희로 나의 소유를 삼으려고 너희를 만민 중에서 구별하였음이니

라"(레 20:26).

우리가 하나님께 거룩해야 함은 이는 하나님께서 거룩하시고, 또 우리로 하나님의 소유를 삼으시려고 우리를 만민 중에서 구별하셨기 때문입니다.

"네가 단 위에 드릴 것은 이러하니라 매일 일 년 된 어린 양 두 마리니 한 어린 양은 아침에 드리고 한 어린 양은 저녁 때에 드릴지며 한 어린 양에 고운 밀가루 에바 십분 일과 찧은 기름 힌의 사분 일을 더하고 또 전제로 포도주 힌의 사분 일을 더할지며 한 어린 양은 저녁 때에 드리되 아침과 일반으로 소제와 전제를 그것과 함께 드려 향기로운 냄새가 되게 하여 여호와께 화제를 삼을지니 이는 너희가 대대로 여호와 앞 회막문에서 늘 드릴 번제라 내가 거기서 너희와 만나고 네게 말하리라 내가 거기서 이스라엘 자손을 만나리니 내 영광을 인하여 회막이 거룩하게 될지라 내가 그 회막과 단을 거룩하게 하며 아론과 그 아들들도 거룩하게 하여 내게 제사장 직분을 행하게 하며 내가 이스라엘 자손 중에 거하여 그들의 하나님이 되리니 그들은 내가 그들의 하나님 여호와로서 그들 중에 거하려고 그들을 애굽 땅에서 인도하여 낸 줄을 알리라 나는 그들의 하나님 여호와니라"(출 29:38-46).

이 말씀에서 하나님의 뜻과 목적을, 또한 하나님이 우리에게 무엇을 요구하시는지를 잘 이해하였을 것입니다. 이제 우리는 그리스도 안에서 새로운 피조물이 되어 성령의 인도하심으로 거룩한 삶을 살아가게 되었으며, 하나님께서 우리 가운데 거하실 수 있게 되었습니다. 또한 우리는 "거룩한 제사장"(벧전 2:5)으로서 우리의 "믿음의 제물"(빌 2:17)로 하나님을 기쁘시게 해드릴 제사(예배)를 드릴 수 있습니다. 그리고 이로 인하여 하나님께서 우리로부터 영광과 찬송을 받으실 수가 있는 것입니다.

여기서 놀라운 사실은 하나님께서 우리를 그의 백성으로 삼으시고 또한 제사장으로 세우셨다는 사실입니다. 이것은 정말 놀라운 일이 아닐 수 없으며, 또한 이렇게 크고 놀라운 하나님의 사랑과 은혜에 대하여 영원히 감사와 찬양을 드리지 않을 수 없습니다.

> "하나님이 우리를 부르심은 부정케 하심이 아니요 거룩케 하심이니 그러므로 저버리는 자는 사람을 저버림이 아니요 너희에게 그의 성령을 주신 하나님을 저버림이니라"(살전 4:7-8).

하나님께서 우리를 부르심은 부정케 하심이 아니요 거룩하게 하심입니다. 그러므로 저버리는 자는 사람을 저버림이 아니요, 우리에게 그의 성령을 주신 하나님의 크신 뜻을 저버림입니다. 그러므로 우리는 이제 그리스도 안에서 새로운 피조물로서 성령으로 살아 거룩함에 이르러야만 하는 것입니다.

> "오직 너희를 부르신 거룩한 자처럼 너희도 모든 행실에 거룩한 자가 되라 기록하였으되 내가 거룩하니 너희도 거룩할지어다 하셨느니라"(벧전 1:15-16).

우리를 부르신 자가 거룩하므로 우리도 모든 행실에 거룩한 자가 되어야 합니다. 그리고 우리가 모든 행실에 거룩한 자가 되기 위해서는 성령으로 살아가야만 하는 것입니다.

> "저희를 진리로 거룩하게 하옵소서 아버지의 말씀은 진리니이다 ……또 저희를 위하여 내가 나를 거룩하게 하오니 이는 저희도 진리로 거룩함을 얻게 하려 함이니이다"(요 17:17-19).

하나님의 말씀은 진리로서 거룩합니다. 이제 우리는 그리스도 안에서 새로운 피조물로서 성령의 인도하심으로 말씀을 좇아 살아감으로 거룩해질 수가 있는 것입니다. 이를 위하여 예수님께서도 우리를 하나님의 말씀으로 거룩함을 얻게 하시려고 자신을 거룩하게 하셨던 것입니다.

위의 말씀을 살펴봄으로써 하나님의 뜻은 구원받은 자들의 거룩함인 것을 알 수 있습니다.

"하나님의 뜻은 이것이니 너희의 거룩함이라"(살전 4:3).

그래서 우리로 사랑 안에서 거룩하고 흠이 없도록 보존하기 위하여 하나님께 우리의 생활 가운데서 범한 죄를 자백 드려 우리 자신을 깨끗하게 하는 것입니다. 이렇게 할 때에 거룩하신 하나님께서 우리 가운데 거하시어 우리의 하나님이 되실 수 있으며, 그들로부터 제사(예배)와 영광과 찬송을 받으실 수가 있는 것입니다.

"만일 우리가 우리 죄를 자백하면 저는 미쁘시고 의로우사 우리 죄를 사하시며 모든 불의에서 우리를 깨끗케 하실 것이요"(요일 1:9).
"예수께서 가라사대 이미 목욕한 자는 발밖에 씻을 필요가 없느니라 온 몸이 깨끗하니라"(요 13:10).

이와 같이 우리가 구원받은 자로서 목욕한 것은 순간이지만 발을 씻는 것은 평생인 이 사실을 분명히 알아야 할 것입니다. 여기서 목욕한 자는 구원받은 자를 말하며, 발을 씻는 것은 구원받은 자가 죄를 자백 드리는 것을 의미합니다.

이렇게 할 때에 우리가 다시 성령으로 살아갈 수가 있는 것입니다. 다시 말하면 구원받는 것은 순간이지만 성령으로 만나를 먹고 살아가는 삶, 즉 성령이 진리 가운데로 인도하여 말씀을 좇아 순종하는 삶은 구원받고 난 이후의 평생이라는 사실입니다. 이 안에 얼마나 크고 놀라운 하나님의 뜻이 숨겨져 있는지를 우리는 결코 간과해서는 안 될 것입니다.

이렇게 성령으로 말씀을 좇아 살아감으로써 자신을 깨끗하게 하고 거룩함에 이르게 함으로써 우리가 빛 가운데 거하여 살아갈 수 있으며 예수의 피가 우리를 모든 죄에서 깨끗하게 하실 수가 있는 것입니다.

> "저가 빛 가운데 계신 것같이 우리도 빛 가운데 행하면 우리가 서로 사귐이 있고 그 아들 예수의 피가 우리를 모든 죄에서 깨끗하게 하실 것이요"(요일 1:7).

그러므로 천국의 소망을 가진 자마다 그의 깨끗하심과 같이 자기를 깨끗하게 하는 것입니다.

> "주를 향하여 이 소망을 가진 자마다 그의 깨끗하심과 같이 자기를 깨끗하게 하느니라"(요일 3:3).

그래서 저희가 생명나무에 나아가며 문들을 통하여 성에 들어갈 권세를 얻으려고 그 두루마기를 빠는 것입니다. 이렇게 그 두루마기를 빠는 자들이 복이 있습니다.

> "그 두루마기를 빠는 자들은 복이 있으니 이는 저희가 생명나무에 나아가며 문들을 통하여 성에 들어갈 권세를 얻으려 함이로다"(계 22:14).

바로 이와 같이 성령의 인도하심으로 말씀을 좇아 거룩함에 이르는 열매를 얻은 자가 영생을 얻을 수 있으며, 하나님의 영원한 기업의 백성이 될 수 있는 것입니다.

> "그러나 이제는 너희가 죄에게서 해방되고 하나님께 종이 되어 거룩함에 이르는 열매를 얻었으니 이 마지막은 영생이라"(롬 6:22).

우리가 구원받을 때에 죄에 대하여 죽음으로 죄로부터 해방되었습니다. 이제 하나님께 종이 되어 곧 성령의 삶으로 거룩함에 이르는 열매를 얻었으니 이 마지막이 영생인 것입니다.

> "자기의 육체를 위하여 심는 자는 육체로부터 썩어진 것을 거두고

성령을 위하여 심는 자는 성령으로부터 영생을 거두리라"(갈 6:8).

자기의 육체를 위하여 사는 자는 육체로부터 썩어진 것을 거두고, 성령을 위하여 사는 자는 성령으로부터 영생을 거둡니다.

"너는 너의 하나님 여호와의 성민이라 여호와께서 지상 만민 중에서 너를 택하여 자기의 기업의 백성을 삼으셨느니라"(신 14:2).

우리는 우리 하나님의 거룩한 백성입니다. 하나님께서 지상 만민 중에서 우리를 택하여 자기의 기업의 백성을 삼으셨습니다.

"너희가 그리스도께 속한 자면 곧 아브라함의 자손이요 약속대로 유업을 이을 자니라"(갈 3:29).

우리가 그리스도께 속한 자면 곧 아브라함의 자손이며, 약속대로 유업을 이을 자입니다.

위의 말씀들을 살펴볼 때에 이 내용들은 바로 예수 그리스도에 대하여 말하고 있으며, 이 예수 그리스도는 곧 하나님의 비밀이요, 하나님의 보배요, 하나님의 지혜요, 하나님의 뜻이요, 영생인 것입니다. 따라서 이것은 성경의 주제입니다. 더욱이 우리가 이같이 성령의 인도하심으로 말씀을 좇아 순종하여 거룩함에 거할 때에, 하나님께서 제사(예배)와 영광을 받으시고 또한 찬송을 받으시는 것입니다.

> "무릇 내 이름으로 일컫는 자 곧 내가 내 영광을 위하여 창조한 자를 오게 하라 그들을 내가 지었고 만들었느니라"(사 43:7).

하나님의 영광을 위하여 창조한 자, 곧 하나님께서 택하신 백성을 하나님이 지으셨고 만드셨습니다.

> "내게 이르시되 너는 나의 종이요 내 영광을 나타낼 이스라엘이라 하셨느니라"(사 49:3).

이스라엘 백성은 하나님의 종이며, 하나님의 영광을 위하여 택하심을 받았습니다.

> "너희 속에 착한 일을 시작하신 이가 그리스도 예수의 날까지 이루실 줄을 우리가 확신하노라……예수 그리스도로 말미암아 의의 열매가 가득하여 하나님의 영광과 찬송이 되게 하시기를 구하노라"(빌 1:6-11).

우리는 구원받을 그때에 예수님의 십자가와 함께 장사함을 지내고, 이제 그리스도 안에서 새로운 피조물이 되었습니다. 이에 예수 그리스도의 성령으로 살아감으로 의의 열매를 맺게 되고, 이로써 하나님께 영광과 찬송을 돌릴 수 있게 되었습니다.

> "이 백성은 내가 나를 위하여 지었나니 나의 찬송을 부르게 하려 함이니라"(사 43:21).

하나님께서는 우리를 하나님의 찬송을 부르게 하려고 지으셨습니다. 그러므로 하나님이 거룩하신 것처럼 우리도 거룩한 자가 됨으로써 하나님께 찬송을 드릴 수가 있는 것입니다.

> "그 안에서 너희도 진리의 말씀 곧 너희의 구원의 복음을 듣고 그 안에서 또한 믿어 약속의 성령으로 인치심을 받았으니 이는 우리의 기업에 보증이 되사 그 얻으신 것을 구속하시고 그의 영광을 찬미하게 하려 하심이라"(엡 1:13-14).

우리는 구원의 복음을 듣고 믿음으로 구원을 얻고 성령으로 인치심을 받았습니다. 이는 우리의 기업의 보증이 되사 그 얻으신 것을 구속하시고, 그의 영광을 찬미하게 하려 하심입니다.

위의 말씀을 살펴보건대, 우리가 성령으로 행할 때에 거룩함 가운데 하나님의 영광을 찬미할 수 있음을 알 수 있습니다. 그래서 우리는 하나님의 영광을 찬미하기 위하여 성령으로 살지 않으면 안 되는 것입니다. 또한 성령으로 말씀을 좇아 살아가는 것이 하나님의 말씀의 양식을 먹고 살아가는 것이며, 그의 일을 온전히 이루는 삶입니다. 바로 이처럼 성령으로 살아감으로 영생을 얻을 수 있는 것입니다.

"예수께서 이르시되 나의 양식은 나를 보내신 이의 뜻을 행하며 그의 일을 온전히 이루는 이것이니라"(요 4:34).
"썩는 양식을 위하여 일하지 말고 영생하도록 있는 양식을 위하여 하라 이 양식은 인자가 너희에게 주리니 인자는 아버지 하나님의 인치신 자니라"(요 6:27).

또 이와 같이 성령으로 말씀을 좇아 살아갈 때에 우리가 하나님께 영적 예배를 드릴 수 있으며, 이 세대를 본받지 않고 오직 마음을 새롭게 함으로 변화를 받아 하나님의 선하시고 기뻐하시고 온전하신 하나님의 뜻을 좇아 살 수 있게 되는 것입니다.

"그러므로 형제들아 내가 하나님의 모든 자비하심으로 너희를 권하노니 너희 몸을 하나님이 기뻐하시는 거룩한 산 제사로 드리라 이는 너희의 드릴 영적 예배니라 너희는 이 세대를 본받지 말고 오직 마음을 새롭게 함으로 변화를 받아 하나님의 선하시고 기뻐하시고 온전하신 뜻이 무엇인지 분별하도록 하라”(롬 12:1-2).

온전

오늘날 하나님을 믿는 자들 가운데 유월절의 어린양 되신 예수 그리스도의 십자가의 피를 믿음으로 말미암아 구속 곧 죄 사함 받고 구원을 얻었으며, 그 뿐만 아니라 이제 부족함이 없이 다 이루어졌으며, 온전하여졌다고 믿는 자들이 너무나 많음을 보게 됩니다.

그러나 성경이 무엇을 말씀하고 있습니까?

"……너희가 어떠한 사람이 되어야 마땅하뇨 거룩한 행실과 경건함으로 하나님의 날이 임하기를 바라보고 간절히 사모하라……"(벧후 3:11~12)라고 말씀하고 있습니다.

하나님은 왜 이렇게 우리를 거룩한 행실과 경건함으로 하나님의 날이 임하기를 바라보고 간절히 사모하는 것이 마땅하다고 말씀하고 있겠습니까?

그 이유는 고린도전서 1장 21절의 말씀에서 찾을 수 있습니다.

> "하나님의 지혜에 있어서는 이 세상이 자기 지혜로 하나님을 알지 못하는 고로 하나님께서 전도의 미련한 것으로 믿는 자들을 구원하시기를 기뻐하셨도다"(고전 1:21).

이 말씀에서 하나님은 이 세상이 하나님의 지혜에 있어서 자기 지혜로 하나님을 알지 못하기 때문에, 전도의 미련한 것으로 믿는 자들을 구원하시기를 기뻐하셨다는 것입니다.

여기서 이 세상이 자기 지혜로 알지 못하는 하나님의 지혜는 무엇이겠습니까?

하나님의 지혜는 바로 예수 그리스도입니다(고전 1:24).

예수 그리스도는 곧 영생이고, 하나님의 지혜이며, 성도를 온전케 하는 것입니다.

그러므로 하나님의 지혜가 바로 영생이고, 예수 그리스도이며, 성도를 온전케 하는 것임을 알 수 있습니다.

따라서 전도의 미련한 것으로 믿는 자들의 구원은 마치 하나님의 나라가 사람이 씨를 땅에 뿌려 싹이 난 것과 같습니다.

저가 밤낮 자고 깨고 하는 중에 씨가 나서 자라되 그 어떻게 된 것을 알지 못하여 땅이 스스로 열매를 맺되 처음에는 싹이요 다음에는 이삭이요 그 다음에는 이삭에 충실한 곡식입니다. 이 열매가 익으면 곧 낫을 대나니 이는 추수 때가 이르렀음과 같습니다(막 4:27-29).

그리고 여기서 추수 때에 낫을 대어 거두는 충실한 곡식의 열매는 곧 영생을 뜻하며, 영생은 곧 예수 그리스도를 뜻합니다. 예수 그리스도는 곧 하나님의 지혜이며, 하나님의 지혜는 곧 성도를 온전케 하는 것입니다.

여기서 우리가 분명히 알 수 있는 것은 하나님의 나라는 때가 있다는 것입니다. 말씀에서 알 수 있듯이 처음에는 말씀의 씨를 뿌려 싹이 날 때가 있고, 다음에는 싹이 나서 이삭으로 자랄 때가 있고, 그 다음에는 이삭이 자라서 충실한 곡식이 익어 그 열매를 거두는 추수 때가 있다는 사실입니다.

그러므로 우리가 전도의 미련한 것으로 믿어 구원을 얻은 것은 말씀의 씨가 싹이 난 것에 불과합니다.

그런데 우리가 구원을 얻은 것을 마치 충실한 곡식이 익어 그 열매를 거둔 것과 같이 믿고 있다는 것입니다.

이와 같이 우리가 구원을 얻은 것은 말씀의 씨가 싹이 난 것에 불과한 것인데 마치 그것이 자라서 결실하여 열매가 익은 것처럼 믿고 있다는 사실입니다.

이것이 얼마나 황당하고 어처구니가 없는 일이 아니겠습니까?

눈먼 자여! 안약을 사서 눈에 발라 똑바로 보아야만 합니다.

그러하여 '나는 부자라 부요하여 부족한 것이 없다'라고 하는 가면의 옷을 벗고 이제 자신의 곤고한 것과 가련한 것과 가난한 것과 눈먼 것과 벌거벗은 본모습을 바로 보고 부끄러운 줄 알아야만 합니다.

> "네가 이같이 미지근하여 더웁지도 아니하고 차지도 아니하니 내 입에서 너를 토하여 내치리라 네가 말하기를 나는 부자라 부요하여 부족한 것이 없다 하나 네 곤고한 것과 가련한 것과 가난한 것과 눈먼 것과 벌거벗은 것을 알지 못하도다"(계 3:16-18).

오늘날 우리는 라오디게아 교회의 모습과 같은 시대에 살고 있음을 바로 직시하여야만 합니다.

위의 말씀에 성령이 라오디게아 교회에게 말씀하시기를 "네가 이같이 미지근하여 더웁지도 아니하고 차지도 아니하니 내 입에서 너를 토하여 내치리라"라고 엄중히 경고하고 있습니다.

하나님의 말씀은 진리입니다. 진리는 거짓이 없습니다. 하나님의 말씀은 어제나 오늘이나 동일합니다. 이 말씀 그대로 미지근하여 더웁지도 아니하고 차지도 아니한 자들을 하나님의 입에서 토하여 내칠 것입니다.

이같이 하나님의 입에서 토하여 버리는 것은 바로 마태복음 13장 12절 말씀의 "무릇 있는 자는 받아 넉넉하게 되되 무릇 없는 자는 그 있는 것도 빼앗기리라"라는 것과 같다고 여겨집니다.

왜냐하면 처음 믿음을 저버렸기 때문이며, 또한 처음 사랑을 버렸기 때문입니다.

그러므로 우리는 육신대로 살면 반드시 죽을 것입니다(롬 8:13).

그러나 영으로써 몸의 행실을 죽이면 살 것입니다.

이와 같이 우리는 처음 믿음과 처음 사랑을 결코 저버려서는 안 되는 것입니다.

우리는 이 말씀을 정말 두렵고 떨리는 마음으로 받아들여야만 합니다.

그래서 사도 바울은 "항상 복종하여 두렵고 떨림으로 너희 구원을 이루라"(빌 2:12)고 말씀하고 있는 것입니다.

또한 사도 베드로도 "외모로 보시지 않고 각 사람의 행위대로 판단하시는 자를 너희가 아버지라 부른즉 너희의 나그네로 있을 때를 두려움으로 지내라"(벧전 1:17)고 말씀하신 것입니다.

그러므로 우리가 이 세상에서 나그네로 있을 때에 두려움으로 지냄으로써 온전히 거룩하여지고 또 우리의 온 영과 혼과 몸이 우리 주 예수 그리스도 강림하실 때에 흠 없이 보전되어야만 하는 것입니다.

"평강의 하나님이 친히 너희로 온전히 거룩하게 하시고 또 너희 온 영과 혼과 몸이 우리 주 예수 그리스도 강림하실 때에 흠없게 보전되기를 원하노라"(살전 5:23).

그러나 오늘날 많은 성도들이 육신적인 자이어서 눈먼 자가 되어 보지도 못하고 알지도 못할 뿐만 아니라 들을 귀도 없다는 것입니다.

왜냐하면 앞서 요한계시록 3장 말씀처럼 자신이 곤고한 것과 가련한 것과 가난한 것과 눈먼 것과 벌거벗은 것조차도 알지 못하고 있기 때문입니다.

오히려 나는 부자라 부요하여 부족한 것이 없다고 착각에 깊이 빠져 있다는 것입니다.

그러므로 우리는 하나님의 말씀에서 자신의 모습이 어떠한지를 비추어 보아야 합니다.

그리고 자신의 모습이 잘못되었으면 바로 고치지 않으면 안 되는 것입니다.

그럼 우리 자신의 모습이 어떠한지를 하나님의 말씀의 거울로 비추어 보도록 하겠습니다.

먼저 앞서 언급한 요한계시록 3장 말씀을 살펴보도록 하겠습니다.

이 말씀과 같이 라오디게아 교회는 미지근하여 더웁지도 아니하고 차지도 아니하므로 육신적인 성도인 것을 알 수 있습니다.

육신적인 성도는 눈먼 자로서 보지를 못합니다. 그러므로 안약을 사서 눈에 발라 하나님의 지혜를 볼 수 있어야만 합니다. 하나님의 지혜를 알 때에 온전한 사람을 이루어 그리스도의 장성한 분량이 충만한 데까지 이름으로써 영생을 얻을 수 있는 것입니다.

다음은 베드로후서 3장 말씀을 살펴보도록 하겠습니다.

베드로후서 3장 말씀에서도 육신적인 성도는 소경인 것을 말씀하고 있습니다.

> "이러므로 너희가 더욱 힘써 너희 믿음에 덕을, 덕에 지식을, 지식에 절제를, 절제에 인내를, 인내에 경건을, 경건에 형제 우애를, 형제 우애에 사랑을 공급하라 이런 것이 너희에게 있어 흡족한즉 너희로 우리 주 예수 그리스도를 알기에 게으르지 않고 열매 없는 자가 되지 않게 하려니와 이런 것이 없는 자는 소경이라 원시치 못하고 그의 옛 죄를 깨끗케 하심을 잊었느니라"(벧후 1:5-9).

이 말씀에서 "너희가 더욱 힘써 너희 믿음에 덕을, 덕에 지식을, 지식에 절제를, 절제에 인내를, 인내에 경건을, 경건에 형제 우애를, 형제 우애에 사랑을 공급하라"라고 말씀하고 있습니다. 이런 것이 있어 흡족한 자는 눈뜬 자로서 예수 그리스도를 앎으로써 하나님의 의의 열매를 맺는 것입니다. 이 열매가 바로 영생이며, 하나님의 지혜입니다. 또한 하나님의 지혜는 곧 구원을 얻은 성도를 온전케 하는 것입니다.

그러나 이런 것이 없는 자는 육신적인 자로서 소경인 것을 가르쳐주고 있습니다. 소경은 예수 그리스도를 알지 못함으로써 원시치 못하고 그의 옛 죄를 깨끗하게 하는 것을 잊고 있음을 알 수 있습니다.

다시 말하면 성령으로 말씀을 좇아 순종하여 살아감으로써 성령의 열매를 맺는 자는 눈뜬 자로서 그리스도의 장성한 분량이 충만한 데까지 이르러 그리스도를 아는 자이며, 성령으로 살지 않고 죄의 정욕에 이끌리어 육신적으로 사는 자는 사망의 열매를 맺음으로써 소경이 되어 그리스도를 알지 못하므로 그의 옛 죄를 깨끗하게 하는 것을 잊은 자입니다.

이에 관하여 이해를 돕기 위하여 누가복음 11장과 요한일서 2장의 말씀을 상고하여 보도록 하겠습니다.

> "네 몸의 등불은 눈이라 네 눈이 성하면 온 몸이 밝을 것이요 만일 나쁘면 네 몸도 어두우리라 그러므로 네 속에 있는 빛이 어둡지 아니한가 보라 네 온 몸이 밝아 조금도 어두운데가 없으면 등불의 광선이 너를 비출 때와 같이 온전히 밝으리라 하시라"(눅 11:34-36).

이 말씀과 같이 몸의 등불은 눈입니다. 눈이 성하면 온 몸이 밝을 것입니다. 온 몸이 밝아 조금도 어두운 데가 없으면 등불의 광선이 몸을 비출 때와 같이 온전히 밝을 것입니다.

이와 같이 눈이 성하면 온 몸이 온전히 밝아 어두운 데가 없어 하나님의 의의 열매를 맺음으로써 영생을 거둡니다. 바로 이것이 하나님의 지혜입니다. 또한 하나님의 지혜는 곧 구원 받은 성도를 온전케 하는 것입니다.

> "그의 형제를 미워하는 자는 어두운 가운데 있고 또 어두운 가운데 행하며 갈 곳을 알지 못하나니 이는 어두움이 그의 눈을 멀게 하였음이니라"(요일 2:11).

그러나 죄를 범하는 자는 어두운 가운데 있고 또 어두운 가운데 행함으로써 갈 곳을 알지 못합니다. 이는 그의 어두움이 그의 눈을 멀게 하였기 때문입니다.

그러므로 그의 어두움이 그의 눈을 멀게 하였으므로 그리스도를 알지 못하고 죄의 정욕에 이끌리어 육신적으로 삶으로써 사망의 열매를 맺어 멸망에 이를 수밖에 없는 것입니다.

다음은 히브리서 5장 말씀을 살펴보도록 하겠습니다.

"대저 젖을 먹는 자마다 어린 아이니 의의 말씀을 경험하지 못한 자요 단단한 식물은 장성한 자의 것이니 저희는 지각을 사용하므로 연단을 받아 선악을 분변하는 자들이니라"(히 5:13-14).

이 말씀에서 대저 젖을 먹는 자는 어린 아이라고 표현하고 있습니다. 어린 아이는 단단한 식물을 먹지 못함으로써 의의 말씀을 경험하지 못한 자입니다. 의의 말씀을 경험하지 못한 자는 하나님의 지혜를 알지 못한 자입니다. 하나님의 지혜를 알지 못한 자는 온전한 사람을 이루지 못한 자인 것입니다.

그러므로 어린 아이는 의의 말씀을 경험하지 못함으로써 온전한 사람을 이루지 못하여 그리스도의 장성한 분량이 충만한 데까지 이르지 못함으로써 영생을 얻을 수 없는 것입니다.

그러나 우리가 어린 아이로부터 자라서 장성한 자가 되었을 때에 태초부터 계신 이 곧 예수 그리스도를 알 수 있습니다.

예수 그리스도를 알 때에 영생을 얻을 수 있는 것입니다. 바로 이것이 하나님의 지혜인 것입니다. 하나님의 지혜는 곧 성도를 온전케 하는 것입니다.

요한일서 2장 말씀을 상고함으로써 이에 관하여 이해하는 데 훨씬 더 용이하리라 여겨집니다.

"자녀들아 내가 너희에게 쓰는 것은 너희 죄가 그의 이름으로 말미암아 사함을 얻음이요 아비들아 내가 너희에게 쓰는 것은 너희가 태초부터 계신 이를 앎이요 청년들아 내가 너희에게 쓰는 것은 너희가 악한 자를 이기었음이니라"(요일 2:12-13).

이 말씀에서 자녀는 죄가 예수의 이름으로 말미암아 사함을 얻은 자이고, 청년은 악한 자를 이긴 자이며, 아비는 태초부터 계신 이를 아는 자입니다.

자녀는 어린 아이로서 단단한 식물을 먹지 못하여 의의 말씀을 경험하지 못함으로써 영생에 대하여 잘 알지 못합니다.

그러나 아비는 장성한 자로서 단단한 식물을 먹음으로써 의의 말씀을 경험한 자입니다.

의의 말씀을 경험한 자는 태초부터 계신 이 곧 예수 그리스도를 앎으로써 영생을 얻을 수 있습니다. 바로 이것이 하나님의 지혜인 것입니다. 하나님의 지혜는 곧 구원을 얻은 성도를 온전케 하는 것입니다.

요한일서 2장 12-13절 말씀과 마가복음 4장 27-29절 말씀을 비교함으로써 이해하는 데 도움을 얻고자 합니다.

마가복음 4장 27-29절 말씀과 같이 처음에는 말씀의 씨를 뿌려 싹이 날 때가 있고, 다음에는 싹이 나서 이삭으로 자랄 때가 있고, 그 다음에는 이삭이 자라서 충실한 곡식이 익어 그 열매를 거두는 추수 때가 있습니다.

이와 마찬가지로 요한일서 2장 12~13절 말씀도 자녀는 어린 아이로서 죄가 예수의 이름으로 말미암아 사함을 얻을 때가 있고, 어린 아이가 자라서 청년으로서 악한 자를 이길 때가 있고, 아비는 장성한 자로서 태초부터 계신 이를 아는 때가 있다는 것입니다.

이와 같이 자녀가 자라서 아비와 같이 장성한 자가 되었을 때에 단단한 식물을 먹을 수가 있고 의의 말씀을 경험할 수 있습니다. 의의 말씀을 경험함으로써 태초부터 계신 이 곧 예수 그리스도를 알 수 있습니다. 바로 이것이 영생이고, 하나님의 지혜이며, 성도를 온전케 하는 것입니다.

위와 같이 말씀을 살펴보건대 육신적인 성도가 바로 눈 먼 자요, 소경이요, 어린 아이임을 알 수 있었습니다.

육신적인 성도는 죄의 정욕이 우리 지체 중에 역사하여 우리로 사망을 위하여 열매를 맺게 하므로 반드시 죽습니다(롬 8:13).

> "우리가 육신에 있을 때에는 율법으로 말미암는 죄의 정욕이 우리 지체 중에 역사하여 우리로 사망을 위하여 열매를 맺게 하였더니" (롬 7:5).

이스라엘 자손은 하나님의 말씀을 순종치 아니하고 범죄하므로 그의 안식에 들어가지 못한 것입니다.

> "또 하나님이 누구에게 맹세하사 그의 안식에 들어오지 못하리라 하셨느뇨 곧 순종치 아니하던 자에게가 아니냐"(히 3:18).

그러므로 이스라엘 자손은 다 같은 신령한 식물을 먹으며 다 같은 신령한 음료를 마셨으나 하나님의 말씀을 순종치 아니하므로 하나님께서 약속하신 가나안 땅에 들어가지 못하고 광야에서 멸망을 받았던 것입니다.

> "모세에게 속하여 다 구름과 바다에서 세례를 받고 다 같은 신령한 식물을 먹으며 다 같은 신령한 음료를 마셨으니 이는 저희를 따르는 신령한 반석으로부터 마셨으매 그 반석은 곧 그리스도시라 그러나 저희의 다수를 하나님이 기뻐하지 아니하신 고로 저희가 광야에서 멸망을 받았느니라"(고전 10:2-5).

이스라엘 자손은 본래 하나님께서 그의 조상 아브라함과 이삭과 야곱에게 젖과 꿀이 흐르는 가나안 땅을 주기로 언약한 후손입니다.

"너희는 그 언약 곧 천대에 명하신 말씀을 영원히 기억할지어다 이것은 아브라함에게 하신 언약이며 이삭에게 하신 맹세며 이는 야곱에게 세우신 율례 곧 이스라엘에게 하신 영원한 언약이라 이르시기를 내가 가나안 땅을 네게 주어 너희 기업의 지경이 되게 하리라 하셨도다"(대상 16:15-18).

"이르기를 주 여호와의 말씀에 옛날에 내가 이스라엘을 택하고 야곱 집의 후예를 향하여 맹세하고 애굽 땅에서 그들에게 나타나서 맹세하여 이르기를 나는 여호와 너희 하나님이라 하였었노라 그 날에 내가 그들에게 맹세하기를 애굽 땅에서 인도하여 내어서 그들을 위하여 찾아 두었던 땅 곧 젖과 꿀이 흐르는 땅이요 모든 땅 중의 아름다운 곳에 이르게 하리라 하고"(겔 20:5-6).

그런데 이스라엘 자손이 하나님께서 그의 조상들에게 약속하신 가나안 땅에 들어가지 못한 것은 하나님의 약속을 어겼기 때문입니다.

하나님께서 그의 열조들에게 언약한 것은 '너희는 나의 목소리를 청종하고 나의 모든 명령을 좇아 행하라 그리하면 너희는 내 백성이 되겠고 나는 너희 하나님이 되리라 내가 또 너희 열조에게 한 맹세 곧 그들에게 젖과 꿀이 흐르는 땅을 주리라'는 것이었습니다.

이와 같이 하나님은 이스라엘 자손의 조상들에게 "너희는 나의 목소리를 청종하고 나의 모든 명령을 좇아 행하면 너희는 내 백성이 되겠고 나는 너희 하나님이 되리라 내가 또 너희 열조에게 한 맹세 곧 그들에게 젖과 꿀이 흐르는 땅을 주리라"는 것을 조건부로 언약을 하신 것입니다.

"이 언약은 내가 너희 열조를 쇠풀무 애굽 땅에서 이끌어 내던 날에 그들에게 명한 것이라 곧 내가 이르기를 너희는 나의 목소리를 청종하고 나의 모든 명령을 좇아 행하라 그리하면 너희는 내 백성이 되겠고 나는 너희 하나님이 되리라 내가 또 너희 열조에게 한 맹세 곧 그들에게 젖과 꿀이 흐르는 땅을 주리라 한 언약을 이루리라……"(렘 11:4-5).

이같이 이스라엘 집에 세우신 하나님의 조건부 언약은 곧 하나님의 모든 명령을 좇아 행하면 "너희는 내 백성이 되겠고 나는 너희 하나님이 되며, 내가 또 너희 열조에게 한 맹세 곧 그들에게 젖과 꿀이 흐르는 땅을 주리라"는 것입니다.

오늘날 이스라엘 집은 곧 이스라엘의 후손은 바로 예수 그리스도를 믿음으로 말미암아 그리스도 예수 안에서 구원을 얻은 하나님의 자녀들을 말합니다. 바로 우리들이 이스라엘의 후손인 것입니다.

"너희가 그리스도께 속한 자면 곧 아브라함의 자손이요 약속대로 유업을 이을 자니라"(갈 3:29).

그러므로 이런 일은 우리의 거울이 되고 또한 말세를 만난 우리의 경계로 기록된 것입니다(고전 10:11).

이와 같이 하나님께서 이스라엘의 후예에게 조건부 언약을 하였듯이 오늘날도 마찬가지로 구원을 받은 우리에게 조건부 언약을 하신 사실을 반드시 명심하여야만 하는 것입니다.

그럼 하나님께서 오늘날 구원을 받은 우리에게도 조건부 언약을 하신 사실에 대하여 말씀을 통하여 알아보도록 하겠습니다.

"나 여호와가 말하노라 보라 날이 이르리니 내가 이스라엘 집과 유다 집에 새 언약을 세우리라 나 여호와가 말하노라 이 언약은 내가 그들의 열조의 손을 잡고 애굽 땅에서 인도하여 내던 날에 세운 것과 같지 아니할 것은 내가 그들의 남편이 되었어도 그들이 내 언약을 파하였음이니라 나 여호와가 말하노라 그러나 그 날 후에 내가 이스라엘 집에 세울 언약은 이러하니 곧 내가 나의 법을 그들의 속에 두며 그 마음에 기록하여 나는 그들의 하나님이 되고 그들은 내 백성이 될 것이라 그들이 다시는 각기 이웃과 형제를 가리켜 이르기를 너는 여호와를 알라 하지 아니하리니 이는 작은 자로부터 큰 자까지 다 나를 앎이니라 내가 그들의 죄악을 사하고 다시는 그 죄를 기억지 아니하리라 여호와의 말이니라"(렘 31:31-34).

"저희를 허물하여 일렀으되 주께서 가라사대 볼지어다 날이 이르리니 내가 이스라엘 집과 유다 집으로 새 언약을 세우리라 또 주께서 가라사대 내가 저희 열조들의 손을 잡고 애굽 땅에서 인도하여 내던 날에 저희와 세운 언약과 같지 아니하도다 저희는 내 언약 안에 머물러 있지 아니하므로 내가 저희를 돌아보지 아니하였노라 또 주께서 가라사대 그날 후에 내가 이스라엘 집으로 세울 언약이 이것이니 내 법을 저희 생각에 두고 저희 마음에 이것을 기록하리라 나는 저희에게 하나님이 되고 저희는 내게 백성이 되리라 또 각각 자기 나라 사람과 각각 자기 형제를 가르쳐 이르기를 주를 알라 하지 아니할 것은 저희가 작은 자로부터 큰 자까지 다 나를 앎이니라 내가 저희 불의를 긍휼히 여기고 저희 죄를 다시 기억하지 아니하리라 하셨느니라"(히 8:8-12).

"또한 성령이 우리에게 증거하시되 주께서 가라사대 그날 후로는 저희와 세울 언약이 이것이라 하시고 내 법을 저희 마음에 두고 저희 생각에 기록하리라 하신 후에 또 저희 죄와 저희 불법을 내가 다시 기억지 아니하리라 하셨으니 이것을 사하셨은즉 다시 죄를 위하여 제사 드릴 것이 없느니라"(히 10:15-18).

위의 말씀에서 이스라엘 자손들이 하나님의 언약을 파하였으므로 하나님께서 오늘날 구원을 받은 우리들에게 새 언약을 세우신 사실을 알 수 있습니다.

하나님께서 이스라엘의 자손에게 세운 첫 언약이 조건부 언약이었듯이 오늘날 우리에게 세운 새 언약도 조건부 언약이라는 것입니다.

위의 말씀을 상고하여 보면 하나님께서 이스라엘 집과 세운 새 언약은 "내 법을 저희 생각에 두고 저희 마음에 이것을 기록하리라 나는 저희에게 하나님이 되고 저희는 내게 백성이 되리라 하신 후에 또 저희 죄와 저희 불법을 내가 다시 기억지 아니하리라"는 것입니다. 바로 이것은 조건부 언약을 의미하는 것입니다.

여기서 우리는 하나님께서 새 언약을 세운 이스라엘 집이 어떤 자인지를 알지 않으면 안 됩니다.

이스라엘 집은 하나님의 자녀요, 하나님의 택한 거룩한 백성이요, 하나님의 나라를 유업으로 받을 자라는 것입니다. 즉 이스라엘 집은 이미 하나님으로부터 구원을 얻은 자들이라는 것입니다.

그래서 하나님께서 "그들이 다시는 각기 이웃과 형제를 가리켜 이르기를 너는 여호와를 알라 하지 아니하리니 이는 작은 자로부터 큰 자까지 다 나를 앎이니라"고 말씀하셨던 것입니다.

즉 이스라엘 집은 이미 하나님으로부터 구원을 얻은 하나님의 자녀요, 하나님의 택한 거룩한 백성이기 때문에 작은 자로부터 큰 자까지 다 여호와 하나님을 안다는 것입니다.

또한 성령이 "주께서 가라사대 그날 후로는 저희와 세울 언약이 이것이라"고 우리에게 증거하셨던 것입니다.

그럼 하나님께서 이스라엘 집과 세운 새 언약이 왜 조건부 언약인지 하나님의 말씀을 깊이 음미하여 보겠습니다.

하나님께서 이스라엘 집과 세운 새 언약은 "내 법을 저희 생각에 두고 저희 마음에 이것을 기록하리라 나는 저희에게 하나님이 되고 저희는 내게 백성이 되리라 하신 후에 또 저희 죄와 저희 불법을 내가 다시 기억지 아니하리라"고 말씀하고 있습니다.

여기서 "내 법을 저희 생각에 두고 저희 마음에 이것을 기록하리라 나는 저희에게 하나님이 되고 저희는 내게 백성이 되리라"는 말씀은 곧 "하나님의 말씀을 좇아 순종하여 행하면 나는 저희에게 하나님이 되고 저희는 내게 백성이 되리라"는 의미로써 조건부가 포함되어 있음을 알 수 있습니다. 또한 이것은 언약의 말씀을 뜻합니다.

그리고 "저희 죄와 저희 불법을 내가 다시 기억지 아니하리라"는 언약의 피를 뜻합니다.

다시 말하면 "하나님의 말씀을 좇아 순종하여 행하면 나는 저희에게 하나님이 되고 저희는 내게 백성이 되며, 저희 죄와 저희 불법을 내가 다시 기억지 아니하리라"는 것을 의미합니다. 바로 이것은 새 언약을 말하며, 새 언약은 곧 언약의 말씀과 언약의 피를 의미합니다.

또한 언약의 말씀과 언약의 피는 곧 예수 그리스도를 말하며, 예수 그리스도는 곧 구원 받은 성도가 온전한 사람을 이루어 그리스도의 장성한 분량이 충만한 데까지 이르는 것을 의미합니다.

이에 대하여 히브리서 10장 말씀을 상고함으로써 훨씬 더 이해가 용이하리라 여겨집니다.

> "오직 그리스도는 죄를 위하여 한 영원한 제사를 드리시고 하나님 우편에 앉으사 그후에 자기 원수들로 자기 발등상이 되게 하실 때까지 기다리시나니 저가 한 제물로 거룩하게 된 자들을 영원히 온전케 하셨느니라 또한 성령이 우리에게 증거하시되 주께서 가라사대 그날 후로는 저희와 세울 언약이 이것이라 하시고 내 법을 저희 마음에 두고 저희 생각에 기록하리라 하신 후에 또 저희 죄와 저희 불법을 내가 다시 기억지 아니하리라 하셨으니 이것을 사하셨은즉 다시 죄를 위하여 제사 드릴 것이 없느니라"(히 10:12-18).

위의 히브리서 10장 12~14절 말씀과 같이 예수 그리스도는 온 세상의 죄를 위하여 하나님께 영원한 화목 제물로 바쳐 영원한 제사를 드리심으로써 우리의 죄를 사하셨으며, 저가 한 제물로 거룩하게 된 자들을 영원히 온전케 하셨습니다. 이같이 우리를 영원히 온전케 하셨으므로 다시 죄를 위하여 제사 드릴 것이 없는 것입니다.

바로 이 말씀은 예수 그리스도가 우리의 영원한 구원의 근원이 되시는 것입니다.

> "그가 아들이시라도 받으신 고난으로 순종함을 배워서 온전하게 되었은즉 자기를 순종하는 모든 자에게 영원한 구원의 근원이 되시고"(히 5:8-9).

그러므로 우리는 히브리서 10장 12~14절 말씀을 믿음으로써 구속 곧 죄 사함 받아 구원을 얻을 수 있는 것입니다.

또한 위의 히브리서 10장 12~14절 말씀으로써 구원을 얻은 성도를 온전하게도 할 수 있는 것입니다.

그래서 15~17절 말씀과 같이 성령이 우리에게 증거하시기를 "주께서 가라사대 그날 후로는 저희와 세울 언약이 이것이라 하시고 내 법을 저희 마음에 두고 저희 생각에 기록하리라 하신 후에 또 저희 죄와 저희 불법을 내가 다시 기억지 아니하리라"고 하셨던 것입니다.

이 말씀 가운데 '그날'의 내용은 14절의 "저가 한 제물로 거룩하게 된 자들을 영원히 온전케 하셨느니라"의 말씀을 뜻합니다.

바로 이 말씀을 믿음으로 우리가 구원을 얻는 것입니다.

그러므로 "그날 후로는 저희와 세울 언약이 이것이라"는 것은 하나님께서 이미 예수 그리스도를 믿고 구원을 얻은 성도와 새 언약을 세운다는 것입니다.

이렇게 하나님께서 이미 구원을 얻은 성도와 세운 새 언약은 “내 법을 저희 마음에 두고 저희 생각에 기록하리라 하신 후에 또 저희 죄와 저희 불법을 내가 다시 기억지 아니하리라”는 것입니다.

즉 하나님께서 오늘날 구원을 얻은 성도에게 히브리서 10장의 “하나님의 말씀을 좇아 순종하여 행하면 나는 저희에게 하나님이 되고 저희는 내게 백성이 되며, 또 저희 죄와 저희 불법을 내가 다시 기억지 아니하리라 하셨으며, 이것을 사하셨은즉 다시 죄를 위하여 제사 드릴 것이 없다”라는 내용의 말씀으로 세우신 것입니다. 바로 이것은 새 언약을 뜻하며, 새 언약은 곧 성도를 온전케 하는 것입니다.

다시 말하면 14절 “저가 한 제물로 거룩하게 된 자들을 영원히 온전케 하셨느니라”의 말씀의 뜻은 구도자가 이 말씀을 믿음으로써 구속 곧 죄 사함 받아 구원을 얻는 것뿐만 아니라, 이미 구원을 얻은 성도가 하나님의 말씀을 순종함으로써 온전케 되는 것도 함께 포함되어 있음을 우리는 분명히 알아야만 하는 것입니다.

이에 관한 말씀들을 상고함으로써 더 분명하게 알 수 있으리라 여겨집니다.

우리가 예수님의 피를 믿음으로 말미암아 구원을 얻은 것은 하나님께서 우리의 전에 지은 죄를 간과하심으로 인함인 것입니다.

"이 예수를 하나님이 그의 피로 인하여 믿음으로 말미암는 화목 제물로 세우셨으니 이는 하나님께서 길이 참으시는 중에 전에 지은 죄를 간과하심으로 자기의 의로우심을 나타내려 하심이니"(롬 3:25).

그리고 이미 구원을 얻은 하나님의 택한 거룩한 백성에게 히브리서 10장의 "내 법을 저희 마음에 두고 저희 생각에 기록하리라 하신 후에 또 저희 죄와 저희 불법을 내가 다시 기억지 아니하리라 하셨으니 이것을 사하셨은즉 다시 죄를 위하여 제사 드릴 것이 없느니라"는 말씀으로 하나님께서 새 언약을 세우신 것입니다.

"저가 빛 가운데 계신 것같이 우리도 빛 가운데 행하면 우리가 서로 사귐이 있고 그 아들 예수의 피가 우리를 모든 죄에서 깨끗하게 하실 것이요"(요일 1:7).

또한 이미 구원을 얻은 성도의 죄도 자백하면 그의 죄를 사하시고 모든 불의에서 그를 깨끗케 하신다는 것입니다.

"만일 우리가 우리 죄를 자백하면 저는 미쁘시고 의로우사 우리 죄를 사하시며 모든 불의에서 우리를 깨끗케 하실 것이요"(요일 1:9).

그래서 예수님께서 베드로에게 "내가 너를 씻기지 아니하면 네가 나와 상관이 없느니라"(요 13:8)고 말씀을 하셨던 것입니다.

여기서 발을 씻는 것은 곧 하나님께 죄를 자백 드리는 것을 의미합니다.

이와 같이 구원을 받은 성도가 하나님께 죄를 자백 드리지 아니하면 주님과 아무런 관계가 없는 것입니다.

다시 한 번 더 강조하여 말씀드리면 14절의 "저가 한 제물로 거룩하게 된 자들을 영원히 온전케 하셨느니라"는 말씀은 온 세상의 죄를 사하여 영원히 온전케 하셨다는 뜻으로 이는 곧 믿지 않는 구도자의 죄 뿐만 아니라, 이미 구원을 얻은 성도의 죄도 함께 예수님께서 십자가에서 죄를 사하여 영원히 온전케 하셨다는 것을 의미합니다.

이와 같이 말씀을 살펴보건대 이것은 바로 은혜와 진리를 뜻하며, 은혜와 진리는 예수 그리스도로 말미암아 온 것입니다(요 1:17).

요한복음 19장 30절에서 예수님께서 "다 이루었다"라고 하신 말씀이 바로 위의 14절의 말씀을 두고 일컫는 것입니다.

그러므로 예수 그리스도가 아들이시라도 받으신 고난으로 순종함을 배워서 온전하게 되었듯이 구원을 받은 우리도 예수 그리스도와 같이 하나님의 말씀을 순종함으로써 온전케 되는 것입니다.

"그가 아들이시라도 받으신 고난으로 순종함을 배워서 온전하게 되었은즉 자기를 순종하는 모든 자에게 영원한 구원의 근원이 되시고"(히 5:8-9).

또한 하나님의 말씀을 좇아 순종하여 행하는 자는 하나님의 사랑이 참으로 그 속에서 온전하게 하는 것입니다.

"누구든지 그의 말씀을 지키는 자는 하나님의 사랑이 참으로 그 속에서 온전케 되었나니 이로써 우리가 저 안에 있는 줄을 아노라"(요일 2:5).

온전에 관하여 에베소서 4장 11-16절의 말씀을 상고함으로써 이해하는 데 훨씬 더 도움이 되리라 여겨집니다.

"그가 혹은 사도로, 혹은 선지자로, 혹은 복음 전하는 자로, 혹은 목사와 교사로 주셨으니 이는 성도를 온전케 하며 봉사의 일을 하게 하며 그리스도의 몸을 세우려 하심이라 우리가 다 하나님의 아들을 믿는 것과 아는 일에 하나가 되어 온전한 사람을 이루어 그리스도의 장성한 분량이 충만한 데까지 이르리니 이는 우리가 이제부터 어린아이가 되지 아니하여 사람의 궤술과 간사한 유혹에 빠져 모든 교훈의 풍조에 밀려 요동치 않게 하려 함이라 오직 사랑 안에서 참된 것을 하여 범사에 그에게까지 자랄지라 그는 머리니 곧 그리스도라"(엡 4:11-15).

이 말씀은 사도 바울이 로마에 있는 감옥에서 쓴 서신서입니다.

그러므로 이 말씀에서 우리가 알 수 있는 것은 사도 시대에는 예수 그리스도가 바로 전하여졌다는 사실입니다.

그럼 이 말씀에서 사도 시대에는 과연 예수 그리스도가 바로 전하여졌는지를 살펴보도록 하겠습니다.

우리 각 사람에게 그리스도의 선물의 분량대로 은혜를 주셨나니 그가 혹은 사도로, 혹은 선지자로, 혹은 복음 전하는 자로, 혹은 목사와 교사로 은사를 주셨습니다.

이렇게 은사를 주신 것은 성도를 온전케 하며 봉사의 일을 하게 하며 그리스도의 몸을 세우려 하심인 것입니다.

우리는 하나님의 아들을 믿고 그에 대하여 앎으로써 온전한 사람을 이룰 수 있습니다.

온전한 사람을 이루었을 때에 그리스도의 장성한 분량이 충만한 데까지 이르게 되는 것입니다. 바로 이것은 오직 사랑 안에서 참된 것을 하여 범사에 그에게까지 자라는 것을 의미합니다. 또한 이것은 하나님께 종이 되어 거룩함에 이르는 열매를 뜻합니다(롬 6:22). 바로 이것은 예수 그리스도를 뜻하며, 예수 그리스도는 곧 영생인 것입니다.

그러므로 우리가 온전한 사람을 이루었을 때에 영생을 얻을 수 있는 것입니다.

이 말씀이 과연 그러한지를 더 많은 하나님의 말씀을 살펴봄으로써 온전에 관하여 더욱 더 확실히 알 수 있으리라 여겨집니다.

> "우리가 그를 전파하여 각 사람을 권하고 모든 지혜로 각 사람을 가르침은 각 사람을 그리스도 안에서 완전한 자로 세우려 함이니 이를 위하여 나도 내 속에서 능력으로 역사하시는 이의 역사를 따라 힘을 다하여 수고하노라"(골 1:28-29).

이 말씀은 사도 바울이 골로새에 있는 교회에 보낸 서신서입니다.

사도 바울도 골로새 교회의 성도들을 그리스도 안에서 완전한 자로 세우기 위하여 예수 그리스도를 전파하여 각 사람을 권하고 모든 지혜로 각 사람을 가르쳤던 것입니다.

이를 위하여 사도 바울은 그의 속에서 능력으로 역사하시는 이의 역사를 따라 힘을 다하여 수고하였던 것입니다.

> "주야로 심히 간구함은 너희 얼굴을 보고 너희 믿음의 부족함을 온전케 하려 함이라"(살전 3:10).

사도 바울은 데살로니가 교회 성도들의 얼굴을 보고 그들의 믿음의 부족함을 온전케 하려고 주야로 심히 간구하였던 것입니다.

> "네가 보거니와 믿음이 그의 행함과 함께 일하고 행함으로 믿음이 온전케 되었느니라"(약 2:22).

이 말씀과 같이 믿음은 그의 행함과 함께 일하고 행함으로 믿음이 온전케 됩니다.

그러므로 행함으로 믿음의 부족함이 온전케 되는 것입니다.

> "이제는 그의 육체의 죽음으로 말미암아 화목케 하사 너희를 거룩하고 흠 없고 책망할 것이 없는 자로 그 앞에 세우고자 하셨으니"(골 1:22).

예수 그리스도께서 온 세상의 죄를 위하여 영원한 화목 제물로 하나님께 바쳐 우리로 하여금 하나님과 화목케 하심은 구원을 얻은 우리를 거룩하고 흠 없고 책망할 것이 없는 자로 그 앞에 세우고자 하심입니다. 바로 이것은 성도의 거룩함을 뜻하며, 또한 이것은 성도를 온전하게 하는 것입니다.

"평강의 하나님이 친히 너희로 온전히 거룩하게 하시고 또 너희 온 영과 혼과 몸이 우리 주 예수 그리스도 강림하실 때에 흠없게 보전되기를 원하노라"(살전 5:23).

이 말씀은 사도 바울이 데살로니가 교회에 보낸 서신서로서 평강의 하나님이 친히 그들을 온전히 거룩하게 하심으로써 온 영과 혼과 몸이 우리 주 예수 그리스도 강림하실 때에 흠 없이 보전되기를 원하였던 것입니다. 바로 이 서신서의 내용은 데살로니가 교회의 성도들이 거룩함으로써 온전하게 되는 것입니다.

"네 몸의 등불은 눈이라 네 눈이 성하면 온 몸이 밝을 것이요 만일 나쁘면 네 몸도 어두우리라 그러므로 네 속에 있는 빛이 어둡지 아니한가 보라 네 온 몸이 밝아 조금도 어두운 데가 없으면 등불의 광선이 너를 비출 때와 같이 온전히 밝으리라 하시니라"(눅 11:34-36).

이 말씀 가운데 '등불'은 하나님의 말씀을 뜻하며, '눈이 성하면'은 눈이 밝아 하나님의 말씀을 보는 자를 뜻하며, '눈이 나쁘면'은 눈이 어두워 하나님의 말씀을 보지 못하는 자 곧 소경과 눈먼 자를 뜻합니다.

그리고 '등불의 광선'은 치료하는 광선 곧 병든 영혼을 치료하는 하나님의 말씀을 뜻하며, 이는 곧 죄인을 구원하는 하나님의 말씀을 의미합니다.

그러므로 눈이 성한 자는 눈이 밝아 하나님의 말씀을 보고 깨달음으로써 온 몸이 밝아 조금도 어두운 데가 없어 등불의 광선이 비출 때와 같이 온전히 밝을 것입니다. 바로 이것은 온전케 된 성도를 의미하는 것입니다.

> "……하나님은 빛이시라 그에게는 어두움이 조금도 없으시니라"(요일 1:5).

> "예수께서 들으시고 저희에게 이르시되 건강한 자에게는 의원이 쓸데없고 병든 자에게라야 쓸데 있느니라 내가 의인을 부르러 온 것이 아니요 죄인을 부르러 왔노라 하시니라"(막 2:17).

예수님은 치료하는 광선으로서 병든 자를 치료하시기 위하여 이 땅에 오셨습니다. 즉 죄인을 구원하시려고 이 세상에 오신 것입니다.

> "곧 내가 저희 안에, 아버지께서 내 안에 계셔 저희로 온전함을 이루어 하나가 되게 하려 함은 아버지께서 나를 보내신 것과 또 나

를 사랑하심같이 저희도 사랑하신 것을 세상으로 알게 하려 함이로소이다"(요 17:23).

요한복음 15장 7절의 "너희가 내 안에 거하고 내 말이 너희 안에 거하면……"이라는 말씀과 같이 구원을 받은 우리가 주님 안에 거하고 주님의 말씀이 우리 안에 거하고 아버지 하나님이 주님 안에 계심으로써 우리가 온전함을 이루어 하나가 될 수 있습니다.

그러므로 우리는 온전함을 이루기 위하여 주님 안에 거하고 주님의 말씀이 우리 안에 거하는 거룩한 삶을 살아야 하는 것입니다.

"이로써 사랑이 우리에게 온전히 이룬 것은 우리로 심판날에 담대함을 가지게 하려 함이니 주의 어떠하심과 같이 우리도 세상에서 그러하니라 사랑 안에 두려움이 없고 온전한 사랑이 두려움을 내어 쫓나니 두려움에는 형벌이 있음이라 두려워하는 자는 사랑 안에서 온전히 이루지 못하였느니라"(요일 4:17-18).

사랑이 우리를 온전함을 이루게 합니다.

그러므로 사랑 안에 두려움이 없고 온전한 사랑이 우리로 하여금 심판날에 담대함을 가지게 하며 두려움을 내어 쫓습니다.

"누구든지 그의 말씀을 지키는 자는 하나님의 사랑이 참으로 그 속에서 온전케 되었나니 이로써 우리가 저 안에 있는 줄을 아노라"(요일 2:5).

하나님의 말씀을 지키는 자는 하나님의 사랑이 참으로 그 속에서 온전케 합니다.

그러므로 우리가 하나님의 말씀 가운데 거함으로써 온전함을 이루게 되는 것입니다.

"그러므로 주께서 말씀하시기를 너희는 저희 중에서 나와서 따로 있고 부정한 것을 만지지 말라 내가 너희를 영접하여 너희에게 아버지가 되고 너희는 내게 자녀가 되리라 전능하신 주의 말씀이니라 하셨느니라 그런즉 사랑하는 자들아 이 약속을 가진 우리가 하나님을 두려워하는 가운데서 거룩함을 온전히 이루어 육과 영의 온갖 더러운 것에서 자신을 깨끗케 하자"(고후 6:17-7:1).

주께서 말씀하시기를 "너희는 저희 중에서 나와서 따로 있고 부정한 것을 만지지 말라 내가 너희를 영접하여 너희에게 아버지가 되고 너희는 내게 자녀가 되리라"고 하셨습니다. 이렇게 하신 말씀이 바로 전능하신 주의 말씀이라는 것입니다.

전능하신 주의 말씀은 정말 진실되고 중대하므로 두렵고 조심스럽게 우리는 받아들여야 합니다.

다시 이 말씀을 음미하여 보면 "너희는 저희 중에서 나와서 따로 있고 부정한 것을 만지지 말라 그러면 내가 너희를 영접하여 너희에게 아버지가 되고 너희는 내게 자녀가 되리라"는 것입니다.

바꾸어 말하면 "너희는 저희 중에서 나와서 따로 있고 부정하지 않고 거룩하면 내가 너희를 영접하여 너희에게 아버지가 되고 너희는 내게 자녀가 되리라"고 하나님께서 구원을 얻은 우리에게 언약하신 것입니다.

그러므로 이 약속을 가진 우리는 하나님을 두려워하는 가운데서 거룩함을 온전히 이루어 육과 영의 온갖 더러운 것에서 자신을 깨끗케 하여야 합니다.

이것은 바로 우리가 온전함을 이루는 것을 뜻하는 것입니다.

> "내가 이미 얻었다 함도 아니요 온전히 이루었다 함도 아니라 오직 내가 그리스도 예수께 잡힌 바 된 그것을 잡으려고 좇아가노라……아직 내가 잡은 줄로 여기지 아니하고 오직 한 일 즉 뒤에 있는 것은 잊어버리고 앞에 있는 것을 잡으려고……그러므로 누구든지 우리 온전히 이룬 자들은……"(빌 3:12-15).

그래서 사도 바울도 "내가 이미 얻었다 함도 아니요 온전히 이루었다 함도 아니라 오직 내가 그리스도 예수께 잡힌 바 된 그것을 잡으려고 좇아가노라"고 말씀하신 것입니다. 여기서 "오직 내가 그리스도 예수께 잡힌 바 된 그것을 잡으려고 좇아가노라"는 것은 곧 사도 바울이 온전함을 이루는 것을 뜻하는 것입니다.

이같이 사도 바울도 온전함을 이루기 위하여 그리스도 예수께 잡힌 바 된 그것을 잡으려고 좇아간 것입니다.

그리고 마침내 사도 바울은 그리스도를 본받는 자 되어 온전함을 이루어 우리의 본이 된 것입니다.

> "내가 그리스도를 본받는 자 된 것같이 너희는 나를 본받는 자 되라"(고전 11:1).

이와 같이 사도 바울은 구원받은 성도들을 하나님의 말씀으로 온전히 이루기 위하여 우리에게 본을 보이고 교회의 일꾼이 된 것입니다.

> "내가 교회 일꾼 된 것은 하나님이 너희를 위하여 내게 주신 경륜을 따라 하나님의 말씀을 이루려 함이니라"(골 1:25).

위와 같이 우리는 온전에 관하여 하나님의 말씀을 살펴보았습니다.

이렇게 말씀을 살펴보건대 온전케 된 자가 바로 그 선생과 같이 된 자임을 알 수 있었습니다.

> "제자가 그 선생보다 높지 못하나 무릇 온전케 된 자는 그 선생과 같으리라"(눅 6:40).

또한 앞서 언급한 바와 같이 우리가 온전함을 이루었을 때에 그리스도의 장성한 분량이 충만한 데까지 이르게 되며, 바로 이것은 오직 사랑 안에서 참된 것을 하여 범사에 그에게까지 자라는 것을 의미하며, 또한 이것은 하나님께 종이 되어 거룩함에 이르는 열매를 뜻합니다(롬 6:22).

바로 이것은 예수 그리스도를 뜻하며, 예수 그리스도는 곧 영생인 것입니다.

그러므로 우리가 그리스도 안에서 온전함을 이룸으로써 영생을 얻을 수 있는 것입니다.

이와 같이 우리가 하나님의 뜻인 거룩함을 온전히 이룸으로써 영생을 얻을 수 있기 때문에 사도 베드로도 "너희의 나그네로 있을 때를 두려움으로 지내라"고 말씀하셨던 것입니다.

> "외모로 보시지 않고 각 사람의 행위대로 판단하시는 자를 너희가

아버지라 부른즉 너희의 나그네로 있을 때를 두려움으로 지내라"
(벧전 1:17).

아래의 히브리서 10장 말씀의 참 마음과 온전한 믿음이 구원을 얻은 성도를 온전하게 합니다.

그러므로 우리는 하나님의 말씀의 물로 마음에 뿌림을 받아 양심의 악을 깨닫고 몸을 맑은 물로 씻음으로써 참 마음과 온전한 믿음이 우리로 하여금 하나님에게 나아갈 수 있게 하는 것입니다.

"우리가 마음에 뿌림을 받아 양심의 악을 깨닫고 몸을 맑은 물로 씻었으니 참 마음과 온전한 믿음으로 하나님께 나아가자"(히 10:22).

이같이 참 마음과 온전한 믿음으로 우리가 하나님에게 나아갈 때에 하늘에 계신 아버지 하나님이 온전하심과 같이 우리 구원을 받은 성도도 온전하여질 수 있는 것입니다.

"그러므로 하늘에 계신 너희 아버지의 온전하심과 같이 너희도 온전하라"(마 5:48).

결론적으로 말하면 우리가 예수 그리스도를 믿고 구원을 얻은 것은 시작에 불과한 것입니다(막 4:28).

그러므로 우리는 완전한 데에 나아가야만 하는 것입니다.

> "세례들과 안수와 죽은 자의 부활과 영원한 심판에 관한 교훈의 터를 다시 닦지 말고 완전한 데 나아갈지니라"(히 6:2).

영생

우리는 바로 앞에서 성령의 삶과 온전에 관한 말씀뿐만 아니라, 그 외 여러 말씀들을 살펴보았습니다. 이 말씀들을 통해 성령의 거룩한 열매가 바로 영생인 것을 알 수 있었습니다. 즉 성도들이 성령의 진리 가운데로 인도하심을 따라 순종하여 살아갈 때에 하나님의 거룩한 열매를 맺게 됩니다. 바로 이것이 영생입니다.

다시 말하면 성령은 진리입니다(요일 5:7). 진리는 곧 하나님의 말씀입니다(엡 1:13; 요 17:17). 하나님의 말씀은 거룩합니다. 이 거룩한 하나님의 말씀의 씨가 땅에 뿌려져서 처음에는 싹이요, 다음에는 이삭이요, 그 다음에는 이삭에 충실한 곡식으로 익게 됩니다.

이와 같이 자라서 거룩한 열매를 맺게 하는 것이 바로 성령이십니다. 이것은 곧 성령으로 살아가는 삶을 의미합니다. 즉 성령의 진리를 좇아 순종하여 살아감으로써 거룩한 영생의 열매를 맺게 됩니다(히 2:17).

이렇게 거룩한 영생의 열매가 익으면 곧 추수 때가 이르게 됩니다.

"또 가라사대 하나님의 나라는 사람이 씨를 땅에 뿌림과 같으니 저가 밤낮 자고 깨고 하는 중에 씨가 나서 자라되 그 어떻게 된 것을 알지 못하느니라 땅이 스스로 열매를 맺되 처음에는 싹이요 다음에는 이삭이요 그 다음에는 이삭에 충실한 곡식이라 열매가 익으면 곧 낫을 대나니 이는 추수 때가 이르렀음이니라"(막 4:26-29).

이 영생에 관한 하나님의 말씀을 좀 더 살펴보도록 하겠습니다.

"너희가 넉 달이 지나야 추수할 때가 이르겠다 하지 아니하느냐 내가 너희에게 이르노니 눈을 들어 밭을 보라 희어져 추수하게 되었도다 거두는 자가 이미 삯도 받고 영생에 이르는 열매를 모으나니 이는 뿌리는 자와 거두는 자가 함께 즐거워하게 하려 함이니라 그런즉 한 사람이 심고 다른 사람이 거둔다 하는 말이 옳도다 내가 너희로 노력지 아니한 것을 거두러 보내었노니 다른 사람들은 노력하였고 너희는 그들의 노력한 것에 참예하였느니라"(요 4:35-38).

이 말씀 가운데 "한 사람이 심고 다른 사람이 거둔다"의 내용 중에서 "한 사람이 심고"의 뜻은 곧 예수 그리스도의 복음을 전파하여 구원을 얻게 한 것을 의미하며, "다른 사람이 거둔다"의 뜻은 곧 구원받은 자에게 물을 주어 자라게 하여 영생에 이르는 열매를 거두는 것을 의미합니다.

여기서 우리가 필히 알아야 할 것은 구원받은 것은 심은 것에 불과하며, 그 이후에 하나님의 말씀의 물을 주어 자라서 익어 영생의 열매를 거둔다는 사실입니다.

> "나는 심었고 아볼로는 물을 주었으되 오직 하나님은 자라나게 하셨나니 그런즉 심는 이나 물 주는 이는 아무 것도 아니로되 오직 자라나게 하시는 하나님뿐이니라"(고전 3:6-7).

이 말씀 가운데 "나는 심었고 아볼로는 물을 주었으되 오직 하나님은 자라나게 하셨나니"의 내용 중에서 "나는 심었고"의 뜻은, 곧 예수 그리스도의 복음을 전파하여 구원을 얻게 한 것을 의미합니다. 또한 "아볼로는 물을 주었으되"의 뜻은 구원받은 자에게 생명의 양식을 먹인 것을 의미하며, "오직 하나님은 자라나게 하셨나니"의 뜻은 곧 구원받은 하나님의 사람을 자라나게 하신 것은 오직 하나님이심을 의미합니다.

여기서도 앞의 요한복음 4장 35-38절 말씀과 마찬가지로 구원받은 것은 심은 것에 불과하며, 그 이후에 하나님의 말씀의 물을 주어 자라서 영생에 이르도록 그 열매가 익어야 한다는 사실입니다. 그런데 여기서 우리가 분명히 알아야 할 것은, 오직 하나님께서 구원받은 자를 영생에 이르도록 자라나게 하셨다는 사실입니다. 즉 성령이 친히 인도함으로써 거룩함에 이르는 열매를 얻게 하여 영생을 거둔다는 사실입니다.

그래서 예수님은 요한복음 21장 15-17절 말씀에서 시몬 베드로에게 "요한의 아들 시몬아 네가 이 사람들보다 나를 더 사랑하느냐……내 어린양을 먹이라, 요한의 아들 시몬아 네가 나를 사랑하느냐……내 양을 치라, 요한의 아들 시몬아 네가 나를 사랑하느냐……내 양을 먹이라"라고 세 번이나 거듭하여 말씀하셨음은 너무나도 중요하기 때문입니다.

왜냐하면 이 어린양에게 생명의 꼴을 먹이지 않으면 영생에 이르도록 온전히 결실치 못하여 멸망할 수밖에 없기 때문입니다.

> "저희가 조반 먹은 후에 예수께서 시몬 베드로에게 이르시되 요한의 아들 시몬아 네가 이 사람들보다 나를 더 사랑하느냐 하시니 가로되 주여 그러하외다 내가 주를 사랑하는 줄 주께서 아시나이다 가라사대 내 어린 양을 먹이라 하시고 또 두 번째 가라사대 요

한의 아들 시몬아 네가 나를 사랑하느냐 하시니 가로되 주여 그러하외다 내가 주를 사랑하는 줄 주께서 아시나이다 가라사대 내 양을 치라 하시고 세 번째 가라사대 요한의 아들 시몬아 네가 나를 사랑하느냐 하시니 주께서 세 번째 네가 나를 사랑하느냐 하시므로 베드로가 근심하여 가로되 주여 모든 것을 아시오매 내가 주를 사랑하는 줄을 주께서 아시나이다 예수께서 가라사대 내 양을 먹이라"(요 21:15-17).

계속해서 영생에 관한 하나님의 말씀을 살펴보도록 하겠습니다.

"이미 도끼가 나무 뿌리에 놓였으니 좋은 열매 맺지 아니하는 나무마다 찍어 불에 던지우리라……손에 키를 들고 자기의 타작 마당을 정하게 하사 알곡은 모아 곡간에 들이고 쭉정이는 꺼지지 않는 불에 태우시리라"(마 3:10-12).

이 말씀에서 심판 때의 장면을 엿볼 수가 있습니다. 여기서 알곡은 영생의 서두에서 말한 바와 같이, 성령의 진리를 좇아 순종하여 살아감으로 거룩한 영생의 열매를 맺는 자를 뜻합니다. 이는 곧 좋은 땅에 뿌리워져서 혹 백 배, 혹 육십 배, 혹 삼십 배의 결실을 하는 것을 의미합니다.

그리고 쭉정이는 성령의 소욕을 좇아 살지 아니하고, 자신의 육신의 소욕을 좇아 불순종하여 살아감으로 결실치 못한 자를 뜻합니다. 이는 곧 가시떨기에 뿌리워져서 세상의 염려와 재리의 유혹에 말씀이 막혀 결실치 못하는 자를 의미합니다. 그러므로 우리가 육신대로 살면 반드시 죽을 것입니다(롬 8:13).

> "천국의 비밀을 아는 것이 너희에게는 허락되었으나……가시떨기에 뿌리웠다는 것은 말씀을 들으나 세상의 염려와 재리의 유혹에 말씀이 막혀 결실치 못하는 자요 좋은 땅에 뿌리웠다는 것은 말씀을 듣고 깨닫는 자니 결실하여 혹 백 배, 혹 육십 배, 혹 삼십 배가 되느니라 하시더라"(마 13:11-23).

이와 같이 아름다운 열매를 맺지 아니하는 나무마다 찍혀 불에 던지움을 당할 것입니다. 오직 하늘에 계신 내 아버지의 뜻대로 행하는 자라야 천국에 들어갈 수가 있습니다. 내 아버지 하나님의 뜻은 아들 되신 예수 그리스도의 십자가의 피로 구속, 곧 죄 사함을 받음으로써 구원받아 옛 사람은 장사함을 지내고, 이제 그리스도 안에서 새로운 피조물로서 성령의 인도하심으로 진리를 좇아 순종하여 거룩함에 이르는 열매를 맺어 영생을 얻는 것입니다.

"아름다운 열매를 맺지 아니하는 나무마다 찍혀 불에 던지우느니라 이러므로 그의 열매로 그들을 알리라 나더러 주여 주여 하는 자마다 천국에 다 들어갈 것이 아니요 다만 하늘에 계신 내 아버지의 뜻대로 행하는 자라야 들어가리라"(마 7:19-21).

"그러나 이제는 너희가 죄에게서 해방되고 하나님께 종이 되어 거룩함에 이르는 열매를 얻었으니 이 마지막은 영생이라"(롬 6:22).

바로 이와 같은 영생에 대하여 더 많은 이해를 돕기 위하여, 하나님의 말씀을 좀 더 살펴보도록 하겠습니다.

"이는 죄가 사망 안에서 왕노릇한 것 같이 은혜도 또한 의로 말미암아 왕노릇하여 우리 주 예수 그리스도로 말미암아 영생에 이르게 하려 함이니라"(롬 5:21).

죄가 사망 안에서 왕노릇한 것같이 은혜도 또한 의로 말미암아 왕노릇하여 예수 그리스도로 말미암아 영생에 이르게 합니다. 즉 죄의 종이 되었을 때에 사망에 이른 것같이, 이제 우리는 구원받은 이후 의의 종으로서, 하나님의 말씀을 좇아 순종함으로써 영생에 이르게 되는 것입니다(히 2:17).

"사람이 무엇으로 심든지 그대로 거두리라 자기의 육체를 위하여 심는 자는 육체로부터 썩어진 것을 거두고 성령을 위하여 심는 자는 성령으로부터 영생을 거두리라 우리가 선을 행하되 낙심하지 말지니 피곤하지 아니하면 때가 이르매 거두리라"(갈 6:7-9).

사람이 무엇으로 심든지 그대로 거둘 것입니다. 자기의 육체를 위하여 심는 자는 육체로부터 썩어진 것을 거두고 성령을 위하여 심는 자는 성령으로부터 영생을 거둘 것입니다. 그러므로 우리는 그리스도 안에서 성령으로 선을 행함으로써 때가 이르면 영생을 거둘 것이므로 낙심하지 말아야 할 것입니다.

"내가 선물을 구함이 아니요 오직 너희에게 유익하도록 과실이 번성하기를 구함이라"(빌 4:17).

사도 바울은 빌립보에 있는 교회에 선물을 구한 것이 아니라 오직 그들에게 유익한 열매가 많이 맺히기를 구하였던 것입니다. 여기서 유익한 열매는 곧 거룩함에 이르는 열매를 뜻하는 것으로, 바로 이것은 금생과 내생에 약속이 있는 경건이라 하겠습니다.

"망령되고 허탄한 신화를 버리고 오직 경건에 이르기를 연습하라

> 육체의 연습은 약간의 유익이 있으나 경건은 범사에 유익하니 금생과 내생에 약속이 있느니라"(딤전 4:7-8).
>
> "너희를 위하여 하늘에 쌓아둔 소망을 인함이니 곧 너희가 전에 복음 진리의 말씀을 들은 것이라 이 복음이 이미 너희에게 이르매 너희가 듣고 참으로 하나님의 은혜를 깨달은 날부터 너희 중에서와 같이 또한 온 천하에서도 열매를 맺어 자라는도다……주께 합당히 행하여 범사에 기쁘시게 하고 모든 선한 일에 열매를 맺게 하시며 하나님을 아는 것에 자라게 하시고"(골 1:5-10).

이 말씀 중에 "모든 선한 일에 열매를 맺게 하시며"의 내용도, 앞의 빌립보서 4장 17절 말씀과 같이 거룩함에 이르는 열매 곧 영생을 뜻합니다(히 2:17). 그리고 "하나님을 아는 것에 자라게 하시고"의 내용도 역시 마찬가지로 "영생에 이르도록 자라게 하시고"의 뜻이라 할 수 있습니다.

> "그러므로 내가 너희에게 이르노니 하나님의 나라를 너희는 빼앗기고 그 나라의 열매 맺는 백성이 받으리라"(마 21:43).

하나님의 나라는 그 나라의 열매 맺는 백성이 받을 것입니다. 즉 하나님의 나라는 거룩합니다. 그래서 거룩한 하나님의 나라의 열매 맺는 백성이 받을 수가 있는 것입니다.

"그러나 이제 그리스도께서 죽은 자 가운데서 다시 살아 잠자는 자들의 첫 열매가 되셨도다"(고전 15:20).

그리스도께서 죽은 자 가운데서 이제 다시 살아 잠자는 자들, 곧 그리스도 안에서 영생을 얻고 죽은 자들의 첫 열매가 되셨습니다.

"진실로 진실로 너희에게 이르노니 믿는 자는 영생을 가졌나니 내가 곧 생명의 떡이로라 너희 조상들은 광야에서 만나를 먹었어도 죽었거니와 이는 하늘로서 내려오는 떡이니 사람으로 하여금 먹고 죽지 아니하게 하는 것이니라 나는 하늘로서 내려온 산 떡이니 사람이 이 떡을 먹으면 영생하리라 나의 줄 떡은 곧 세상의 생명을 위한 내 살이로라 하시니라 이러므로 유대인들이 서로 다투어 가로되 이 사람이 어찌 능히 제 살을 우리에게 주어 먹게 하겠느냐 예수께서 이르시되 내가 진실로 진실로 너희에게 이르노니 인자의 살을 먹지 아니하고 인자의 피를 마시지 아니하면 너희 속에 생명이 없느니라 내 살을 먹고 내 피를 마시는 자는 영생을 가졌고 마지막 날에 내가 그를 다시 살리리니 내 살은 참된 양식이요 내 피는 참된 음료로다 내 살을 먹고 내 피를 마시는 자는 내 안에 거

> 하고 나도 그 안에 거하나니 살아계신 아버지께서 나를 보내시매 내가 아버지로 인하여 사는 것같이 나를 먹는 그 사람도 나로 인하여 살리라 이것은 하늘로서 내려온 떡이니 조상들이 먹고도 죽은 그것과 같지 아니하여 이 떡을 먹는 자는 영원히 살리라 이 말씀은 예수께서 가버나움 회당에서 가르치실 때에 하셨느니라…… 살리는 것은 영이니 육은 무익하니라 내가 너희에게 이른 말이 영이요 생명이라……전에 너희에게 말하기를 내 아버지께서 오게 하여 주지 아니하시면 누구든지 내게 올 수 없다 하였노라 하시니라 이러므로 제자 중에 많이 물러가고 다시 그와 함께 다니지 아니하더라 예수께서 열두 제자에게 이르시되 너희도 가려느냐 시몬 베드로가 대답하되 주여 영생의 말씀이 계시매 우리가 뉘게로 가오리이까"(요 6:47-68).

예수님은 이 말씀을 "영이요 생명이라"고 말씀하셨습니다. 이렇게 예수님께서 말씀하심은 너무나도 크고 놀라운 하나님의 생명의 말씀이며, 천국의 복음이기 때문입니다.

이 말씀 중에 요한복음 6장 54절의 "내 살을 먹고 내 피를 마시는 자는 영생을 가졌고 마지막 날에 내가 그를 다시 살리리니"에서 "내 살을 먹고"의 뜻은 성령의 인도하심으로 말씀을 좇아 순종하는 삶을 의미합니다. 또한 "내 피를 마시는"의 뜻은 예수님의 십자가의 피를 믿음으로 죄 사함을 받음을 의미합니다. 다시 말하면 성령의 인도하심으로 말씀을 좇아 순종함으로 예수님의 십자가의 피가 우리를 모든 죄에서 깨끗하게 하시는 것입니다(요일 1:7). 바로 이것은 언약의 말씀과 언약의 피로서 예수 그리스도를 뜻하며, 예수 그리스도는 곧 영생을 의미합니다.

그래서 예수님께서 열두 제자에게 물으셨을 때에 시몬 베드로가 대답하되, "주여 영생의 말씀이 계시매 우리가 뉘게로 가오리이까"(요 6:68)라고 말하였던 것입니다.

요한복음 3장 36절 말씀의 "아들을 믿는 자는 영생이 있고 아들을 순종치 아니하는 자는 영생을 보지 못하고"에서 "믿는 자"의 의미 속에는 순종의 뜻도 함께 포함되어 있음을 알 수 있습니다.

> "아들을 믿는 자는 영생이 있고 아들을 순종치 아니하는 자는 영생을 보지 못하고 도리어 하나님의 진노가 그 위에 머물러 있느니라"(요 3:36).

위의 요한복음 3장 36절 말씀이 이해가 된다면, 아래의 요한복음 17장 3절 말씀도 이해가 될 것입니다.

> "영생은 곧 유일하신 참 하나님과 그의 보내신 자 예수 그리스도

를 아는 것이니이다"(요 17:3).

이 말씀 중에 "예수 그리스도"라는 말 속에는 순종의 의미도 함께 포함되어 있습니다.

그러므로 행함이 없는 믿음은 죽은 것입니다.

"이와 같이 행함이 없는 믿음은 그 자체가 죽은 것이라"(약 2:17).

이로 보건대 믿음이 행함과 함께 일하고 행함으로 믿음이 온전케 되는 것을 알 수 있습니다.

"네가 보거니와 믿음이 그의 행함과 함께 일하고 행함으로 믿음이 온전케 되었느니라"(약 2:22).

따라서 영혼 없는 몸이 죽은 것같이 행함이 없는 믿음도 죽은 것입니다.

"영혼 없는 몸이 죽은 것같이 행함이 없는 믿음은 죽은 것이니라" (약 2:26).

이렇게 우리가 성령의 인도하심으로 하나님의 말씀을 좇아 순종하여 살아갈 때에 의의 열매가 가득함으로 영생을 얻을 수 있습니다. 뿐만 아니라 하나님께서 우리 가운데 거하여 영광과 찬송을 받으실 수가 있는 것입니다.

> "너희 속에 착한 일을 시작하신 이가 그리스도 예수의 날까지 이루실 줄을 우리가 확신하노라……예수 그리스도로 말미암아 의의 열매가 가득하여 하나님의 영광과 찬송이 되게 하시기를 구하노라"(빌 1:6-11).

계속해서 영생에 대한 말씀을 더 살펴보도록 하겠습니다.

> "내가 내 자의로 말한 것이 아니요 나를 보내신 아버지께서 나의 말할 것과 이를 것을 친히 명령하여 주셨으니 나는 그의 명령이 영생인 줄 아노라 그러므로 나의 이르는 것은 내 아버지께서 내게 말씀하신 그대로 이르노라 하시니라"(요 12:49-50).

이 말씀과 같이 아버지 하나님이 예수님에게 말할 것과 이를 것을 친히 명령하여 주신 것은 영생이므로, 예수님께서 말씀하신 것은 영생입니다. 그러므로 우리는 예수님의 말씀을 믿고 순종함으로 영생을 얻을 수 있습니다.

"예수께서 가라사대 나는 부활이요 생명이니 나를 믿는 자는 죽어 도 살겠고"(요 11:25).

이 말씀과 같이 예수님은 십자가의 죽음으로부터 부활하여 우리에게 성령으로 오셔서, 진리 가운데로 인도하여 거룩함에 이르는 열매를 맺게 하심으로 영원한 생명을 얻을 수 있게 되었습니다.

"그 눈을 뜨게 하여 어두움에서 빛으로, 사단의 권세에서 하나님께로 돌아가게 하고 죄 사함과 나를 믿어 거룩케 된 무리 가운데서 기업을 얻게 하리라 하더이다"(행 26:18).

이 말씀 가운데 "죄 사함"의 뜻은 예수님의 십자가의 보혈로써 죄 사함을 받는 것을 의미하며, "나를 믿어 거룩케 된 무리"의 뜻은 성령의 인도하심으로 말씀을 좇아 순종함으로 거룩함에 이르는 열매를 맺은 성도들을 의미합니다. 그러므로 우리는 예수님의 십자가의 보혈로써 죄 사함과 성령의 인도하심으로 말씀을 좇아 순종함으로 거룩함에 이르는 열매를 맺음으로써 영원한 기업을 얻을 수가 있는 것입니다.

"어떤 율법사가 일어나 예수를 시험하여 가로되 선생님 내가 무엇을 하여야 영생을 얻으리이까 예수께서 이르시되 율법에 무엇이라 기록되었으며 네가 어떻게 읽느냐 대답하여 가로되 네 마음을 다하며 목숨을 다하며 힘을 다하며 뜻을 다하여 주 너의 하나님을 사랑하고 또한 네 이웃을 네 몸과 같이 사랑하라 하였나이다 예수께서 이르시되 네 대답이 옳도다 이를 행하라 그러면 살리라 하시니"(눅 10:25-28).

이 말씀에서 어떤 율법사가 "선생님 내가 무엇을 하여야 영생을 얻으리이까?"라고 예수님께 물었을 때에, 예수님은 그가 대답한 율법, 곧 "네 마음을 다하며 목숨을 다하며 힘을 다하며 뜻을 다하여 주 너의 하나님을 사랑하고 또한 네 이웃을 네 몸과 같이 사랑하라"고 한 율법사의 답변에 "네 대답이 옳도다 이를 행하라 그러면 살리라"고 말씀하셨던 것에 우리는 주목해야 합니다.

바로 그것은 두 계명 곧 온 율법과 선지자의 강령이며, 율법의 완성이기 때문입니다. 바로 이것은 히브리서 10장 16절 말씀과 같이 "내 법을 저희 마음에 두고 저희 생각에 기록하리라"는 말씀을 의미합니다.

히브리서 10장 16-17절의 "내 법을 저희 마음에 두고 저희 생각에 기록하리라 하신 후에 또 저희 죄와 저희 불법을 내가 다시 기억지 아니하리라"는 말씀을 보면 영생에 대해 보다 명확히 알 수 있습니다. 즉 "내 법을 저희 마음에 두고 저희 생각에 기록하리라"는 언약의 말씀을 세울 때에, 또 "저희 죄와 저희 불법을 내가 다시 기억지 아니하리라"는 언약의 피, 곧 새 언약도 함께 세웠던 것입니다. 그렇기 때문에 예수님께서 "네 대답이 옳도다 이를 행하라 그러면 살리라"고 그의 물음에 답하셨던 것입니다.

> "주께서 가라사대 그날 후로는 저희와 세울 언약이 이것이라 하시고 내 법을 저희 마음에 두고 저희 생각에 기록하리라 하신 후에 또 저희 죄와 저희 불법을 내가 다시 기억지 아니하리라 하셨으니" (히 10:16-17).

아래의 성경 말씀은 이미 앞서 말씀에서 언급하였지만, 바로 위의 말씀을 이해하는 데 있어서 매우 요긴하고 적절한 말씀이므로, 다시 이 말씀을 살펴봄으로 여러분의 이해를 돕도록 하겠습니다.

> "여호와께서 가라사대 네 아들 네 사랑하는 독자 이삭을 데리고 모리아 땅으로 가서 내가 네게 지시하는 한 산 거기서 그를 번제로 드리라……아브라함이 가로되 아들아 번제할 어린 양은 하나

님이 자기를 위하여 친히 준비하시리라 하고 두 사람이 함께 나아 가서 하나님이 그에게 지시하신 곳에 이른지라……아브라함이 눈을 들어 살펴본즉 한 숫양이 뒤에 있는데 뿔이 수풀에 걸렸는지라 아브라함이 가서 그 숫양을 가져다가 아들을 대신하여 번제로 드렸더라 아브라함이 그 땅 이름을 여호와 이레라 하였으므로 오늘까지 사람들이 이르기를 여호와의 산에서 준비되리라 하더라"(창 22:2-14).

이 말씀은 하나님께서 아브라함에게 독자 이삭을 번제로 드리라는 내용입니다.

아브라함이 독자 이삭을 하나님께서 지시하신 대로 번제를 드리려고 할 때에 하나님께서 미리 한 숫양을 친히 준비하셔서 아들을 대신하여 번제로 드릴 수 있도록 하셨습니다. 이 숫양은 곧 우리를 구원하시려고 죄를 친히 담당하시고 십자가에서 못 박혀 돌아가신 유월절 어린양 되신 예수님을 뜻하는 것입니다.

이와 마찬가지로 주께서 이스라엘 백성들에게 언약의 말씀을 세우신 후에 하나님께서 한 숫양을 미리 준비하셨듯이, 유월절 어린양 되신 예수님을 미리 번제물로 친히 준비하셔서 언약의 피도 함께 세우신 사실을 결코 잊어서는 안 될 것입니다.

다시 말하면 우리가 언약의 말씀을 준행함으로써 하나님께서 미리 준비하신 예수 그리스도의 십자가의 피로써 죄를 사하신다는 것입니다. 그래서 우리가 해야 할 것은 언약의 말씀을 준행하는 것이고, 하나님께서는 미리 친히 준비하신 유월절 어린양 되신 예수 그리스도의 피로써 죄를 사하시는 것입니다. 바로 이것이 하나님의 은혜입니다. 또한 이것은 아주 크고 중대한 하나님의 새 언약임을 우리는 반드시 알지 않으면 안 되는 것입니다.

이것은 바로 하나님의 말씀을 의미하며, 이 하나님의 말씀은 곧 예수 그리스도를 뜻하며, 예수 그리스도는 곧 하나님의 복음인 것입니다.

계속해서 영생에 관한 말씀을 좀 더 살펴보도록 하겠습니다.

> "하나님께서 각 사람에게 그 행한 대로 보응하시되 참고 선을 행하여 영광과 존귀와 썩지 아니함을 구하는 자에게는 영생으로 하시고 오직 당을 지어 진리를 좇지 아니하고 불의를 좇는 자에게는 노와 분으로 하시리라 악을 행하는 각 사람의 영에게 환난과 곤고가 있으리니 첫째는 유대인에게요 또한 헬라인에게며 선을 행하는 각 사람에게는 영광과 존귀와 평강이 있으리니 첫째는 유대인에게요 또한 헬라인에게라 이는 하나님께서 외모로 사람을 취하지 아니하심이니라"(롬 2:6-11).

하나님께서는 외모로 사람을 취하지 아니하시고 각 사람의 그 행한 대로 보응하십니다. 그래서 참고 선을 행하여 영광과 존귀와 썩지 아니함을 구하는 자, 곧 성령으로 말씀을 좇아 순종하는 자에게는 영생으로 하시고, 오직 당을 지어 진리를 좇지 아니하고 불의를 좇는 자, 곧 옛 사람으로 죄의 종이 되어 불순종하는 자에게는 노와 분으로 하시는 것입니다.

"내가 너희를 부끄럽게 하려 하여 이 말을 하노니 너희 가운데 그 형제간 일을 판단할 만한 지혜 있는 자가 이같이 하나도 없느냐 ……너희는 불의를 행하고 속이는구나 저는 너희 형제로다 불의한 자가 하나님의 나라를 유업으로 받지 못할 줄을 알지 못하느냐 미혹을 받지 말라 음란하는 자나 우상 숭배하는 자나 간음하는 자나 탐색하는 자나 남색하는 자나 도적이나 탐람하는 자나 술 취하는 자나 후욕하는 자나 토색하는 자들은 하나님의 나라를 유업으로 받지 못하리라 너희 중에 이와 같은 자들이 있더니 주 예수 그리스도의 이름과 우리 하나님의 성령 안에서 씻음과 거룩함과 의롭다 하심을 얻었느니라"(고전 6:5-11).

우리는 구원받은 자이나 불의를 행하면 하나님의 나라를 유업으로 받지 못합니다. 오직 주 예수 그리스도의 이름과 우리 하나님의 성령 안에서 씻음과 거룩함과 의롭다 하심을 얻어야 하는 것입니다.

다시 말하면 예수 그리스도의 이름을 믿고 구속 곧 죄 사함으로 구원을 받고, 그리스도 안에서 새로운 피조물로서 성령으로 말씀을 좇아 순종하는 삶을 살아야 합니다. 그렇게 살아갈 때에 우리 하나님의 성령 안에서 씻음과 거룩함과 의롭다 하심을 얻을 수가 있습니다. 이와 같이 하나님의 의의 열매를 맺음으로써 하나님의 나라를 유업으로 얻을 수 있는 것입니다.

사랑

구약 시대의 언약의 말씀 곧 십계명은 옛 계명이라고 하며, 오늘날 신약 시대에 있어서 언약의 말씀 곧 사랑은 새 계명이라고 합니다.

새 계명 사랑은 언약의 말씀으로서 진리입니다.

데살로니가후서 2장 10절 말씀을 보면, 이 사랑에 대하여 "진리의 사랑"이라고 표현하고 있습니다. 즉 진리가 곧 사랑임을 말해 주고 있는 것입니다. 진리는 곧 하나님의 말씀으로서 우리를 거룩하게 합니다. 그래서 하나님의 말씀을 거룩한 하나님의 말씀이라고도 부릅니다. 또한 거룩한 하나님의 말씀은 우리에게 생명을 줍니다. 그래서 하나님의 말씀을 생명의 말씀이라고도 부르는 것입니다.

> “불의의 모든 속임으로 멸망하는 자들에게 임하리니 이는 저희가 진리의 사랑을 받지 아니하여 구원함을 얻지 못함이니라”(살후 2:10).

로마서 15장 30절 말씀에서는 “성령의 사랑”이라고도 표현하고 있습니다. 즉 성령이 곧 사랑인 것을 말하여 주고 있는 것입니다.

이 말씀도 위의 데살로니가후서 2장 10절 말씀과 마찬가지로 진리인 것을 알 수 있습니다. 성령이 곧 진리이기 때문입니다(요일 5:7). 성령은 진리를 좇아 순종하여 살아감으로써 우리를 거룩하게 합니다. 그래서 데살로니가후서 2장 10절 말씀과 마찬가지로 하나님의 말씀을 거룩한 하나님의 말씀이라고도 부르며, 이 거룩한 하나님의 말씀은 우리에게 생명을 주므로 생명의 말씀이라고도 부르는 것입니다.

> “형제들아 내가 우리 주 예수 그리스도로 말미암고 성령의 사랑으로 말미암아 너희를 권하노니 너희 기도에 나와 힘을 같이하여 나를 위하여 하나님께 빌어”(롬 15:30).

이와 같이 ‘진리의 사랑’에서 진리가 곧 사랑이며, ‘성령의 사랑’에서 성령이 곧 사랑인 것을 깨달아 알 수 있습니다.

따라서 ‘진리의 사랑’도 ‘성령의 사랑’도 모두 다 사랑입니다.

이렇듯 말씀을 살펴보아 알 수 있듯이 사랑은 진리를 좇아 지켜 행하는 것입니다.

"하나님을 사랑하는 것은 이것이니 우리가 그의 계명들을 지키는 것이라 그의 계명들은 무거운 것이 아니로다"(요일 5:3).
"부녀여, 내가 이제 네게 구하노니 서로 사랑하자 이는 새 계명 같이 네게 쓰는 것이 아니요 오직 처음부터 우리가 가진 것이라 또 사랑은 이것이니 우리가 그 계명을 좇아 행하는 것이요 계명은 이것이니 너희가 처음부터 들은 바와 같이 그 가운데서 행하라 하심이라"(요이 1:5-6).

바로 위의 요한일서 5장 3절과 요한이서 1장 5-6절 말씀의 사랑은 "성령의 사랑"(롬 15:30)에서 알 수 있듯이, 사랑은 곧 성령을 말하며, 이 성령은 곧 예수 그리스도를 말하는 것입니다.

이렇게 예수 그리스도의 이름으로 오신 성령은 하나님의 온전한 사랑을 이루기 위하여 우리 구원받은 성도들에게 오신 것입니다. 이것은 곧 그리스도 십자가의 남은 고난을 의미합니다.

즉 하나님은 사랑이십니다(요일 4:8). 하나님께서 우리를 사랑하사 우리 죄를 위하여 화목제로 그 아들을 보내셨던 것입니다(요일 4:10).

이와 같이 하나님이 먼저 우리를 사랑하셨으므로 우리가 하나님을 사랑하는 것입니다(요일 4:19). 그러므로 우리가 하나님을 사랑할 때에 하나님의 사랑이 우리 안에 온전히 이루는 것입니다(요일 4:12).

이 온전한 사랑을 이루기 위하여 예수 그리스도께서 부활하셔서 성령으로 오셨습니다. 이렇게 오신 성령이 그리스도의 남은 고난을 채우시는 것입니다. 그리스도의 남은 고난을 채우기 위하여 우리의 옛 사람은 십자가에 못 박고, 이제 그리스도 안에서 새로운 피조물이 되어 성령으로 살아감으로써 하나님의 온전한 사랑을 이룰 수가 있는 것입니다(히 2:17).

"내가 이제 너희를 위하여 받는 괴로움을 기뻐하고 그리스도의 남은 고난을 그의 몸된 교회를 위하여 내 육체에 채우노라"(골 1:24).

"우리가 항상 예수 죽인 것을 몸에 짊어짐은" 곧 그리스도의 남은 고난을 의미합니다. 즉 온전한 사랑을 이루기 위하여 예수 그리스도의 성령의 인도하심으로 말씀을 좇아 살아가는 것입니다. 이로 인하여 예수의 생명도 우리 몸에 나타나게 할 수 있습니다.

"우리가 항상 예수 죽인 것을 몸에 짊어짐은 예수의 생명도 우리 몸에 나타나게 하려 함이라 우리 산 자가 항상 예수를 위하여 죽음에 넘기움은 예수의 생명이 또한 우리 죽을 육체에 나타나게 하려 함이니라"(고후 4:10-11).

"내가 내 몸에 예수의 흔적을 가졌노라"는 곧 그리스도의 남은 고난을 의미합니다. 이와 같이 사도 바울은 그리스도의 남은 고난을 지고 삶으로써, 선한 싸움을 싸우고 자신의 달려갈 길을 마치고 믿음을 지킬 수가 있었던 것입니다.

"이후로는 누구든지 나를 괴롭게 말라 내가 내 몸에 예수의 흔적을 가졌노라"(갈 6:17).

이와 같은 그리스도의 남은 고난으로 인하여 이루어진 온전한 사랑 곧 지식에 넘치는 그리스도의 사랑을 알아, 그 넓이와 길이와 높이와 깊이가 어떠함을 깨달아 하나님의 모든 충만을 우리가 알 수 있는 것입니다.

"믿음으로 말미암아 그리스도께서 너희 마음에 계시게 하옵시고 너희가 사랑 가운데서 뿌리가 박히고 터가 굳어져서 능히 모든 성도와 함께 지식에 넘치는 그리스도의 사랑을 알아 그 넓이와 길이와 높이와 깊이가 어떠함을 깨달아 하나님의 모든 충만하신 것으로 너희에게 충만하게 하시기를 구하노라"(엡 3:17-19).

여러분은 이제 말씀을 통해 하나님의 크고 놀라운 사랑을 더 깊이 깨달아 알았을 것입니다.

하나님은 사랑이십니다. 사랑 안에 거하는 자는 하나님 안에 거하고 하나님도 그 안에 거하십니다. 이 같은 사랑이 우리에게 온전함을 이루는 것입니다(히 2:17). 이렇게 이루어진 온전한 사랑은 두려움을 내어 쫓고 우리로 심판 날에 담대함을 가질 수 있게 합니다. 두려워하는 자는 사랑 안에서 온전히 이루지 못한 것입니다.

"하나님의 사랑이 우리에게 이렇게 나타난 바 되었으니 하나님이 자기의 독생자를 세상에 보내심은 저로 말미암아 우리를 살리려 하심이니라 사랑은 여기 있으니 우리가 하나님을 사랑한 것이 아니요 오직 하나님이 우리를 사랑하사 우리 죄를 위하여 화목제로 그 아들을 보내셨음이니라 사랑하는 자들아 하나님이 이같이 우리를 사랑하셨은즉 우리도 서로 사랑하는 것이 마땅하도다 어느 때나 하나님을 본 사람이 없으되 만일 우리가 서로 사랑하면 하나님이 우리 안에 거하시고 그의 사랑이 우리 안에 온전히 이루느니라 그의 성령을 우리에게 주시므로 우리가 그 안에 거하고 그가 우리 안에 거하시는 줄을 아느니라……하나님이 우리를 사랑하시는 사랑을 우리가 알고 믿었노니 하나님은 사랑이시라 사랑 안에 거하는 자는 하나님 안에 거하고 하나님도 그 안에 거하시느니라 이로써 사랑이 우리에게 온전히 이룬 것은 우리로 심판 날에 담대함을 가지게 하려 함이니 주의 어떠하심과 같이 우리도 세상에서 그러하니라 사랑 안에 두려움이 없고 온전한 사랑이 두려움을 내어 쫓나니 두려움에는 형벌이 있음이라 두려워하는 자는 사랑 안에서 온전히 이루지 못하였느니라 우리가 사랑함은 그가 먼저 우리를 사랑하셨음이라"(요일 4:9-19).

또한 사랑은 하나님의 큰 계명이며 온 율법과 선지자의 강령입니다.

"선생님이여 율법 중에 어느 계명이 크니이까 예수께서 가라사대 네 마음을 다하고 목숨을 다하고 뜻을 다하여 주 너의 하나님을 사랑하라 하셨으니 이것이 크고 첫째 되는 계명이요 둘째는 그와 같으니 네 이웃을 네 몸과 같이 사랑하라 하셨으니 이 두 계명이 온 율법과 선지자의 강령이니라"(마 22:36-40).

그러므로 사랑은 율법을 다 이룬 것입니다. 따라서 사랑은 율법의 완성입니다.

> “남을 사랑하는 자는 율법을 다 이루었느니라 간음하지 말라, 살인하지 말라, 도적질하지 말라, 탐내지 말라 한 것과 그 외에 다른 계명이 있을지라도 네 이웃을 네 자신과 같이 사랑하라 하신 그 말씀 가운데 다 들었느니라 사랑은 이웃에게 악을 행치 아니하나니 그러므로 사랑은 율법의 완성이니라”(롬 13:8-10).

또한 하나님은 사랑이십니다. 이 하나님이 곧 예수 그리스도입니다(요일 5:20). 그러므로 사랑은 예수 그리스도를 뜻하며, 예수 그리스도는 영생입니다.

그래서 어떤 율법사가 예수님에게 “내가 무엇을 하여야 영생을 얻으리이까?”라고 물었을 때에, 예수님께서는 그가 대답한 두 계명에 대하여 “네 대답이 옳도다 이를 행하라 그러면 살리라”고 답변하셨던 것입니다.

> “어떤 율법사가 일어나 예수를 시험하여 가로되 선생님 내가 무엇을 하여야 영생을 얻으리이까 예수께서 이르시되 율법에 무엇이라 기록되었으며 네가 어떻게 읽느냐 대답하여 가로되 네 마음을 다하며 목숨을 다하며 힘을 다하며 뜻을 다하여 주 너의 하나님을

> 사랑하고 또한 네 이웃을 네 몸과 같이 사랑하라 하였나이다 예수께서 이르시되 네 대답이 옳도다 이를 행하라 그러면 살리라 하시니"(눅 10:25-28).

또 사랑은 우리를 온전케 하며 장성한 자가 되게 하므로 어린아이의 일을 버리게 합니다.

그런즉 믿음, 소망, 사랑 이 세 가지는 항상 있을 것인데 그 중에 제일은 사랑입니다.

> "내가 사람의 방언과 천사의 말을 할지라도 사랑이 없으면 소리 나는 구리와 울리는 꽹과리가 되고 내가 예언하는 능이 있어 모든 비밀과 모든 지식을 알고 또 산을 옮길 만한 모든 믿음이 있을지라도 사랑이 없으면 내가 아무것도 아니요 내가 내게 있는 모든 것으로 구제하고 또 내 몸을 불사르게 내어줄지라도 사랑이 없으면 내게 아무 유익이 없느니라 사랑은 오래 참고 사랑은 온유하며 투기하는 자가 되지 아니하며 사랑은 자랑하지 아니하며 교만하지 아니하며 무례히 행치 아니하며 자기의 유익을 구치 아니하며 성내지 아니하며 악한 것을 생각지 아니하며 불의를 기뻐하지 아니하며 진리와 함께 기뻐하고 모든 것을 참으며 모든 것을 믿으며 모든 것을 바라며 모든 것을 견디느니라 사랑은 언제까지든지 떨어지지 아니하나

예언도 폐하고 방언도 그치고 지식도 폐하리라……내가 어렸을 때에는 말하는 것이 어린아이와 같고 깨닫는 것이 어린아이와 같고 생각하는 것이 어린아이와 같다가 장성한 사람이 되어서는 어린아이의 일을 버렸노라……그런즉 믿음, 소망, 사랑, 이 세 가지는 항상 있을 것인데 그 중에 제일은 사랑이라"(고전 13:1-13).

위의 말씀을 살펴보아 알 수 있듯이, 사랑은 하나님께 속한 것이며 하나님은 사랑이십니다.

"사랑하는 자들아 우리가 서로 사랑하자 사랑은 하나님께 속한 것이니 사랑하는 자마다 하나님께로 나서 하나님을 알고 사랑하지 아니하는 자는 하나님을 알지 못하나니 이는 하나님은 사랑이심이라"(요일 4:7-8).

바로 이와 같은 하나님의 사랑은 곧 예수 그리스도를 뜻하며, 예수 그리스도는 하나님의 지혜요, 하나님의 비밀이며, 영생인 것입니다.

그러므로 저는 이 책을 읽는 모든 분들이 사랑이신 하나님 곧 예수 그리스도를 믿음으로 영생을 얻을 수 있기를 하나님께 간절히 소원합니다.

끝까지 애독해 주신 여러분들에게 깊이 감사드리며, 하나님의 은혜와 사랑과 평강이 늘 함께하시길 기원합니다.

성경의 주제 예수 그리스도

1판 1쇄 발행 _ 2013년 11월 30일
개정증보판 1쇄 발행 _ 2024년 10월 10일

지은이 _ 이문희
펴낸이 _ 이형규
펴낸곳 _ 쿰란출판사

주소 _ 서울특별시 종로구 이화장길 6
편집부 _ 745-1007, 745-1301~2, 743-1300
영업부 _ 747-1004, FAX 745-8490
본사평생전화번호 _ 0502-756-1004
홈페이지 _ http://www.qumran.co.kr
E-mail _ qrbooks@daum.net / qrbooks@gmail.com
한글인터넷주소 _ 쿰란, 쿰란출판사
페이스북 _ www.facebook.com/qumranpeople
인스타그램 _ www.instagram.com/qrbooks
등록 _ 제1-670호(1988.2.27)
책임교열 _ 김영미 · 강찬휘

 ISBN 979-11-6143-938-9 93230

책값은 뒤표지에 있습니다.

파본(破本)은 구입처에서 교환해 드립니다.